T000758

634 MANERAS DE MATAR A FIDEL

PLANES DE LA CIA Y LA MAFIA
PARA ASASINAR A FIDEL CASTRO

FABIÁN ESCALANTE FONT

ocean sur

07 SEVEN STORIES

New York • Oakland • London

Derechos © 2021 Fabián Escalante Font
Derechos © 2021 Ocean Press y Ocean Sur

Todos los derechos reservados. Ninguna parte de esta publicación puede ser reproducida, conservada en un sistema reproductor o transmitirse en cualquier forma o por cualquier medio electrónico, mecánico, fotocopia, grabación o cualquier otro, sin previa autorización del editor.

Seven Stories Press/Ocean Sur
140 Watts Street
New York, NY 10013
www.sevenstories.com

ISBN: 978-1-925756-34-0 (paperback)
ISBN: 978-1-64421-124-3 (ebook)

Impreso en los Estados Unidos

9 8 7 6 5 4 3 2 1

Índice

A Fidel.

A mis compañeros de luchas, presentes y ausentes.

A mis hijos, nietos y hermanos.

A Teresita, entrañable compañera de toda la vida y cómplice en esta aventura literaria.

Recientemente alguien estaba disgustado. Estaba hablando con una compañera nucstra que estaba en Estados Unidos, y protestó muy disgustado, dice: «Ustedes han dicho que son treinta los planes de atentados. Y no fueron treinta, fueron nada más que seis planes...».

Pero realmente no fueron treinta, ni seis, ¡fueron... trescientos! Porque no hay que contar solo los planes que organizaba la CIA allí: compra una bomba, un fusil para matar un elefante, una pluma que dispara una puntillita y envenena, una careta que produce no sé qué hongos y qué cosa... ¡No!

Fidel Castro Ruz, 1993.
Asamblea Nacional del Poder Popular

Nota editorial

La edición que ponemos a su disposición es una nueva versión de la investigación antes ofrecida en *Acción Ejecutiva; Objetivo: Fidel Castro* (Ocean Sur, 2006) que abarcaba los planes de asesinato contra el líder de la Revolución Cubana hasta 1993, y que ahora se presenta actualizada hasta el año 2000.

Esperamos que este trabajo, en el cual el autor participó como actor e investigador, informe al lector hasta qué punto la obsesión y la irracionalidad de varias generaciones de dirigentes norteamericanos ha entorpecido las relaciones entre ambos países, por la sola razón de derrocarse en Cuba a un gobierno dictatorial y emprender, posteriormente, una revolución social, política y cultural que ha marcado un precedente en el continente americano.

Presentación

El 20 de julio de 1961 fui destinado al Buró de Atentados, como se denominaba a la unidad que dentro del Departamento de Seguridad del Estado (DSE)[1] se encargaba de investigar los complots y conspiraciones contra los dirigentes revolucionarios. Fue un día memorable, pues además de estrenarme como oficial operativo, tuve el placer y el honor de conocer a los que a partir de ese momento serían mis jefes y compañeros.

El primero, Mario Morales Mesa, *Miguel*, nuestro jefe, combatiente internacionalista en la guerra civil española, comunista e investigador por naturaleza. Hombre pequeño, delgado, con un fino bigote de los utilizados en los años cuarenta, poseía una férrea voluntad y una valentía a toda prueba. De él, se contaban decenas de anécdotas, algunas, de su época de combatiente internacionalista. Una de ellas, referida a la guerra española, narraba que mientras combatía en las Brigadas Internacionales, fue responsabilizado con una ametralladora liviana *Maxim*, de fabricación soviética. A Mario lo empezaron a llamar por ese sobrenombre, ya que tenía una particular forma de disparar; de manera tal, que sus compañeros afirmaban, lo hacía imitando los sonidos de una rumba cubana.

Más tarde, según el relato de alguno de sus camaradas, cayó preso en un campo de concentración en la Francia de Vichy,[2] y allí se las agenció para, en combinación con los guardias de origen senegalés que los cuidaban, abrir un pequeño mercado o bodega, para abastecer de leche gratuita a los más necesitados y hacer pagar por ella a los capos del lugar.

Mario era todo un personaje que afortunadamente vivió ochenta y tantos años. Cuando lo conocí, yo regresaba a Cuba después de cursar la escuela soviética, con mucha teoría pero pocos conocimientos de la realidad que tendría que enfrentar. Él me enseñó la práctica en el combate cotidiano y la habilidad investigativa que en ninguna escuela, por buena que sea, se adquiere.

Era una persona impredecible. Recuerdo en una ocasión, cuando cansados y hambrientos fuimos a comer un bocado a un pequeño comercio situado en las ruedas de un tráiler parqueado detrás del conocido Hotel Nacional de la capital cubana, reconoció, poco después de haber solicitado nuestra orden de «perros calientes», a uno de los dueños del lugar, antiguo oficial del ejército de la dictadura batistiana. Después de identificarse como simpatizante del General,[3] se puso a conspirar con él, mientras me indicaba que comiera lo más apresurado que pudiera. Una vez que concluimos, el sujeto nos llevó a una esquina del tráiler y nos mostró, con cierto orgullo, una caja de petacas incendiarias, artefactos compuestos a base de fósforo vivo que, por aquel entonces, era uno de los inventos más sofisticados de la CIA para la realización de sabotajes. Rápido como la centella y sin darme tiempo a reaccionar, Mario extrajo el revólver y los detuvo a todos. Quizás por esa rapidez con que siempre actuaba, utilizaba una muletilla al hablar, «me entendiste», que machaconamente repetía cada vez que a algo se refería.

Recuerdo también a Carlos Enrique Díaz Camacho, *Trillo*, uno de los compañeros que más profundamente me impresionó y de quien fui amigo hasta su muerte, a manos del enemigo, en 1964. Era un hombre de unos treinta y tantos años, un viejo para nosotros, que recién habíamos cumplido los veinte. Un día me lo encontré en casa de Mario, donde radicaba nuestra oficina, con un alijo de joyas valiosas entre sus manos, envueltas en un pañuelo de mujer. Las joyas provenían de los burgueses del patio que, enajenados, trataban de sacarlas del país a cualquier precio. *Trillo* contaba con una agente que pertenecía, por derecho propio, al mundillo de la burguesía habanera, quien era frecuentada por personas de su mismo medio social que sabían de sus sólidos vínculos con varias embajadas europeas, a través de las cuales podían sacar del país documentos, valiosas joyas y bienes, no siempre obtenidos legítimamente. En muchas ocasiones —siempre que así lo merecía— gracias a su desinteresada labor, aquellas riquezas regresaban al pueblo, en los momentos en que más lo necesitaba.

En una ocasión nos encontrábamos junto a *Trillo* en la antesala de la oficina del capitán Eliseo Reyes, *San Luis*,[4] jefe entonces del G-2 de la policía revolucionaria.[5] Allí esperaba también otro policía. Después de intercambiar palabras con el personaje, en voz baja, le hizo creer que yo lo traía detenido y en pocos minutos lo desenmascaró como un activo conspirador dentro de las filas policíacas. Recuerdo a *Trillo* siempre enfundado en un traje claro, con una mirada pícara en los ojos y una frase a flor de labios: «luego te cuento», algo que por supuesto nunca hacía.

Otro de mis compañeros era José Veiga,[6] conocido por *Morán*, quien había sido agente de penetración en Estados Unidos, hablaba perfectamente el idioma inglés, le gustaba la ópera y tenía una imaginación inagotable. Siempre con una idea entre manos, aunque a veces esta fuera irrealizable. Carlos Valdés, Pedro Piñeiro, *Mayiyo* y otros más, completaban aquel grupo que no excedía la decena de hombres y que jugó un destacado papel en la lucha contra los planes de asesinato de la CIA y sus asociados locales contra los dirigentes revolucionarios, especialmente el compañero Fidel.

A mi memoria acuden muchos y variados recuerdos de aquellos años, donde a veces no teníamos un centavo para comer o presupuesto para trabajar, y en la gaveta del buró habían miles de pesos, dólares y joyas valiosas. A ninguno de nosotros se le ocurrió nunca tomar algo para satisfacer cualquier necesidad, ni siquiera las de trabajo.

En las historias que se narran están presentes las de cada uno de mis compañeros, no solo los citados, sino también muchos otros que dieron lo mejor de sí en esta guerra silenciosa contra el terrorismo. Ellos, además de actores de esa gesta, han sido en muchos casos testimoniantes de los relatos que se enumeran y que devienen homenaje sincero a ese grupo de combatientes anónimos, a quienes dedico estas páginas, con todo el amor y el afecto surgido al calor de los años y aventuras vividas.

Quizás al lector le extrañe que emplee la palabra amor en la introducción de un tema como el que a continuación se expone; razón por la cual le explico que el amor a la Patria y a nuestro pueblo, ha sido, es y será el motivo de nuestros empeños y luchas, también el fundamento que nos condujo a esta gran aventura que es la Revolución Cubana. A ella y a mis compañeros, presentes y caídos, mi eterna gratitud y recuerdo.

Fabián Escalante Font

Preámbulo de una obsesión

Consultó su reloj una vez más. Desde hacía varios minutos aguardaba oculto en el oscuro portal de una casa deshabitada, frente al pequeño aeropuerto de Fort Lauderdale, Florida. Su mirada estaba fija en unas luces que brillaban en el local que ocupaba la administración de la instalación aérea. A sus pies, una lata, que contenía gasolina, reposaba en espera de ser utilizada. De repente las luces se apagaron y el celador del lugar salió rumbo a una cafetería cercana.

El vigilante se movió suavemente, tomó la lata de combustible, cruzó la calle y penetró en el aeropuerto con pasos ágiles y seguros. Una vez allí, se dirigió hacia una zona de aparcamiento donde se encontraban tres aviones del tipo P-51.[1] Abrió el recipiente y con diligencia, fue regando su contenido alrededor de los aparatos, hasta vaciarlo. Luego, tomó una distancia prudente y lanzó una mecha encendida en dirección a los aviones, los que se incendiaron rápidamente. Un fuego voraz iluminó la noche, mientras el hombre escapaba en un auto que lo aguardaba con el motor encendido.

Al alejarse, las sirenas de una estación de bomberos cercana comenzaron a ulular. Alan Robert Nye había sido reclutado desde hacía varios meses por el Buró Federal de Investigaciones (FBI) para penetrar a los grupos de cubanos emigrados que conspiraban contra la dictadura de Fulgencio Batista. El piloto de la Armada había sido aparentemente expulsado de ese cuerpo, después de que el jefe de su base recibiera una denuncia anónima, donde lo acusaban de conspirar con los exiliados cubanos para lanzar ataques aéreos contra objetivos militares en Cuba.

En realidad se trató de un plan cuidadoso del FBI para brindarle una sólida carta de presentación ante los emigrados cubanos que combatían a la dictadura batistiana. Sin embargo, lejos de lo proyectado, los cubanos se entusiasmaron con el proyecto para «bombardear objetivos militares en la Isla», y adquirieron varios aviones de hélice para llevar a cabo la misión. Nye se encontró en un callejón sin salida porque si no atacaba los objetivos sugeridos, los exiliados sospecharían de él; por esa razón, el FBI le orientó la destrucción de los aviones e inculpar a unos supuestos agentes de Batista del sabotaje realizado.

Después de aquella acción, el FBI lo presentó al comandante Efraín Hernández, cónsul del gobierno cubano en Miami y agente de la dictadura encargado de la vigilancia de los exiliados en la Florida, para un nuevo proyecto que estaba en curso. En pocas palabras, el militar explicó que el FBI lo había cedido para una misión importante en Cuba. Los detalles serían dados posteriormente, pero le aseguró que había una suma de dinero importante como pago a los servicios prestados y que altos cargos en la Administración norteamericana estaban al tanto de los planes.

Nye solo conocía de Cuba que era un paraíso del turismo, el juego y la prostitución, por lo que asumió la tarea como unas vacaciones en el Caribe. El 12 de noviembre de 1958 arribó a la terminal aérea de La Habana, donde lo aguardaba un auto de color negro al pie de la escalerilla del avión. El vehículo lo condujo velozmente al hotel Comodoro, situado a orillas del mar, en un apacible barrio capitalino.

Allí lo esperaban impacientes, los coroneles Carlos Tabernilla y Orlando Piedra; el primero, jefe de la Fuerza Aérea; y el otro, jefe de la Policía Secreta. Después de las presentaciones habituales, se dirigieron al bar del hotel donde conversaron en una mesa apartada. Tabernilla le explicó a Nye en qué consistía el proyecto para el que era requerido. Se trataba de asesinar a Fidel Castro, el líder rebelde que en las montañas del oriente del país hacía tambalear al gobierno dictatorial. Era un asunto de Estado que, por las características del plan, necesitaba un ejecutor norteamericano.

La idea parecía simple. Nye debía infiltrarse en las filas rebeldes, precisamente en la zona donde accionaba Castro. Una vez con él, le explicaría sus antecedentes «revolucionarios» y el antiguo proyecto de bombardear los aeropuertos militares desde la Florida. Seguramente Castro —pensaban los coroneles— sería seducido por la personalidad del sujeto. Contaban con dos razones poderosas: una, Nye era un norteamericano, un yanqui que representaba al país más poderoso de la Tierra; la segunda, se apoyaba en la necesidad de los rebeldes de frenar por medios aéreos la aviación batistiana que constantemente bombardeaba a la población civil, causándole estragos importantes. Nye era piloto y además tenía una impresionante carta de presentación del exilio, por tanto, podía ser la persona adecuada para que pilotara algún pequeño avión en posesión de los rebeldes, que en todo caso bombardeara también las posiciones militares de Batista.

Tabernilla y Piedra explicaron a Nye que estaría protegido por un comando del Ejército; lo más importante: le serían situados en su cuenta bancaria 50 000 dólares, una vez eliminado Fidel Castro.

Esa misma tarde, los tres hombres se dirigieron al campamento militar de Columbia —cuartel general del ejército nacional— para coordinar el proyecto con el coronel Manuel García Cáceres, jefe de la plaza militar de la ciudad de Holguín, capital de la región norte del oriente del país. En poco tiempo se pusieron de acuerdo Nye y García Cáceres, para que el primero marchara varios días más tarde al puesto de mando del coronel y desde allí iniciar el operativo.

A pesar de lo escaso del tiempo, Nye tuvo oportunidad de visitar los principales centros nocturnos de la capital cubana y comprendió entonces por qué sus paisanos estaban interesados en preservar al gobierno de Batista, el hombre que les garantizaba aquel paraíso del juego, las inversiones seguras y la diversión.

El 20 de diciembre, Alan Robert Nye se encontraba en la ciudad de Holguín y junto al coronel García Cáceres repasaba los aspectos principales del proyecto homicida. Cuatro días más tarde se infiltraba, en compañía de una escuadra de soldados, en las inmediaciones del poblado de Santa Rita, zona de acciones de los rebeldes de Fidel Castro. Esa noche, ocultaron las armas —un fusil Remington .30-06 con mira telescópica y un revólver calibre .38— en un lugar seleccionado previamente, y Nye despidió a los militares.

Al día siguiente continuó solo. A las pocas horas era capturado por una patrulla rebelde a la cual le contaría sus «deseos» de unirse a los combatientes revolucionarios y conocer al líder Fidel Castro. Sin embargo, algo salió mal desde el principio. El joven oficial que comandaba la tropa no pareció prestarle mucha atención, lo confinó a un campamento donde descansaban los heridos, explicándole que, en el momento oportuno, su caso sería atendido.

Aquello no le preocupó mucho. Al contrario, así se familiarizaría con el territorio. Nadie le había exigido un plazo corto para concluir el proyecto. Imaginaba que tan pronto Castro, que accionaba en esa zona, conociera su presencia, enviaría por él y la oportunidad se presentaría. Solo tendría que esperar que la noche cayera para dirigirse a su escondite, sacar las armas y emboscarse en un lugar escogido con antelación para cometer el crimen.

El día 1ro. de enero una noticia lo sobresaltó: Batista había huido y los rebeldes se preparaban para asestar los golpes definitivos a las maltrechas y desmoralizadas tropas gubernamentales. Su sorpresa era total, porque nadie lo había prevenido con respecto a este acontecimiento. Por otra parte, él no percibió en las conversaciones sostenidas con los oficiales batistianos, lo endeble de su gobierno y mucho menos que aquella tropa de barbudos[2] estuviera a punto de derrocarlo. De todas formas —se dijo— no había elementos en su contra y, tan pronto se normalizara la situación, los rebeldes lo pondrían en libertad; si no, informaría a su embajada para que lo auxiliaran. En definitiva —concluyó— era un ciudadano norteamericano y había que garantizarle sus derechos.

El 16 de enero fue trasladado a la capital para unas investigaciones de rutina, según le informaron. Un amable capitán rebelde le tomó declaraciones y luego le explicó que debía aguardar algunas horas para verificar la historia narrada. Nye cometió un error mayúsculo cuando mencionó al hotel Comodoro como el lugar donde se había alojado a su ingreso en Cuba. En pocas horas, los investigadores conocieron dos elementos que lo inculpaban fuera de toda duda: uno, el nombre dado en el hotel, «G. Collins», no coincidía con el conocido por ellos, que era el verdadero; otro, los gastos incurridos allí habían sido pagados por el coronel Carlos Tabernilla.

El oficial rebelde lo entrevistó nuevamente, le solicitó que aclarara su situación. Nye no pudo ocultar por mucho tiempo la verdad: confesó los planes y quiénes eran sus autores.

En abril de ese mismo año Alan Robert Nye fue sancionado por los tribunales revolucionarios y expulsado del país, para lo cual fue entregado a la embajada de Estados Unidos. Así terminó el primer proyecto criminal contra la vida de Fidel Castro en el que participó una agencia del gobierno norteamericano, el FBI, en complicidad con la Policía de la dictadura de Fulgencio Batista.

Armas especiales, venenos letales, explosivos plásticos poderosos, tabacos con sustancias peligrosas, granadas para ser lanzadas en plazas públicas, fusiles con miras telescópicas sofisticadas que apuntarían contra la gorra verde olivo, agujas con venenos mortíferos tan finas que su contacto con la piel no podía ser percibido, cohetes para bazucas y morteros, cargas explosivas ocultas en panteones silenciosos o en alcantarillas soterradas mientras un mecanismo de reloj descontaba minutos y segundos; planes todos trazados para asesinar a Fidel Castro.

A los pocos meses del triunfo de la Revolución Cubana, Estados Unidos planteó la necesidad de eliminar al dirigente cubano como el medio más expedito para derrocar a su gobierno. No era un elemento novedoso en la política norteamericana. Varios presidentes, políticos y luchadores por los derechos civiles fueron asesinados para impedir que sus ideas modificaran o reformaran las bases sociales del poderoso país.

Dirigentes de otras partes del mundo también fueron eliminados por consejo o estímulo de embajadores y cónsules norteamericanos, que vieron en ellos enemigos potenciales de las estrategias políticas y económicas que preconizaban. El método llegó a convertirse en instrumento de la política. El fin justificaba los medios. Solo había que tener siempre a mano una negación plausible.

El asesinato del presidente John F. Kennedy, en los comienzos de la década de los años sesenta, fue sin lugar a duda uno de los escándalos más traumáticos de la historia de Norteamérica. Fueron creadas varias comisiones durante estos años con el fin de esclarecer los móviles del crimen y quiénes fueron sus ejecutores. Sin embargo, solo algunas hipótesis y listas de eventuales grupos interesados en la eliminación del presidente han sido el resultado de tales encuestas, que contaron con presupuestos millonarios.

En 1975, a raíz del escándalo de Watergate, cuando se evidenció que agentes de la Agencia Central de Inteligencia (CIA) participaban activamente en acciones clandestinas contra políticos extranjeros y ciudadanos norteamericanos, el Senado de Estados Unidos, bajo la presión de la opinión pública, creó una Comisión presidida por Frank Church, encargada de investigar las acciones de Inteligencia relacionadas con la eliminación de líderes hostiles a la política de Washington.[3]

Por primera vez, el mundo conoció de la existencia de un mecanismo institucional destinado al crimen político. Armas especiales, venenos y otros medios sofisticados fueron creados en los laboratorios de la CIA para esos fines. No obstante, aquella Comisión solo pudo conocer una pequeña parte de los proyectos criminales de la agencia. Un silencio cómplice cerró los labios de los funcionarios y jefes de esa organización, quienes, encabezados por el que fuera su director, Richard Helms, negaron y escamotearon las informaciones que pudieran conducir al desenmascaramiento del tenebroso mecanismo asesino.

En el caso cubano, la comisión concluyó que fueron solo ocho los planes fraguados contra Fidel Castro, algunos de los cuales, según los investigadores, jamás llegaron a materializarse. Nada más falso.

Desde el propio triunfo, en 1959, el joven gobierno cubano tuvo que enfrentar las acciones terroristas de batistianos, criminales de guerra prófugos de la justicia y elementos del crimen organizado, que veían en el nuevo régimen un peligro para sus intereses económicos. Más tarde, la CIA, con la aprobación oficial del gobierno del presidente Dwight D. Eisenhower, se plantearía la tarea de eliminar a Fidel Castro y derrocar a la Revolución Cubana.

La más poderosa base de la CIA dentro de su propio territorio fue creada en la Florida con más de 400 oficiales de caso y 4 000 agentes cubanos, quienes, apoyados en flotillas marítimas y aéreas, desplegaron una ofensiva sin precedentes contra la Cuba revolucionaria. Trescientas y tantas organizaciones clandestinas fueron formadas, armadas y dirigidas desde Estados Unidos con propósitos idénticos. Un ejército —la Brigada 2506— fue organizado, entrenado y desembarcado en Cuba para derrocar al Gobierno Revolucionario en abril de 1961. De tal manera, el lector podrá imaginar las dimensiones extraordinarias que adquirió la agresión norteamericana, que incluyó hasta la guerra bacteriológica.

Comprender cómo se han frustrado y neutralizado cientos de conspiraciones contra la vida del dirigente cubano no será fácil sin entender la función activa del pueblo en este empeño. De su seno han surgido los hombres y las mujeres que posibilitaron descubrir los proyectos enemigos, no solo en Cuba, sino incluso, en Estados Unidos.

Cientos de estos hombres y mujeres, infiltrados en las filas de la CIA y de la contrarrevolución, muchas veces sin los conocimientos más elementales del trabajo a realizar, han sido los héroes verdaderos de esta epopeya.

Durante los últimos años se ha cuestionado en Estados Unidos la responsabilidad de la CIA en las conjuras contra la vida de Fidel Castro. Algunos periodistas, o simples estudiosos del tema, se han dejado ganar por la idea, muy difundida en Norteamérica, de que «unos chicos malos» dentro de la Agencia fueron los responsables de tales actos, a espaldas de los jefes que nada conocieron de estos proyectos. Nombres como William Harvey, Ted Shackley, Howard Hunt, David A. Phillips, David Sánchez Morales y otros, aparecen como excepciones de la regla. Nada más alejado de la verdad. Si algo dejó totalmente esclarecido la Comisión Church[3] fue que, en los primeros días de 1961, Richard Bissell, con la anuencia de Allen Dulles, los dos jefes principales de la CIA, ordenaron la creación de la operación ZR/Rifle, que tenía como misión, según los documentos desclasificados a los que tuvieron acceso los congresistas, la de «crear capacidades para la eliminación física de líderes políticos extranjeros».

Ese mecanismo fue el responsable, directa o indirectamente, de los cientos de proyectos homicidas fraguados contra Fidel Castro. En unos casos, los dirigieron y financiaron; en otros, tuvieron conocimiento y los estimularon por medio del control que ejercían sobre las organizaciones contrarrevolucionarias. Han utilizado un arma poderosísima: la guerra psicológica. Miles de horas radiales transmitidas desde Estados Unidos han incitado y exhortado al asesinato del dirigente revolucionario.

Precisamente fue el mecanismo cubano-americano de la CIA y la Mafia, que se describe en los capítulos subsiguientes, el que tomó vida propia después de la derrota de la invasión mercenaria por

Playa Girón, cuando el gobierno del presidente John F. Kennedy, en 1962, lo utilizó en su proyecto para desatar una guerra civil dentro de Cuba, a un costo millonario, y que emergió como una fuerza independiente en el contexto político estadounidense. Probablemente, como afirman algunos investigadores, incluido el que este trabajo suscribe, ese mecanismo, fuera de control por sus contradicciones políticas y económicas con el establishment, tuvo responsabilidades importantes en el asesinato de Kennedy.

Los hechos que aquí se narran, están basados en numerosas investigaciones y en las experiencias del autor —quien participó en varias de estas—, decenas de entrevistas a participantes, documentos consultados y la colaboración generosa de compañeros, oficiales y agentes clandestinos, artífices del desmantelamiento de esas conjuras.

Para la elaboración de este libro se seleccionó un grupo de casos —los más importantes, algunos inéditos— cuyos nexos con la CIA y la Mafia norteamericana son irrefutables.

También se han utilizado algunos recursos de la ficción, sin faltar a los hechos reales, con el propósito de hacer más amena la lectura, para que los sucesos presentados y los personajes lleguen a los lectores con mayor relieve, sin que por esto se afecte el rigor histórico.

Esta es la historia de cómo gobiernos sucesivos de Estados Unidos se dispusieron a asesinar a un hombre: Fidel Castro, quien, como el David mitológico, desafió a Goliat en el empeño de defender la soberanía y la independencia de su pueblo.

1
Con los Tigres

El reloj, con su zumbido peculiar, despertó a J.C. King, quien apagó el timbre maquinalmente y lanzó un vistazo para comprobar que era la hora escogida. Soñoliento aún, miró hacia el techo de la habitación y trató de poner en orden sus pensamientos.

Con excepción de los domingos, King se levantaba a las 4:00 a.m. En aquella hora temprana, se dedicaba a estudiar las informaciones más importantes recibidas el día anterior y a meditar sobre cuáles eran los pasos a seguir en el decursar de las acciones que estaban en marcha. Después, leía algún fragmento de la Biblia, pues era, a pesar de lo que decían sus detractores, profundamente religioso. Le gustaba comparar algunos pasajes bíblicos con acciones tomadas por él; era algo que lo satisfacía profundamente.

Ese día era uno de aquellos momentos que valoraba como importantes en su carrera. Estaba invitado por sus jefes, Allen Dulles y Richard Bissell, ocasión en la que debía rendir un informe especial sobre la situación en América Latina. Por primera vez en sus años como jefe de la CIA para el hemisferio occidental, se sentía preocupado intensamente. En el continente comenzaban a producirse movimientos cada vez más organizados en contra de la política de Estados Unidos y que amenazaban la paz y la tranquilidad de los inversionistas de su país. No se trataba de que antes no hubiesen existido conflictos en lo que consideraban su traspatio, pero el triunfo en Cuba de la Revolución de Fidel Castro había convulsionado a los casi siempre adormecidos latinoamericanos.

Cuba sería nuevamente el tema de discusión, como lo había sido durante los últimos meses, desde que Estados Unidos se percató de la necesidad de sacar a Fulgencio Batista del poder. Era evidente que las maniobras políticas puestas en marcha para sustituirlo «democráticamente» no impedirían el triunfo de Fidel Castro y sus rebeldes de la Sierra Maestra.[1]

Desde hacía varios años a King le preocupaba la situación política en la Isla. Las manifestaciones antinorteamericanas crecientes, el fuerte movimiento comunista que se fue estructurando en las décadas de los años treinta y cuarenta y, finalmente, el ataque al cuartel Moncada, en 1953, le indicaban que la subversión comunista se había infiltrado hasta las mismas puertas de Norteamérica, y ellos no podían cruzarse de brazos.

Uno de sus amigos más cercanos, William Pawley, antiguo embajador del presidente Eisenhower y dueño de una fábrica de gas manufacturado en La Habana, había prevenido desde los días finales de 1958 los peligros que acechaban a Norteamérica si Fidel Castro triunfaba en Cuba, pero lo subestimaron. Pensaron que se trataba de otro grupo político en busca del poder; los acontecimientos se habían precipitado en una dirección adversa a sus intereses de seguridad nacional.

Recordaba claramente que Robert Weicha, el agente de la CIA que se desempeñaba como cónsul norteamericano en Santiago de Cuba, aseguró que el grupo de Castro no era comunista. Otro informante que había reportado el hecho fue Frank Sturgis,[2] un mercenario al que habían incorporado a una expedición de uno de sus contactos claves dentro del movimiento revolucionario, Pedro Luis Díaz Lanz, quien en ese momento se desempeñaba como jefe de la Fuerza Aérea rebelde.

Sin embargo, todavía pensaban que tenían control sobre los movimientos futuros del gobierno de La Habana. No solo contaban con Díaz Lanz en el Ejército Rebelde: habían otros «simpatizantes» como el comandante Huber Matos y varios ministros del gobierno, que todo lo consultaban con la embajada. Solo que Castro era impredecible. El discurso sobre las necesarias reformas agraria y urbana que rebajaban los alquileres de las viviendas y pretendían repartir la tierra a los campesinos y, sobre todo, los juicios contra connotados batistianos, les preocupaban y por lo tanto se debía preparar una acción independiente para que los acontecimientos no los sorprendieran.

King se incorporó de la cama y, tal como acostumbraba, se rasuró y vistió con esmero. Una última mirada ante el espejo le devolvió la imagen de un hombre con porte militar, de cincuenta y tantos años, pelo blanco y mirada penetrante. Sintió satisfacción al comprobar, una vez más que, aunque los años pasaban, conservaba su apariencia distinguida.

Bajó las escaleras de la casa con paso ágil, se dirigió a la cocina y se preparó una taza de café. Los largos años de servicio militar le habían enseñado que antes de los combates y de las grandes reuniones no se debía llenar el estómago. Con la taza en la mano, se dirigió a una cómoda butaca del gran salón de su mansión. A esas horas tan tempranas, los sirvientes no habían llegado aún a sus labores domésticas y él podía permitirse el lujo de trabajar en aquel lugar donde la luz del sol comenzaba a entrar por las grandes ventanas. Tomó su portafolios, extrajo varios documentos y comenzó a leerlos atentamente. Uno de estos atrajo su atención; lo releyó varias veces, hasta que tomó un lápiz rojo y subrayó dos de sus párrafos:

Castro ha contactado con comunistas, grupos de vanguardia durante sus días universitarios, y han existido informes continuos de posible filiación comunista de parte de algunos de los máximos dirigentes. Sin embargo, no existe en la actualidad una seguridad de que Castro sea comunista.

Castro parece ser un nacionalista y algo socialista, y aunque también ha criticado y alegado el apoyo de Estados Unidos a Batista, no se puede decir que personalmente es hostil a Estados Unidos.[3]

Tomó el lápiz y, distraídamente, se lo colocó en los labios. Era un gesto muy personal que hacía cuando estaba absorto en algún pensamiento. Tenía ante sí la valoración de la estación de la CIA en La Habana y debía tomarla como la más autorizada; sin embargo, esas opiniones no concordaban con la percepción oficial que Washington tenía de lo que estaba ocurriendo en Cuba.

Los diplomáticos se confundían al analizar los acontecimientos. Pensaban que todo lo que ocurría era solo el resultado del entusiasmo de los primeros días posteriores al triunfo revolucionario y que después las cosas tomarían su ritmo. ¿Quién que hubiese desafiado a Estados Unidos podía vanagloriarse de ello? Fidel Castro no era, pensaban, la excepción de la regla.

El reloj marcó las 8:30 a.m. del 13 de enero de 1959. Una hora más tarde lo esperarían sus colaboradores más cercanos para intercambiar criterios sobre el tema. Era una costumbre antigua. Todos los que trabajaban bajo su mando debían ser escuchados antes de tomar una decisión sobre un tema específico. Cuando se disponía a salir, sonó el teléfono. Era el oficial de operaciones quien, como siempre, se encargaba de supervisar que el coronel estuviera listo para comenzar su agenda diaria.

Salió al jardín de la casa y se acomodó en el automóvil, un Oldsmobile de color negro de cuatro puertas, que brillaba inmaculadamente. Willy, el chofer, un viejo sargento a su servicio desde tiempos que ya no recordaba, puso en marcha el motor y enrumbó hacia las oficinas centrales de la Agencia, instaladas en unas antiguas edificaciones de la Armada conocidas como Quarters Eye, mientras se construían sus instalaciones definitivas en la discreta región de Langley, en las afueras de la capital norteamericana.

Con paso seguro caminó hasta su oficina y para su satisfacción, encontró al personal que requería, listo para el *briefing*: Tracy Barnes, asistente de Richard Bissell; Frank Bender, un veterano agente de origen alemán que peleó tras las líneas nazis durante la Segunda Guerra Mundial; Robert Amory, del Directorio de Análisis, y varios oficiales más. Después de los saludos habituales, King se dirigió a Bender para que informara sus conversaciones con Augusto Ferrando, cónsul dominicano en Miami, por considerarlas vitales para la evaluación multilateral de la situación político-operativa en Cuba. Bender, con su estilo germano peculiar, explicó:

«Ferrando representa al coronel John Abbes García, jefe de la Inteligencia de Trujillo,[4] el cual solicita conocer nuestra posición oficial sobre Cuba. Ellos piensan que Castro es un peligroso comunista, que llevará la revolución a todos los países del continente. Me confirmó que el presidente Trujillo está planeando la formación de un ejército con los elementos del general Batista asilados en su país para impedir los proyectos de Castro, pero necesita el visto bueno de Washington. Me propuso que enviáramos a alguien allá, para darnos detalles adicionales».

Una vez terminado el informe, King observó al resto de los oficiales y fijó su mirada en Amory. Aquel analista almidonado le caía mal. Era un liberal, formado en la Universidad de Harvard, que se sentía inclinado a adoptar posiciones contrarias, particularmente cuando se trataba de analizar propuestas de su División. Con un ademán, le indicó que podía emitir su criterio.

Amory, delgado, de cara alargada, modales finos y con una preparación sólida en asuntos de la política hemisférica, en algún momento de su carrera había aspirado a un cargo en el Departamento de Estado, pero no tuvo los padrinos necesarios para conseguirlo. Conocía que no era de la simpatía del coronel King y aprovechaba las ocasiones que se le brindaban para irritarlo con sus reflexiones políticas agudas:

«Me parece que es prematuro sacar conclusiones sobre las intenciones de Fidel Castro. Trujillo ve fantasmas por dondequiera y teme que su dictadura se vea atacada por los miles de exiliados que están en Cuba y en otras partes de América Latina. Como usted conoce, coronel, en varias ocasiones he expresado mis reservas sobre el apoyo que aún le prestamos a ese gobierno, pues entiendo que nos compromete ante las naciones del continente. Lo que estamos haciendo con él se parece mucho a la experiencia con Batista, y ya ve lo que ha sucedido».

Un silencio siguió a las palabras de Amory. La cara de King fue cambiando lentamente de color. Se percataba de que el analista lo atacaba por sus simpatías públicas por el gobierno de Batista. Barnes, conocedor de los pensamientos del coronel, y evitando una explosión brusca de este, intervino para explicar que la jefatura de la Agencia no tenía definida una posición con respecto a Castro y consideraba que debían mantenerse abiertas todas las opciones, incluida la de Trujillo.

Todos los allí reunidos conocían que Barnes era el vocero de Richard Bissell, y mientras el «gran estratega», como le decían a sus espaldas al subdirector de la Agencia, no se inclinara en una dirección, Dulles sería receptivo a cualquier propuesta.

La reunión concluyó, King recogió sus informes y los guardó después meticulosamente. Siempre actuaba de la misma manera; era una costumbre adquirida en el Ejército, que lo había formado. Mientras iba de regreso a sus oficinas recordó, por unos instantes, sus años de oficial, sus ascensos y los servicios prestados como agregado militar en varios países de América Latina. Esa fue su gran escuela. Allí aprendió que a los latinoamericanos había que tratarlos con mano dura, para que sus democracias débiles no sucumbieran. Por esa razón había simpatizado con Fulgencio Batista cuando este dio el golpe de Estado en Cuba a comienzos de los años cincuenta. Sin embargo, no pudieron mantenerlo en el poder, precisamente por las debilidades de los políticos en Washington, que se negaban a comprometerse en un abierto involucramiento norteamericano en el conflicto.

Burócratas de la estirpe de Robert Amory pensaban que con teorías liberales se podía contener al comunismo, sin darse cuenta de que en realidad lo ayudaban, concluyó sus pensamientos. Consultó nuevamente el reloj y, al percatarse de la proximidad de la reunión, salió de la oficina y se encaminó al encuentro con sus jefes.

Allen Dulles, el admirado director, lo recibió con su pipa habitual que le jugueteaba entre los labios y su mirada agradable de anciano venerable. Era el jefe indiscutible e indiscutido de la CIA. Fundador de la Oficina de Servicios Estratégicos (OSS), la antecesora de la Agencia, tuvo una función preponderante en la actuación secreta de Estados Unidos durante la guerra en Europa. Allí realizó acciones que todavía se narraban como leyendas entre los jóvenes oficiales de caso. Su hermano, John Foster, era el secretario de Estado y ambos tenían un sólido bufete de abogados en Nueva York que, entre otros, representaba a la poderosa United Fruit Company.

Por su parte, Richard Bissell, un brillante economista graduado de la Universidad de Harvard, se encontraba sentado en un cómodo butacón, con sus largas piernas cruzadas. Lo saludó con el gesto profesoral que lo caracterizaba.

Después de un breve intercambio de comentarios, King leyó muy despacio el informe elaborado y luego relató, de manera concisa, la conversación entre Bender y el cónsul dominicano, pero omitió deliberadamente las opiniones de Amory. Cuando concluyó su información, King se quedó a la expectativa. Conocía a Dulles perfectamente. Tenía la costumbre de esperar a que sus subordinados expusieran sus opiniones para luego atacarlos con preguntas agudas y así descubrir las partes débiles de la propuesta que le realizaban. Sin embargo, en esta ocasión se quedó expectante, lo que resultaba extraño para sus subalternos. Después de unos segundos, que a King le parecieron interminables, hizo un movimiento con su cabeza en dirección a Bissell. Entonces este, como siguiendo un guion preconcebido, intervino, seguramente para interpretar los pensamientos del «gran jefe»:

«Nada perdemos con enterarnos de lo que Trujillo se trae entre manos. Propongo enviar al mismo Bender para que se informe, evitando cualquier compromiso anticipado. Luego tomaremos las decisiones pertinentes. Además, sería interesante mandar a buscar a uno de los hombres que tenemos en La Habana, para conocer de primera mano qué es lo que pasa allí realmente. Tengo el temor —concluyó— de que nuestra gente esté muy polarizada en un sentido o en otro y no sea objetiva».

Dulles, acomodado en su sillón, tenía los ojos semicerrados. Miró a King de manera interrogante.

«¿Qué opina, coronel?» —dijo.

El interpelado se enderezó en su silla, y con un gesto rápido de cabeza mostró su acuerdo.

«En definitiva, como dice Mr. Bissell, nada perdemos con enviar a Bender».

Bissell asintió con satisfacción. Anticomunista convencido, era probablemente el primer subdirector de la Agencia que no provenía de esta. Había sido captado directamente por Dulles en Harvard cuando se desempeñaba como profesor en ese prestigioso centro de altos estudios y quedó fascinado desde entonces por el extraordinario poder oculto que otorgaba el espionaje. De mente clara y despierta, con ambición lógica, aspiraba a sustituir a su jefe, una vez jubilado, al frente de los destinos de la CIA.

Los Tigres
Santo Domingo, República Dominicana. Enero de 1959

El día había sido demasiado caluroso en aquel «invierno» caribeño. En el Palacio Presidencial dos hombres conversaban animadamente: Rafael Leónidas Trujillo, presidente vitalicio, benefactor y «Padre Supremo de la Patria», y Fulgencio Batista, quien fuera, hasta unas semanas antes, «el hombre fuerte de Cuba».

Lejanos estaban los días en que se disputaron el «mérito» de ser el tirano más sangriento y repudiado del continente; también lo estaba el de las disputas por las migajas que el Tío Sam, de vez en vez, les lanzaba como a perritos falderos. Es verdad que Batista en sus afanes «demócratas», en una época todavía reciente, había realizado más de una vez uno que otro alarde amenazador contra el régimen de Trujillo, pero esos tiempos en definitiva habían pasado y, aparentemente, estaban superadas las discrepancias.

Ambos vestían impecablemente. Trujillo, atildado para una entrevista de prensa inminente, se encontraba enfundado en un traje militar lleno de medallas y entorchados; Batista, por su parte, portaba un elegante traje de dril cien blanco. Cada uno sostenía un vaso de whisky en las manos, del que por momentos sorbían pequeños tragos.

El exdictador cubano estaba, como se dice, estrenando su nuevo papel de presidente derrocado, exiliado en República Dominicana, después de un viaje azaroso en la madrugada del 1ro. de enero de 1959, cuando tuvo que huir de Cuba, asediado por la Revolución triunfante.

No podía quejarse del tratamiento recibido. Lo alojaron en uno de los mejores hoteles capitalinos y hasta escolta le habían puesto. Es verdad que todo lo tenía que pagar en dinero contante y sonante, pero entre «viejos zorros» como eran ellos dos, todas esas nimiedades no constituían ofensas. En definitiva, como rezaba el refrán: «Hoy por ti y mañana por mí».

Trujillo estaba satisfecho, pues le había demostrado a aquel general iletrado que su régimen era el más fuerte. Tomó la palabra y después de un preámbulo «histórico-político» explicó a Batista sus temores sobre las repercusiones que podía tener en toda América Latina, y particularmente en su país, la victoria de Fidel Castro. Ya desde los últimos meses del año anterior había previsto —en una reunión con sus allegados— el probable desenlace político en la vecina Cuba y trazó una estrategia para si el caso llegaba. Formaría un nuevo ejército, una legión de soldados anticomunistas, que atacaría sin demora a la isla vecina, antes de que su gobierno se fortaleciera y los miles de exiliados dominicanos que moraban en ella pudieran organizarse para tratar de derrocarlo.

Así, durante las primeras semanas de enero de 1959, cientos de hombres llegados de Cuba —muchos procedentes del disuelto ejército regular—, se incorporaron a esa legión que se entrenaba en los campamentos del dictador, a los que se sumaron los mercenarios reclutados para ese propósito en todos los confines americanos.

Precisamente, en pos de la estrategia enunciada, Trujillo había orientado a su cónsul en Miami, el coronel Ferrando, que valorara los sentimientos de la CIA y del Departamento de Estado norteamericano hacia el nuevo régimen imperante en La Habana. La respuesta no pudo ser mejor. En esencia se trataba del visto bueno del Norte, que se concretaría con la visita de un alto oficial de la Agencia para informarse de los planes en curso. Podía proseguir el proyecto e invadiría a Cuba antes de que finalizara ese semestre, pensó.

Sin embargo, algo le molestaba, lo irritaba. Muchas de las informaciones que llegaban a diario desde Cuba daban cuenta de la popularidad enorme de Fidel Castro y de su imagen carismática. Había que buscar la manera de eliminarlo. Sin su líder al frente, el pueblo se encontraría indefenso ante una agresión externa y todo sería más sencillo. Precisamente, ese era el tema de la conversación con Batista.

«Fidel ha sabido engañar a mi pueblo —explicaba el derrocado dictador cubano—. Sus discursos con promesas de mejorar las condiciones de vida a los sectores más humildes son pura demagogia. Ese ha sido su principal error porque afecta a los intereses de Estados Unidos. Se está colocando frente a los americanos y esa gente no perdona. Quizás lo más cómodo sea esperar que ellos mismos lo derroquen».

«No pienso que la cosa sea tan sencilla —respondió Trujillo—. Además, ¿por qué esperar? Contamos con los hombres necesarios y con el respaldo que los americanos pueden brindarnos en la OEA [Organización de Estados Americanos] y en la misma ONU [Organización de las Naciones Unidas] si fuera necesario. Creo que es el momento adecuado para resolver este conflicto, que por demás, los americanos lo agradecerán».

«Además, para qué esperar, —pensó—, seguro que este tacaño no quiere invertir y solo quiere refugiarse en las playas de Miami, pero no se saldrá con las suyas. Seguro que el dinero se lo saco y si no se lo quitaré».

Batista se percataba de su situación y, además, comprendía la estrategia de Trujillo. No solo pretendía su colaboración sino también su dinero. Se puso de pie y dio unos pasos por la habitación, un despacho decorado con muebles antiguos y pesadas cortinas.

«Posiblemente —razonó— él cree que yo voy a regresar a Cuba en caso de que pueda derrocar a Fidel y está muy equivocado. Ya pasé muchos peligros en estos años y lo que más deseo es descansar. Tengo que buscar una fórmula para que este generalito no sospeche de mis intenciones, y en la primera oportunidad escapar, para disfrutar mi fortuna».

Batista se paró en el centro del salón y, esbozando una sonrisa, asintió con la cabeza:

«General, estoy de acuerdo con su plan. Entiendo que sugiere buscar la manera de liquidar a nuestro joven enemigo antes de que la Legión del Caribe[5] llegue a Cuba. Sin él vivo todo será más fácil. Ya lo intenté antes, pero las cosas no salieron como esperaba. Creo que puedo encargarme del asunto. Los gastos, naturalmente, correrían por mi cuenta».

Trujillo asintió: esa era la cooperación que buscaba. Ya podía dedicarse de lleno a los planes invasores, mientras que su colega se ocupaba de liquidar al hombre que tantos dolores de cabeza les estaba proporcionando.

Después de un cordial apretón de manos, los dos dictadores se separaron. Batista se apresuró a marchar a la *suite*.

Una vez allí, se deshizo de Marta, su esposa, y de algunos de los aduladores que lo aguardaban, y solicitó un enlace telefónico con Miami. Pocos minutos después conversaba con uno de sus hombres de confianza, Rolando Masferrer Rojas, conocido por *El Tigre*,[6] el jefe principal de los escuadrones de la muerte durante su gobierno.

Masferrer residía instalado cómodamente en Miami, donde las autoridades lo habían confinado, no tanto por sus antecedentes políticos, sino por sus actividades y negocios ilícitos. Era amigo personal de Santo Trafficante[7] y sostenía una comunicación fluida con el coronel J.C. King.

Después de los saludos habituales, Batista le expresó a su interlocutor:

«Rolando, necesito que me envíes a alguien de tu absoluta confianza para un asunto que requiere una solución urgente. Es algo relacionado con nuestro propio futuro» —y dejó la palabra en suspenso.

Del otro lado de la línea Rolando, al percatarse de que «algo gordo» se cocinaba, respondió:

«Creo que no habrá dificultades, general. ¿Se acuerda de *El Morito*? Sí…, aquel mismo que fue jefe de los Tigres en la zona de Manzanillo. Bien, le daré instrucciones para que viaje allá de inmediato. Ya sabe, es como si fuera yo mismo. Cualquier cosa me la puede plantear con confianza, que como siempre, estoy a su entera disposición».

Cuartel general de la CIA
Washington. Marzo de 1959

El coronel King se encontraba de pie frente al gran ventanal de su oficina en Quarters Eye. Meditaba sobre los acontecimientos políticos en Cuba y cómo, a pesar de sus recomendaciones, la Administración no actuaba en la dirección acertada. Los comunistas iban obteniendo cada día que transcurría una cuota de poder más importante en los destinos del régimen de La Habana. Fidel Castro disponía de varios de sus hombres fieles e inteligentes que ya actuaban desde posiciones claves del gobierno.

Raúl, su hermano menor, era el jefe virtual del Ejército; Camilo Cienfuegos era jefe de su Estado Mayor, y el peligroso argentino Ernesto Guevara estaba detrás de todas las iniciativas populistas y comunistas que por esos días se anunciaban en La Habana.

Según sus agentes en la embajada, cada día que transcurría los comunistas obtenían más control sobre los cargos claves, a pesar de que ellos —sus funcionarios—, no estaban inactivos y se reunían constantemente con personeros del nuevo gobierno afines a sus ideas, para sugerirles o darles nuevas instrucciones; sin embargo, en los últimos días los acontecimientos se precipitaban en la dirección menos agradable para Estados Unidos.

Estaba tan absorto en sus pensamientos que no se percató de la presencia de la secretaria quien, solícita, con una taza de café humeante, aguardaba discretamente.

«Aquí tiene el café, coronel. Si no tiene otra orden que dar, me retiro, pues ya pasaron las 9:00 p.m.».

King tomó la taza. Con un ademán le indicó que podía marcharse y volvió a sumirse en sus reflexiones. Tenía que convencer a sus jefes de que hicieran algo para revertir los acontecimientos en la Isla. Estaba informado de los planes de Trujillo, pero le tenía desconfianza al viejo dictador. Su alianza con Batista era muy endeble y confiaba demasiado en las fuerzas internas que, decía, podía movilizar dentro de Cuba para apoyar su invasión. Además, le preocupaba su falta de prestigio ante los gobiernos latinoamericanos. Esto podría brindarle a Castro, en caso de que la invasión lograra materializarse, un apoyo político y moral importante.

King se sentó a la mesa de trabajo y revolvió varios informes, hasta encontrar el que buscaba. Se trataba de una entrevista del oficial de caso Bill Alexander con Rolando Masferrer, un exiliado que estaba formando una organización con ramificaciones en Cuba, para luchar contra el Gobierno Revolucionario.

Masferrer explicó al oficial que cualquier proyecto contra Castro incluía la eliminación de este. Decía contar con varios hombres dispuestos a todo. Solo ponía como condición la de recibir el cargo de ministro de Gobernación en el gabinete que se formaría a la caída del régimen revolucionario.

El informe concluía afirmando que Masferrer se había convertido, dentro de los elementos exiliados, en una de las figuras más influyentes y que controlaba al grupo de exmilitares de Batista que se encontraba allí y que se oponían veladamente a los planes trujillistas, por entender que el tirano dominicano quería marginarlos del proyecto.

King pulsó el intercomunicador y solicitó la presencia de Bill Alexander. Quería conocer de primera mano las impresiones del operativo.

«Coronel —manifestó Alexander— pienso que Masferrer es nuestro hombre. Cuenta con aliados muy poderosos dentro del exilio, entre ellos Eladio del Valle,[8] exrepresentante en el Congreso del gobierno de Batista y muy vinculado a Santo Trafficante. Parece que esa gente le está brindando un sólido respaldo económico y quieren a Castro fuera del poder lo más rápido posible».

«Y, ¿cómo pretenden ejecutar el proyecto?».

«La idea es infiltrar un comando de hombres ya seleccionados, para prepararle a Castro una emboscada en las inmediaciones del Palacio Presidencial. Ellos cuentan con gente dispuesta y entrenada en esos menesteres y no será difícil balearlo. Los revolucionarios, sin su líder, se sumergirán en pugnas por el poder y esa sería la ocasión para que Estados Unidos pudiera poner orden en la Isla. Pretextos no faltarán» —concluyó.

Miami, Florida. Marzo de 1959

A cientos de kilómetros de Washington, en su residencia de Miami, Rolando Masferrer daba los últimos toques a su plan. Odiaba profundamente a Fidel Castro y a todo lo que oliera a comunismo, quizás por su pasado. En la década de los años treinta, había combatido del lado de la República Española, en las Brigadas Internacionales. En realidad, en esa época las ideas anarquistas lo apasionaban. Sin embargo, una vez finalizado el conflicto, con la victoria de los fascistas, se percató de que había estado equivocado profundamente y, raudo y veloz, cambió de bando. Al principio se relacionó con varios de los grupos gansteriles que actuaban en Cuba bajo la protección del presidente Ramón Grau San Martín.[9] Más tarde, se percató de que no tenía que depender de nadie, que podía ser «cabeza de familia», y creó su propia banda. Después del golpe de Estado de 1952 —que llevó a Fulgencio Batista al poder—, se unió a su caravana y pronto obtuvo un acta de congresista de la República, un periódico y un ejército paramilitar que actuaba como brazo ejecutor del tirano.

Su solo nombre aterrorizaba. Sus bandas actuaron con alevosía particular en la región oriental de la Isla. Allí ejecutaban, torturaban e impartían su «justicia». El 1ro. de enero tuvo que salir huyendo para no responder por los crímenes cometidos y la nueva guarida resultó ser la ciudad de Miami. Allí tenía amigos influyentes, particularmente en el sector del juego organizado. Como era «un hombre emprendedor», se puso a trabajar de inmediato y pronto su amigo, Santo Trafficante, jefe de la Cosa Nostra local, lo había responsabilizado con la extracción del dinero con que funcionaban sus casinos de juego en La Habana, el que permanecía escondido en casas de amigos leales, y algún que otro contrabando procedente de América Central, probablemente drogas, decían algunos de sus allegados. Pero, en lo profundo de su oscura conciencia, quería «hacer algo por su país» y cuando Batista lo requirió para «eliminar» al dirigente revolucionario, puso manos a la obra con esfuerzos renovados.

Contaba en La Habana con algunas casas de seguridad de asociados antiguos, donde podrían esconderse los encargados de la acción. La entrada ilegal a la capital cubana no era nada complicada. Algunas de las residencias de sus colaboradores colindaban con la ribera del río Almendares, a pocos metros de su desembocadura al mar y brindaban la posibilidad de penetrar en estas con un barco de calado pequeño, en alguna noche oscura.

Los dos hombres seleccionados resultaron ser Obdulio Piedra —sobrino del célebre jefe del Buró para la Represión de Actividades Comunistas (BRAC) de la policía batistiana, Orlando Piedra—, y Navi Ferrás, alias *El Morito* —un afamado «tigre» de los escuadrones de la muerte—. Ambos tenían reputación de «tipos duros» y sin escrúpulos. En aquellos días, quizás porque los tuvieron que utilizar para su huida de Cuba, enmascaraban sus rostros con bigotes espesos.

La conversación fue breve. Todo estaba dicho.

«Ustedes tienen toda mi confianza —afirmó Masferrer—. Ya conocen la tarea y puedo informarles adicionalmente que los americanos nos apoyan, solo que no quieren aparecer involucrados. Este apoyo será muy útil cuando llegue la ocasión, así el FBI nos quita presión y podemos realizar nuestros negocios con más tranquilidad. Además, la gente de Trafficante está dispuesta a pagar adicionalmente un buen dinero, así es que ganamos por las dos partes».

«Allá —continuó explicando— deberán andar con cuidado. Ustedes son conocidos y tengo noticias de que Castro está desarrollando una eficiente policía. Deberán ponerse en contacto con el grupo que Ernesto de la Fe[10] dirige desde la cárcel y concluir el trabajo lo más rápido posible».

Los dos asesinos hicieron algunas precisiones. Les interesaban mucho la forma de pago y el mecanismo que los regresaría a Miami. Después de satisfechas sus dudas, se marcharon a concretar los preparativos del viaje.

El coronel King recibió la información exacta en el momento en que los dos matones partieron para Cuba. Su oficial, establecido en Miami, lo mantenía al tanto de los acontecimientos.

Descolgó el teléfono y le explicó a Bissell el comienzo del operativo.

«Todo marcha de acuerdo a lo planificado. Si tenemos suerte, en unos días habremos acabado con Castro —afirmó el jefe de División de la CIA».

Informe del Departamento de Investigaciones del Ejército Rebelde (DIER)
La Habana, Cuba. Marzo de 1959

A finales de marzo del año en curso, Obdulio Piedra y Navi Ferrás, dos connotados masferreristas, después de penetrar ilegalmente en el país, se encontraron con varios colaboradores del exministro batistiano, Ernesto de la Fe, actualmente encarcelado por sus pasados delitos. Se escondieron en una de las casas de seguridad que el grupo poseía en el Vedado. En las siguientes reuniones que se dieron entre los recién llegados y varios contrarrevolucionarios, nuestro agente no pudo conocer el objetivo de la infiltración, razón por la que decidimos no detenerlos por un tiempo.

Unos días más tarde, solicitaron un auto y comenzaron a merodear por las inmediaciones del Palacio Presidencial. Alertados por nuestro agente, orientamos a una patrulla de la Policía Nacional Revolucionaria vigilar el lugar y tan pronto los ubicara procediera a identificarlos, conduciéndolos al mando policial más cercano.

Al tercer día de emitidas las órdenes citadas, el patrullero ubicó el auto sospechoso y cuando los agentes se dirigían a identificarlos, *El Morito* abrió fuego de ametralladora contra ellos, quienes ripostaron la agresión, originándose un intercambio de disparos en el que por nuestra parte no resultó herido nadie.

Los contrarrevolucionarios lograron huir de la persecución policial y esa noche se marcharon del país en una embarcación que los esperaba en un atracadero a la entrada del río Almendares.

La casa que sirvió de guarida al comando masferrerista fue registrada, logrando incautarse una valiosa información sobre los planes contrarrevolucionarios y el atentado que pensaban perpetrar contra la vida del primer ministro.

Unos días más tarde, el 27 de marzo, el periódico *Revolución*, órgano oficial del Movimiento 26 de Julio, reseñaba la conspiración abortada: «El 26 de marzo fue descubierto por las autoridades policiales un plan de atentado contra el comandante Fidel Castro, dirigido por Rolando Masferrer y Ernesto de la Fe, dos connotados batistianos, vinculados a la Mafia norteamericana radicada en Cuba antes del triunfo revolucionario».

2

Un «tipo duro» en La Habana

Embajada de Estados Unidos
La Habana, Cuba. Abril de 1959

David Sánchez Morales era un chicano típico. Con su tez trigueña, sus ojos rasgados y su cara redonda, no podía ocultar sus ascendientes mexicanos, y esto le había proporcionado dificultades innumerables en su carrera dentro de la CIA. Su carácter fuerte era en realidad brutal, y tenía una afición incontrolable por las bebidas alcohólicas.

En la CIA lo aceptaron por esa inclinación suya a encargarse de los trabajos sucios. Sin embargo, cuando se trataba de designarlo para cargos más remunerados y cómodos, todos vacilaban, terminaban dándole una palmada en la espalda y le prometían que, para la próxima vez, tendría más suerte.

Durante la intervención en Guatemala, formó parte del grupo de tarea que se encargó de liquidar a los «comunistas» de Jacobo Árbenz y fue el responsable del entrenamiento de las fuerzas del coronel rebelde Carlos Castillo Armas, un antiguo colaborador de la embajada norteamericana en aquel país. Los nativos guatemaltecos, a quienes entrenaba en las «artes del trabajo subversivo», le decían burlonamente *El Indio Grande*, y el mote se le quedó. Todos en la Agencia lo llamaban así a sus espaldas.

Cuando en 1958 fue nombrado «diplomático» en La Habana, vio que su gran oportunidad llegaba al fin. Cuba era una plaza ambicionada por los jóvenes oficiales, no solo por el clima agradable y el salario elevado, sino por los contactos que se podrían realizar con los grandes empresarios norteamericanos asentados allí, particularmente los relacionados con el juego organizado y el tráfico de drogas, y que podían garantizar a cualquier joven diplomático, si sabía cooperar, un futuro prometedor.

El triunfo de la Revolución y las medidas socioeconómicas subsiguientes tomadas por Fidel Castro ensombrecieron el horizonte de Sánchez Morales. Varios de sus agentes lo habían alertado de que, detrás del discurso democrático del nuevo régimen, se escondía una hábil maniobra internacional comunista para apoderarse de Cuba. En varios informes enviados a Quarters Eye,[1] así lo había expresado. Nadie más autorizado que él para tales análisis. Disponía de agentes de penetración dentro del Ejército Rebelde, la Policía Nacional Revolucionaria y otras dependencias gubernamentales.

Precisamente en abril, Sánchez Morales recibió una llamada urgente de uno de sus agentes principales, Frank Sturgis, quien ocupaba un cargo importante dentro de la Fuerza Aérea Rebelde.

Después de conversar varias horas con su agente, Sánchez Morales quedó totalmente convencido de que Estados Unidos no podía permitir que el régimen cubano siguiera adelante con su proyecto político. Sturgis había conocido por medio del comandante Pedro Luis Díaz Lanz, jefe de la Fuerza Aérea, que al mes siguiente Castro dictaría una ley de reforma agraria radical, que afectaría a los grandes propietarios de tierras y centrales azucareros norteamericanos.

Sturgis le insistió, con énfasis, en que la única manera de solucionar la situación cubana era mediante la eliminación física de Castro. Díaz Lanz le había confiado que varios de los reformistas que componían el gabinete de gobierno encabezado por Manuel Urrutia podrían encauzar el proceso hacia otros derroteros y eliminar a los comunistas dirigidos por Raúl Castro y Ernesto Guevara, quienes, según sus apreciaciones, impulsaban la radicalización revolucionaria.

Sturgis contaba con otro colaborador norteamericano, Gerry Patrick Hemming,[2] instructor de paracaidismo y experto en explosivos.

Esa misma tarde, Sánchez Morales se entrevistó con el jefe de la estación de la CIA, Jim Noel,[3] y le propuso la idea esbozada por Sturgis. El plan, explicó, consistía en atraer a Castro a la jefatura de la Fuerza Aérea, y allí, cuando se encontrase reunido con algunos de sus colaboradores, explotarían el local que ocupaba el salón de reuniones, mediante una bomba potente colocada previamente.

Noel, según su costumbre de no responsabilizarse con ningún operativo que no contara con el 100% de seguridad, le razonó sobre algunos peligros que advertía, y adujo finalmente, que no tenía potestad para tomar una decisión de esa naturaleza, por lo que tendría que consultar con el nuevo embajador, Phillip Bonsal,[4] un pragmático funcionario diplomático, nombrado recientemente por Washington y especialista en Latinoamérica, opuesto a las incursiones de la CIA en política exterior, algo que en nada agradó a Sánchez Morales. Al observar el rostro que este mostraba, Noel finalizó la entrevista:

«De todas formas, te autorizo a que viajes a Washington y examines el plan con el coronel King; él sabrá qué es más conveniente de acuerdo con los vientos que allá soplan».

Sánchez Morales se reunió una vez más con Sturgis y Hemming para precisar los detalles del operativo que planeaban. Después, mediante una de las secretarias de la estación, Marjorie Lennox,[5] reservó un pasaje para el primer vuelo del avión de la aerolínea Pan American World Airways que cubría la ruta La Habana-Miami. Una vez en esa ciudad, telefoneó a Washington para informar que en pocas horas estaría allí, y para solicitar una entrevista con King.

Cuartel general de la CIA
Washington. Abril de 1959

Tan pronto el coronel King conoció de la presencia de David Sánchez Morales, lo citó para una reunión urgente. No acostumbraba a recibir a sus subordinados en horas de la noche, pero el radiograma recibido desde La Habana lo tenía intrigado. Noel le informaba la necesidad de consultar un plan emergente que podía cambiar el curso de los acontecimientos en Cuba. Era lo que estaba esperando, había reflexionado. Conocía muy bien a los hombres destacados en la capital cubana y los contactos numerosos que tenían dentro de las filas del gobierno y de la oposición. Había olfateado, por algunos informes llegados a las oficinas centrales, que el enfrentamiento a Castro dentro del propio régimen comenzaba a manifestarse y a organizarse. Quizás había llegado el momento de actuar.

Era la primera vez que Sánchez Morales se entrevistaba con un jefe de tan alto rango. No pudo evitar, mientras recorría los pasillos de la jefatura de la CIA, que una emoción creciente lo invadiera. Tenía en sus manos un proyecto vital y, si el éxito lo acompañaba, su futuro estaría asegurado por el resto de la vida.

Una vez en la oficina de King, explicó con lujo de detalles el proyecto para asesinar a Fidel Castro y a los colaboradores que lo acompañaran a la trampa que le preparaban, concluyendo con una afirmación rotunda:

«Sturgis es un hombre probado. Combatió en el Pacífico durante la Segunda Guerra Mundial y fue herido en tres oportunidades. Más tarde trabajó con la Agencia de Seguridad del Ejército. A mediados de los años cincuenta se unió al grupo de Carlos Prío que se encontraba exiliado en la Florida y estableció buenos contactos con el movimiento revolucionario cubano. Viajó a Cuba y trasladó armas para los rebeldes de Castro y reclutó a varios oficiales, entre ellos al comandante Díaz Lanz, jefe de la Fuerza Aérea.

Goza de mucho respeto dentro de ese grupo y con él trabaja Gerry P. Hemming, un agente por contrato, especialista en demolición...» —y así continuó explicando los antecedentes de los conspiradores y las posibilidades de éxito del proyecto.

King reflexionaba mientras escuchaba. Nada perdía con autorizar el plan porque sus ejecutores principales eran gente del propio régimen. Es verdad que había dos norteamericanos, pero Estados Unidos nada tenía que ver con ellos, aparentemente. Por otra parte, sabía que la promulgación de la Ley de Reforma Agraria dividiría al propio gobierno cubano y contaba con elementos que podían neutralizar a los comunistas y que, en ausencia de Castro —una vez eliminado—, se harían cargo del control.

«Muy bien, apruebo el plan con dos condiciones: una, que nuestra embajada no se vea involucrada en los acontecimientos, y la otra es que este proyecto deberá quedar entre nosotros: usted, Noel y yo».

David Sánchez Morales era un buen entendedor y supo interpretar con precisión lo que el coronel le transmitía. En tal sentido, solicitó a su jefe una justificación por la inusual visita realizada y una vez acordados los detalles, tomó el primer avión con rumbo a Miami para desde allí continuar vuelo hacia La Habana.

Entrevista a Frank Sturgis[6]
Miami, Florida. Julio de 1977

En el mes de abril de 1959, siendo capitán de la Fuerza Aérea del ejército de Castro, le propuse a mi oficial de caso, David, un funcionario de la embajada, que la solución del problema en Cuba era la eliminación de Castro. En esa fecha estaba claro para todos nosotros que los comunistas controlaban los principales cargos del gobierno y que después de dictada la Ley de Reforma Agraria, a los norteamericanos que poseían tierras y centrales azucareros les serían confiscados. También estaba el asunto del turismo. Ya conocíamos, a través de Díaz Lanz, que los casinos de juego iban a clausurarse definitivamente, lo que arruinaría a muchos amigos del Sindicato del Juego.

Había mucha gente que nos miraba a nosotros, los norteamericanos que estábamos en el Ejército Rebelde, esperando que les diéramos una señal para actuar y no podíamos perder más tiempo. Raúl Castro y el Che Guevara estaban colocando a sus cuadros en todas partes y pronto controlarían las principales posiciones dentro de las Fuerzas Armadas.

Esto fue lo que propusimos al oficial de caso David Sánchez Morales para ejecutar a Castro. Varios días más tarde, Morales regresó de un viaje a Washington y nos dio luz verde.

Recuerdo que, a principios de mayo, nos reunimos en las oficinas de Díaz Lanz y tomamos la decisión. Hemming instalaría la bomba, que ya teníamos preparada, y luego esperaríamos la oportunidad de que Castro visitara el lugar escogido.

Una tarde, a mediados de ese mes, colocamos el artefacto explosivo en la sala de reuniones de la jefatura de la Fuerza Aérea. Aprovechamos dos grandes ceniceros de mármol que allí se encontraban y pusimos la carga en su interior. Luego, con unos finos cables, encubiertos bajo la alfombra del salón, sacamos la conexión hasta el parqueo. Allí, convenientemente escondido entre unos arbustos, dejamos todo listo para instalar la conexión eléctrica que haría explotar la carga en el momento preciso.

Por esos días estábamos muy alterados esperando la visita de Castro. Díaz Lanz lo había invitado a una reunión con los mandos principales, pero este, como siempre, no dijo en qué momento llegaría, para aparecerse, como acostumbraba, sorpresivamente.

Por otra parte, establecimos contactos con otros mandos en el Ejército, entre ellos con el comandante Huber Matos, jefe de la plaza militar de Camagüey, que conocíamos estaban contra el rumbo socializante de Castro. La idea era que, eliminado este, se unieran a nosotros para formar un gobierno provisional que seleccionara alguna personalidad civil para presidir el país.

Un buen día, Sergio Sanjenís, que era jefe de la Policía Militar de la Aviación, vino a verme muy preocupado. Le habían llegado informaciones de que el G-2 estaba investigando a Díaz Lanz y a mí, y me explicó:

«Frank, esta gente los tiene vigilados. Pienso que Fidel quiere dar un escarmiento, deteniendo a varios de sus detractores, y mucha gente conoce que ustedes están prácticamente en la oposición. Yo me voy del país en la primera oportunidad que tenga y te aconsejo que hagas lo mismo».

Cuando conversé con Díaz Lanz se puso tembloroso. Me dije: «Frank Sturgis, esto está acabado. Castro sospecha y por eso no ha venido a la Fuerza Aérea».

Hemming quitó la bomba a solicitud de Díaz Lanz que, sin decirnos nada, cogió una lancha y se fue para la Florida. Cuando le consulté a David, este me ordenó que me fuera lo más rápido de Cuba, para evitar que el G-2 descubriera la conexión con la embajada. No me quedó otra alternativa que robarme un avión y largarme con Gerry.

Una ópera para Fausto
Cuartel general de la CIA, Washington. Diciembre de 1959

El coronel King se encontraba sumamente atareado aquella tarde de los últimos días del año. Examinaba varios cablegramas procedentes de la estación de la CIA en La Habana. Uno de estos le había llamado poderosamente la atención. La información relataba los contactos realizados por el mayor Robert Van Horn, agregado militar en la embajada y oficial de la CIA, con varios grupos contrarrevolucionarios que actuaban en la capital cubana.

Ese mes había sido decisivo en la creación y estructuración del movimiento contrarrevolucionario en Cuba. El desmantelamiento de la conspiración de Huber Matos y sus asociados había decidido a muchos el camino a tomar. Manuel Artime[7] fundó el Movimiento de Recuperación Revolucionaria (MRR); los socialcristianos rebautizaron su facción —que había actuado en la política nacional— en el clandestino Movimiento Demócrata Cristiano. Manuel Ray, después de separarse del gobierno, fundó el Movimiento Revolucionario del Pueblo. Así se comenzó a tejer la larga lista de grupos contrarrevolucionarios, que procedían en ese momento casi todos de las estructuras laicas de la Iglesia Católica.

Sin embargo, la organización que ocupaba la atención del coronel King no era ninguna de estas, sino una específica, que ya tenía algunos meses de funcionamiento. Se trataba del Movimiento Obrero Anticomunista (MOAC), donde se mezclaban elementos procedentes de la burguesía media, terratenientes y hombres de negocios que, atemorizados por las medidas tomadas por el Gobierno Revolucionario, habían decidido unirse para fomentar un golpe contrarrevolucionario.

Una de sus dirigentes principales era la ciudadana norteamericana Geraldine Shamma,[8] casada con un acaudalado hombre de negocios cubano y poseedora de una fortuna importante. Shamma —una agente encubierta de la estación de la CIA— era el enlace con la embajada y afirmaba que el movimiento contaba con elementos organizados en todas las provincias del país.

El coronel King se había percatado de que los acontecimientos se habían precipitado en la Isla. El cablegrama recogía algunas de las actividades realizadas por el grupo y una propuesta que había atraído su atención: se proponía atentar contra la vida de Fidel Castro durante una de sus visitas a la residencia del comandante Ramiro Valdés,[9] jefe del G-2.

Quizás —pensó King— esta era la oportunidad que estaba esperando. Solo que en este caso —concluyó— tenían que actuar ellos directamente para no dejar ningún cabo suelto. No se debían cometer los errores del pasado. Sin embargo, era necesario cubrirse las espaldas; buscar la forma de eliminar al dirigente sin aparecer involucrados. Conocía que Dulles y Bissell lo apoyaban, pero los liberales e intelectuales de Harvard, estaban infiltrados en todas las estructuras gubernamentales y podían protestar e incluso oponerse a tales medidas extremas.

Con esos pensamientos bulléndole en la cabeza, tomó su pluma y comenzó a escribir un largo informe. Una vez concluido, volvió a releerlo y decidió subrayar un párrafo:

> En Cuba existe una dictadura de extrema izquierda que si se le permite mantenerse, estimularía actividades similares contra posesiones norteamericanas en otros países latinoamericanos. Se debe analizar a fondo la eliminación de Fidel Castro. Ninguno de los que están cerca de él, como su hermano Raúl o su compañero Che Guevara, atraen a las masas de manera tan hipnótica. Muchos conocedores (de la situación cubana) piensan que la desaparición de Fidel aceleraría considerablemente la caída del actual gobierno.[10]

Pocas horas más tarde, Allen Dulles recibía el informe y una vez consultado con Richard Bissell, quien ya estaba informado, anotó en una esquina del documento:

APROBADO. MANEJAR EL ASUNTO CON MUCHA DELICADEZA. NO INFORMAR AL EMBAJADOR Y TOMAR LAS MEDIDAS NECESARIAS PARA QUE ESTADOS UNIDOS NO SE VEA INVOLUCRADO OFICIALMENTE EN LA OPERACIÓN.

Testimonio de Luis Tacornal, *Fausto*[11]
Miami, Florida. Enero de 1960

Estaba sentado en el lobby del hotel América de la ciudad de Miami cuando se entabló una conversación sobre la situación en nuestro país. Enseguida capté que los elementos que allí se encontraban eran contrarios a nosotros, por lo que viendo la oportunidad de entablar amistad con ellos, les seguí la corriente.

A los dos días se apareció a las 9:30 a.m. el mismísimo Masferrer acompañado de cuatro amigos. Uno se llama Antonio, que es cojo, *El Morito* y dos más, uno de ellos, familiar de Orlando Piedra. Pues bien, en esa primera entrevista me dijo que ellos habían planeado un movimiento conjunto con la gente de Huber Matos y de Tony Varona[12] en Camagüey, y que el fracaso del complot se debió a que posiblemente se precipitaron los acontecimientos antes de lo que ellos esperaban y que él quería que me pusiera en contacto con su hombre de confianza en La Habana. Eso fue lo que hablamos en la primera entrevista.

La segunda reunión se acordó para las 3:00 p.m. de ese mismo día. A la hora convenida se apareció nuevamente (Masferrer), acompañado del cojo Antonio, ya que *El Morito* no se desprendió de mí ni un solo momento. Pienso que quizás hayan hecho una comprobación de mi persona en La Habana, o algo parecido, porque llegó más dispuesto a conversar. En esa ocasión me solicitó aprendiera de memoria una nota que tenía las direcciones de unos señores en La Habana y con cada uno me explicó cuál contraseña utilizar para realizar el contacto, cuyas generales y datos te adjunto.

Semanas más tarde, Masferrer me telefoneó nuevamente a mi casa de Miami, para explicarme los planes que proyectaban y que estaban relacionados con una invasión a Cuba.

Ellos piensan que con el apoyo del Departamento de Estado pueden lograr la ayuda moral y material necesaria para desarrollar su plan de invasión. En el momento en que se desembarque y presente batalla, el Departamento de Estado le solicitará a la OEA que intervenga en Cuba y le sumará la petición de seis u ocho países latinoamericanos. En caso de que la OEA se decida a intervenir en el asunto de Cuba, el presidente Eisenhower designará al almirante Burke[13] para que quede al mando de las operaciones de desembarco de tropas.

El coronel King, de la CIA, encargado de la División de América Latina, es el que está a cargo de revisar y presentar los planes de los diferentes grupos, los cuales a su vez son llamados a Washington para conferenciar. El coronel King, el día antes de marcharme de Miami, llamó a Rolando Masferrer y le dijo que estaba pensando aprobar su plan y que, como él estaba imposibilitado de marchar a Washington, unos agentes de la CIA irían a visitarlo a su casa de Miami para discutir ampliamente los planes.

Masferrer piensa que a la «Hora Cero» los hombres pueden partir para la base intermedia desde Miami con rumbo a Guatemala, como si fuesen con contrato de trabajo, saliendo otro grupo de Tampa con supuesto rumbo a Panamá, concentrarse en una islita con que cuentan en las Bahamas y realizar el desembarco en Cuba. Una vez tomado el poder, se convocará a elecciones lo antes posible y se implantará un régimen «democrático».

Durante esta reunión en la casa de Masferrer llegó a visitarlo *Yito* del Valle, exrepresentante conocido en el municipio Cotorro y en Santa María del Rosario. Masferrer me explicó que este iba a Washington para entrevistarse con Márquez Sterling y también con elementos de la CIA. Me pidió que lo acompañara a Washington. Tan pronto tenga nuevas informaciones, te las haré llegar por el mismo canal.

Luis Tacornal Saíz, *Fausto* para el G-2 cubano, se había educado en Nueva Orleans, Estados Unidos. Allí lo sorprendió el triunfo de la Revolución Cubana mientras participaba en la formación de la Casa del 26 de Julio en aquella ciudad, pero pronto se percató de que su trinchera estaba en otro lugar, dentro de las filas del enemigo, que ya comenzaba a reorganizarse para atacar el proceso político social en marcha.

Pronto se convirtió en agente de penetración de los servicios de Seguridad, los que le escogieron por compañero a un joven oficial que lo conocía de cuando ambos eran estudiantes en Nueva Orleans: José Veiga Peña. *Fausto* y Veiga se convirtieron en pareja inseparable. Se trasladaron a La Habana y, desde la residencia de

Geraldine Shamma, se infiltraron en la madeja conspirativa —cuyo nombre código para la Seguridad del Estado cubana era Caso Ópera—, hasta que, en noviembre de 1960, fue desarticulada, con la detención de la mayoría de los conspiradores.

Juntos corrieron innumerables peligros pero, como recuerda el teniente coronel José Veiga, la experiencia más difícil fue cuando los contrarrevolucionarios recibieron orientaciones de la CIA para asesinar a Fidel.

Testimonio de José Veiga Peña
La Habana, Cuba. Noviembre de 1994

A finales de 1959 y principios de 1960 contacté con Geraldine Shamma, vecina de calle 1ra. en Miramar, la cual fungía como enlace de la estación de la CIA en La Habana, y era a la vez representante de Manuel Artime en Cuba. Hasta esos momentos, esta ciudadana se había dedicado a esconder criminales de guerra y prófugos del régimen de Batista.

Desde la primera entrevista conocimos que respondía directamente al mayor Robert Van Horn, agregado militar de la embajada y uno de los jefes de la CIA que radicaba en el quinto piso del edificio. Su secretaria se llamaba Deborah y la taquígrafa Mildred Perkins. Casi siempre Van Horn se hacía acompañar por el teniente coronel Nichols que, según decía, era el encargado de la Inteligencia Militar.

Conocimos a ambos en la iglesia metodista que está en la calle 110, en Miramar. Un domingo recibimos instrucciones, *Fausto* y yo, de organizar nacionalmente los grupos masferreristas y tenerlos preparados para producir un alzamiento en el Escambray, realizar sabotajes y ejecutar un plan de atentado contra Fidel Castro para el cual Geraldine nos serviría de soporte.

En varias ocasiones pudimos observar a Geraldine tomando películas y fotos a la casa colindante a la suya, en la que vivía el comandante Ramiro Valdés. Ella decía que ese material era para Van Horn y así pude comprobarlo, pues la acompañé en varias ocasiones a la oficina de este, para hacer entregas de las películas. En realidad se encontraban realizando un estudio para atentar contra Fidel, cuando concurriera a la casa de Ramiro. Al indagar qué ideas tenían para ejecutarlo, me explicó que serían tres grupos los que actuarían: dos cerrarían las calles y otro desde la azotea de enfrente, dispararía contra el Comandante en Jefe. También supe que ella tenía garantizadas las subametralladoras M-3 y las granadas y solo hacían falta los fusiles con miras telescópicas, que la Agencia les haría llegar.

Teniendo en cuenta la peligrosidad del grupo, nos dimos a la tarea de dilatar la operación; esto provocó que, en enero de 1960, Louis C. Herbert, responsable de la CIA para Centroamérica y el Caribe, viajara a La Habana y se reuniera con *Fausto* para presionarlo y acelerar los planes de atentado contra el Comandante en Jefe.

Ante la presión de la CIA, propusimos al comandante Abelardo Colomé Ibarra[14] simular un atentado contra él, quien también era un objetivo del enemigo, con la finalidad de, fracasada la acción, lanzarnos a la clandestinidad y desvirtuar el proyecto principal.

El supuesto atentado contra el comandante Colomé se organizó en la esquina de las calles 20 y 3ra. en Miramar, produciéndose un tiroteo que nos posibilitó, a *Fausto* y a mí, huir y llevarnos las armas, las que, después explicamos, habíamos botado al mar, neutralizando así la operación.

Geraldine escondió a *Fausto* en su casa varias semanas, avisando a la embajada norteamericana, la cual le confirmó el atentado realizado contra el comandante Colomé, pero que el gobierno no pensaba darle publicidad. A mí me escondieron en casa de la contrarrevolucionaria Isabel del Busto, en calle 21 entre E y F, Vedado, hasta que más tarde la jefatura decidió operar el caso.

El domingo 28 de diciembre de 1960, el periódico habanero *El Mundo*, publicó en su primera plana la noticia siguiente: «Sancionan a veintisiete acusados en La Cabaña».

En el informe del fiscal se esclarecía que los procesados desde hacía meses estaban conspirando contra la estabilidad del Estado, de acuerdo con los enemigos de la Revolución, que desde el extranjero atacan inicuamente al gobierno cubano. Los sentenciados tenían planeado, relató el Ministerio Público, atentar contra figuras relevantes del gobierno, colocar bombas. Testificaron los agentes de investigaciones e información de los cuerpos armados José Veiga Peña, Manuel Franco, Antonio Cervantes y Luis Tacornal Saíz.

3

La Cosa Nostra: concédeme una muestra

Una ola de frío había invadido la capital norteamericana y obligaba a sus moradores a enfundarse en abrigos gruesos y a transitar velozmente por las calles y aceras casi desiertas. En las oficinas centrales de la CIA se desarrollaba una reunión importante que había atraído a numerosos jefes y oficiales de la División del Hemisferio Occidental. Discutían, como ya lo habían realizado en más de una ocasión, planes de contingencia para combatir y derrocar al régimen de Fidel Castro en La Habana.

En uno de sus salones acondicionados para reuniones especiales, con paredes blancas, sin ventanas, a prueba de ruidos y con medidas de protección rigurosas contra escuchas microfónicas, conversaban animadamente, ante una gran mesa de roble, un grupo de hombres que habían arribado recientemente a Washington procedente de varios países del mundo.

Todos eran especialistas destacados en las distintas ramas del espionaje y veteranos del PBSUCCESS, nombre clave del proyecto de guerra secreta que, en 1954, había derrocado al gobierno «comunista» de Jacobo Árbenz, en Guatemala.

De izquierda a derecha, se encontraba Jake Esterline quien se había desempeñado como jefe de la estación de la CIA en Venezuela hasta que le llegaron noticias de que se preparaba «algo importante» contra Cuba. Había estado en Caracas cuando Fidel Castro visitó esa ciudad en los comienzos de 1959; allí comprendió que aquel hombre era un líder muy peligroso para Estados Unidos. Tan pronto como se enteró que se organizaba una Fuerza de Tarea contra la Revolución Cubana, solicitó a sus jefes que lo alistaran en la nueva empresa. Bissell lo aceptó de inmediato y lo designó al frente de dicha fuerza.

Continuaba, por el mismo orden, Howard Hunt, quien regresaba de Uruguay después de un incidente azaroso con el embajador norteamericano allí, cuando este lo acusó ante el presidente Einsehower, quien se encontraba de visita, de no aceptar sus directivas. El viejo general era inflexible con los insubordinados y lo mandó a sustituir de inmediato del cargo de jefe de la estación local de la CIA.

El siguiente, era el veterano espía de la OSS, Frank Bender, de origen alemán, quien había sido reclutado por Dulles en persona durante la Segunda Guerra Mundial, devenido enlace con el dictador Trujillo que estuvo manipulando la acción mercenaria con la que el tirano dominicano trató de derrocar, sin éxito, al gobierno de La Habana, y quien ya contaba con una experiencia importante en el conocimiento de los grupos de exiliados cubanos, con los cuales había establecido estrechos vínculos.

También estaba un nuevo recluta, acabado de ascender a especialista en guerra psicológica, David A. Phillips,[1] quien ya había actuado clandestinamente en Cuba durante los últimos años y contaba con una excelente base de agentes. Además, entre sus credenciales se encontraba también, su participación en la conspiración que derrocó al gobierno de Jacobo Árbenz en 1954.

El *cowboy* del grupo era William Rip Robertson, quien pertenecía a los legendarios paramilitares. Ellos estaban allí donde hacía falta acción. Es verdad que en algunas ocasiones se había equivocado y todavía purgaba un tremendísimo error cometido en Guatemala cuando, por un equívoco, aviones de la CIA, que seguían instrucciones suyas, hundieron un carguero británico que presumían era checoeslovaco. Estados Unidos tuvo que pagar una importante indemnización a Gran Bretaña y, desde entonces, estaba en el «frío».

Finalmente, se encontraba Tracy Barnes, con su cabello engominado, traje oscuro, cortado a la medida, era la estrella en ascenso de la Agencia; ayudante de Bissell y su sucesor lógico, cuando este accediera a la jefatura de la CIA.

La conversación se desarrollaba animadamente y su tema era el derrocamiento del régimen cubano. Barnes leía las instrucciones recién aprobadas del presidente Eisenhower para desarrollar el operativo encubierto que daría al traste con el gobierno cubano. El lenguaje utilizado era sinuoso, pero lo suficientemente claro para que todos supieran exactamente la estrategia acordada y de la cual, ellos eran sus ejecutores. Sus aspectos esenciales, despojados de la verborrea oficial, eran:

— Creación de una oposición responsable y unificada al régimen de Castro, fuera de Cuba.

— Desarrollar medios de comunicación masivos para el pueblo cubano, como parte de una fuerte ofensiva propagandística.

— Creación en Cuba de una organización secreta de Inteligencia y acción que sería sensible a las órdenes e instrucciones de la oposición en el exilio.

— Desarrollar una fuerza paramilitar fuera de Cuba para acciones guerrilleras futuras.

Una vez concluidas las palabras de Barnes, el coronel King, quien sospechaba que con aquella decisión, una vez más, su comando quedaría al margen de las acciones, solicitó la palabra:

«En líneas generales, considero que las notas de Barnes resumen la misión a ejecutar. Sin embargo, insisto en que si no se elimina a Castro del juego, nuestro proyecto puede fracasar».

Un silencio siguió a las palabras del coronel. Para nadie eran un secreto los celos y las contradicciones que habían entre el jefe de la División del Hemisferio Occidental y el asistente principal de Bissell. También había ocurrido lo mismo cuando la intervención en Guatemala. Todos pensaban que King era un tipo demasiado torpe para tareas tan complicadas. Seguramente, por esa razón, Dulles había subordinado a Esterline y su grupo directamente a la Jefatura. Richard Bissell, quien estaba situado en un rincón de la habitación, lo miró fijamente y sus ojos miopes, escondidos detrás del grueso cristal de los anteojos, reflejaron un destello de cólera.

«Coronel, como comprenderá, en un memorando oficial que debe firmar el presidente de Estados Unidos no se pueden escribir esas recomendaciones. Usted tiene la aprobación de Dulles y la mía para esa tarea, que por demás, y le repito nuevamente, es muy compartimentada. ¿Qué más desea?».

Entonces, con un ademán brusco poco común en él, pasó a los temas siguientes necesarios a puntualizar. Entre ellos figuraba la entrega de los planes por área de atención —como aparecían en las orientaciones impartidas— que fijaban la fecha del 1ro. de marzo de ese año para someterlos a la consideración de Dulles, y posteriormente del presidente, para incluirlos en un memorando de Acción de Seguridad Nacional, que sería firmado por el primer mandatario.

Finalizada la reunión de la recién creada Fuerza de Tarea, el coronel King, todavía molesto por el trato recibido, se encaminó hacia sus oficinas. En el pasillo fue alcanzado por David A. Phillips, quien le solicitó una entrevista urgente. Una vez acomodados dentro del despacho, Phillips expresó:

«Coronel, como usted conoce, participé en el reclutamiento del exiliado cubano Manuel Artime. Es un hombre muy útil, que dirige una organización clandestina en Cuba, el MRR, y cuenta con el apoyo de la Iglesia Católica y sectores influyentes dentro de los empresarios nativos. Estamos entrenando a varios de sus hombres y él cree que dentro de un par de meses su grupo estaría en condiciones de liquidar a Castro».

King se arrellanó en su asiento. Su mal humor había comenzado a disiparse. Aquella era un propuesta atractiva que no podía desechar. Si todo salía bien, su posición dentro de la CIA se afianzaría y, quizás, hasta podría quitarse de encima a su intelectual jefe.

«Muy bien —le dijo, suavizando su expresión—, explíqueme el asunto en detalles».

Phillips comenzó una explicación larga y documentada. El proyecto se basaba esencialmente en el acceso de algunos miembros del grupo de Manuel Artime a la Universidad de La Habana, lugar visitado frecuentemente por Fidel Castro. Allí, sería fácil disparar contra él y luego escabullirse en la multitud.

Después de escuchar al subordinado, King se sintió más relajado. Comprendía que tenía una buena posibilidad en sus manos y podía aprovecharla para «matar dos pájaros de un tiro». Estrechó la mano de Phillips cuando lo despedía y le expresó:

«Confío en usted; manténgame al tanto del proyecto. Solo deseo que, por el momento, esto quede entre nosotros».

Lo acompañó hasta la puerta y lo palmeó en la espalda en un gesto afectuoso, poco común en él.

«¿A quién me sugiere para coordinar el plan?».

«Pienso que Howard Hunt es la persona indicada. Ha estado en La Habana y es un experimentado oficial».

«Muy bien, encárguese de los detalles. Por cierto, si todo se desarrolla como deseamos, me gustaría tenerlo en mi equipo y, ¿quién sabe?, ¡a lo mejor en La Habana pos-Castro!».

Memorias de Howard Hunt[2]
La Habana, Cuba. Primeros días de marzo de 1960

Nuestro personal de cobertura me proporcionó una documentación que apoyaría el alias operacional con el que yo tendría que vivir mientras durara el proyecto; me procuré un anticipo de viaje y volé a Tampa donde abordé un vuelo de la National Airlines para La Habana.

Me instalé en el hotel Vedado y cambié mis dólares por pesos cubanos, revisé mi pequeña y triste habitación y comencé un paseo de reconocimiento de la capital cubana.

La atmósfera de represión me golpeó casi desde el inicio. «Barbudos» uniformados con descuidadas ametralladoras checas cuidaban los hoteles y otros bienes confiscados. Mujeres y niñas, ataviadas de ropas militares, marchaban por las calles principales a la cadencia de «¡uno, dos, tres, cuatro. Viva Fidel Castro Ruz!». Obviamente, el culto a la personalidad se había apropiado de Cuba.

Los estanquillos de periódicos, que una vez exhibieran *Life*, *Look*, *Time* y *Visión*, ofrecían chillonas importaciones de Pekín, la URSS y del Instituto Nacional de la Reforma Agraria (INRA). Caminé hasta el Malecón y vi largas colas de cubanos esperando visas frente a nuestro consulado. De allí regresé hasta el Sloppy Joe's, donde almorcé una cerveza clara y un pobre sandwich, solo en la gran barra donde tiempo atrás tenías que luchar para ser atendido... Me adormecí hasta que fui despertado a media noche por el sonido de unos frenos en la calle.

Miré por la ventana y vi luces intermitentes de los autos de policía escoltados por dos *jeeps*. Barbudos uniformados saltaron fuera y se dirigieron hacia unos apartamentos vecinos que comenzaban a iluminarse. En unos minutos dos hombres y una mujer fueron sacados y metidos por la fuerza en la «Negra María».[3] Las ametralladoras amenazaban a la multitud. Los tres autos se alejaron.

A la mañana siguiente volé de vuelta a Tampa y tomé una conexión para Washington, donde preparé un informe con mis impresiones. Cuando me pidieron recomendaciones relacionadas con el proyecto enumeré cuatro:

1. Asesinar a Fidel Castro antes o coincidentemente con la invasión.
2. Destruir las emisoras de radio.
3. Destruir el sistema de transmisión de micro-ondas justo antes del comienzo de la invasión.
4. Desechar cualquier pensamiento de levantamiento popular contra Castro hasta que el asunto estuviera militarmente decidido...

Informe entregado en el Departamento de Investigaciones del Ejército Rebelde
La Habana, Cuba. Abril de 1960

De acuerdo a las informaciones recibidas, el 9 de abril del año en curso, elementos infiltrados desde Estados Unidos, bajo las órdenes de Manuel Artime Buesa y la CIA, proyectaron desencadenar un plan terrorista que contemplaba dinamitar varias centrales eléctricas y refinerías de petróleo del país. Al mismo tiempo, grupos armados se encargarían de asesinar a dirigentes locales y oficiales del ejército y las milicias.

Un comando integrado por los contrarrevolucionarios Rogelio González Corzo, Manuel Guillot Castellanos y Roberto Quintairos Santiso, previamente entrenados en Miami, asistirían al acto que, en homenaje a los caídos el 9 de abril de 1958, se celebraría en la Universidad de La Habana. Allí, confundidos dentro del público, atacarían al comandante Fidel Castro, asesinándolo.

Nuestro hombre, encargado de facilitar los dos autos para ejecutar la acción, fue detenido por la policía que, cumpliendo instrucciones, lo retuvo durante todo el día, explicándole que los vehículos estaban circulados, pendientes del pago de varias multas de tránsito, lo cual era cierto.

Mientras, fueron detenidos los contrarrevolucionarios José Quintana García, Joaquín Benítez Pérez y Martina Otero Salabarría, elementos encargados de coordinar el plan terrorista. Esto provocó una gran dispersión en el grupo y nos posibilitó continuar la penetración del mismo para obtener objetivos superiores.

Revolucionariamente,

Eduardo[4]

Un regalo para Castro
Cuartel general de la CIA, Washington. Julio de 1960

Sheffield Edwards era un oficial de carrera, quien durante varios años cumplió su servicio en el Departamento de Inteligencia de la Defensa, donde alcanzó los grados de coronel. Allí obtuvo méritos y grados, no en las trincheras de combate, sino en la estructura burocrática de la institución. Era una persona oportuna, que en los momentos necesarios sabía cómo actuar en presencia de los altos jefes. Algún tiempo atrás, su amigo J.C. King le propuso dirigir la Oficina de Seguridad de la CIA, una unidad encargada de velar por la protección de los secretos dentro de la Agencia, y había aceptado. En definitiva, pensó, la CIA ofrecía nuevos horizontes, bien diferentes a la vida castrense.

Con sus seis pies de estatura, cabellos blanquecinos, ojos azules y porte militar, Edwards gozaba de reputación entre sus colegas por ser un hombre disciplinado, leal y muy reservado.

Un día, a mediados de julio de 1960, Richard Bissell y J.C. King lo citaron para una reunión importante. Después de los saludos habituales, se conversó sobre los acontecimientos en Cuba y el estado del proyecto para derrocar su régimen. Edwards conocía algo sobre el asunto, pero no estaba al tanto de los detalles. Mientras Bissell explicaba, él se preguntaba por qué se le informaba sobre planes tan compartimentados y que nada tenían que ver con su esfera de atención. No tuvo que esperar mucho. Cuando el profesor de Harvard hubo concluido, King tomó la palabra para darle la misión, de la misma manera en que tiempo atrás, cuando ambos estaban en el Ejército, le hubiera ordenado pararse en atención, en un pase de revista a tropas formadas.

«Hemos pensado que tú puedes jugar un importante papel para desembarazarnos de Castro. Algunos de los miembros de tu personal tienen relaciones con el Sindicato del Juego en Las Vegas. Ellos están tan interesados como nosotros en solucionar ese problema. Selecciona a las personas adecuadas, utilizando una sólida fachada, quizás representando a «hombres de negocios» que perdieron mucho dinero en Cuba y ofréceles un contrato por la vida de Castro».

La solicitud no lo sorprendió. Bajo la cubierta de la protección de los secretos de la CIA, Edwards desarrollaba un programa compartimentado y secreto que tenía como uno de sus objetivos mantener relaciones viables con los elementos del llamado Sindicato del Juego Organizado, que de vez en vez realizaban trabajos sucios en los que la Agencia no quería ni podía verse involucrada. Ellos eran los expertos en el asesinato y la extorsión, algo que estaba prohibido terminantemente para los elegantes, asépticos y pulcros hombres de la CIA. La conversación se prolongó durante varias horas y cada cual sugirió soluciones diferentes, desde un tiroteo en las calles habaneras, hasta el envenenamiento.

No era la primera vez que la Inteligencia norteamericana utilizaba los servicios de la Mafia para el logro de intereses de la política exterior de Estados Unidos. A finales de la Segunda Guerra Mundial, la OSS propuso —y fue aceptado— sacar de prisión a *Lucky* Luciano, uno de los capos principales de la Mafia, para que sirviera de embajador ante la Cosa Nostra siciliana.

Al final de la reunión, Bissell sugirió que Edwards se entrevistara con Joseph Scheider, el jefe de los laboratorios de la Agencia, quien venía realizando con éxito varios experimentos con la botulina sintética, un veneno poderoso, más eficiente que el cianuro, que no dejaba huellas, con el objetivo de comprobar el estado de sus investigaciones y analizar su utilidad en el proyecto.

Horas más tarde, en la soledad de su despacho, Edwards analizó las diferentes variantes discutidas para efectuar el crimen, y decidió mentalmente no rechazar ninguna: el veneno, el tiroteo sorpresivo o el disparo traicionero de un asesino solitario.

Descolgó el teléfono y marcó el número de uno de sus subordinados, James O'Connell, el jefe de la Oficina de Apoyo Operativo, bajo cuyo manto se escondían los contactos con la Mafia. Esa noche, O'Connell y Edwards se encontraron en un oscuro estacionamiento capitalino de autos. Asuntos de esa naturaleza no se conversaban en las oficinas.

O'Connell era un hombre extremadamente blanco, de cabellos rubios, con más de seis pies de estatura y aspecto de matón. Llevaba consigo siempre un revólver, que ocultaba bajo el brazo. Tenía fama por sus hábitos rudos y resultaba la persona conveniente para la tarea que se le encomendaría.

Después de la explicación detallada de Edwards, el oficial comprendió lo que se solicitaba de él, y le aseguró a su jefe que contaba con los medios y las personas adecuadas para la misión.

Al día siguiente, O'Connell se entrevistó con Scheider quien, como cualquier ambulante, le ofertó un surtido variado de sus productos: un veneno letal y agentes químicos capaces de producir la desorientación temporal, una euforia incontrolable y la pérdida del cabello o la barba.

Cuando O'Connell salió de la entrevista se encontraba exaltado. No podía imaginar que la Agencia contara con tal cantidad de medios para cumplir ese tipo de encomiendas. La época de los ametrallamientos a la salida de algún local público estaba terminando. De ahora en adelante, no solo se podía matar, sino incluso algo mejor: dejar a la víctima loca, lampiña o sometida a ataques de risa constantes e incontrolables. «Maravilloso», pensó.

Tan pronto como regresó a su apartamento, se dio una ducha caliente y se preparó un café. Marcó un número de teléfono en Nueva York y esperó unos instantes, hasta que alguien descolgó al otro lado de la línea.

«Por favor, con el señor Maheu».

Aguardó un instante, mientras la sirvienta avisaba a su patrón. Momentos más tarde, la conocida voz respondió y O'Connell dijo:

«¿Cómo estás, querido amigo? Me imagino que te extrañe esta llamada tan inesperada, pero necesito verte con alguna urgencia».

Ante la respuesta afirmativa de su colega, respondió:

«Sí, sí, en el primer avión llego y te telefoneo».

Robert Maheu era un agente veterano de la CIA que había comenzado su carrera en el FBI. Después, se convirtió en un investigador privado y prestó servicios valiosos a la Agencia. En esos momentos trabajaba como jefe de relaciones públicas del multimillonario texano Howard Hughes. De estatura baja, ojos pardos y cara perruna, podía codearse —sin llamar la atención— con los regentes de la ciudad del juego, Las Vegas, donde Hughes tenía negocios importantes.

Tan pronto como llegó a Nueva York, O'Connell tomó un taxi que lo trasladó al apartamento lujoso de su antiguo colaborador. Allí, mientras saboreaba un trago de whisky, puso al corriente a Maheu del motivo de su visita: un contrato sobre la vida de Fidel Castro.

No era la primera vez que Maheu recibía una tarea de esa naturaleza. Tenía sólidos vínculos con las personas indicadas. El hombrecillo se paseó por la habitación. «Quizás —pensó— Johnny Rosselli, uno de los hombres de confianza de Giancana, el jefe de la Cosa Nostra en Chicago, pudiera ser la persona escogida». Sabía que contaba con amistades suficientes en la Florida, precisamente donde se encontraba el núcleo mayor de exiliados cubanos. Allá también estaba Santo Trafficante, el zar del juego en La Habana, antes de que Castro tomara el poder. «Sí, ese era el hombre», concluyó.

Rosselli y Trafficante serían las personas responsabilizadas con la tarea. Ellos encontrarían seguramente, entre sus antiguos colaboradores en La Habana, a los hombres adecuados para llevar a cabo el proyecto.

Mientras, por su parte, O'Connell buscaría otras vías para la materialización del plan. Conocía que pronto —en septiembre— Fidel Castro asistiría a la reunión de la Organización de Naciones Unidas, a celebrarse precisamente en Nueva York, y quizás allí se presentaría la oportunidad que tanto buscaban. Tal vez un acto público donde colocar una bomba, pensó.

Durante el último año de la Administración Eisenhower, la CIA estudió planes con vistas a socavar la simpatía carismática de Castro, por medio del sabotaje contra sus discursos. Según el informe del inspector general de la CIA en 1967, un funcionario de la División de Servicios Técnicos (TDS) recordó haber discutido un plan para rociar el estudio de televisión de Castro con un agente químico, pero que se había rechazado dicho plan por no ser un agente químico confiable.

Durante ese período, el TDS impregnó una caja de tabacos con una sustancia química que producía la desorientación temporal, con la esperanza de lograr que Castro se fumara uno de los tabacos antes de pronunciar un discurso.

El inspector general indicó en el referido informe, un plan para destruir la imagen de Castro como barbudo, polvoreando sus zapatos con sales de talio, depilatorio fuerte que haría que se le cayera la barba.

O'Connell y Maheu acordaron que este abordara a Rosselli como representante de hombres de negocios con intereses en Cuba, que veían en la eliminación de Castro el primer paso básico para recuperar sus inversiones.

Según Rosselli, él y Maheu se encontraron en el restaurante Brown Derby de Berverly Hills a principios de septiembre de 1960. Declaró que Maheu le dijo que altos funcionarios gubernamentales necesitaban su cooperación para desembarazarse de Castro y le pidió lo ayudara a reclutar cubanos para ese trabajo.

Se concertó una reunión entre Rosselli, Maheu y el jefe de Apoyo en el hotel Plaza de Nueva York. El informe del inspector general de la CIA de 1967, ubica la reunión el 14 de septiembre de 1960.

En este informe aparece también una nota que indica que el 16 de agosto de 1960 se le entregó una caja con los tabacos favoritos de Castro y las instrucciones de darle un tratamiento con veneno letal. A los tabacos se les impregnó una toxina de botulina tan potente que una persona moriría con solo ponérselo en la boca. El oficial informó el 7 de octubre de 1960 que los tabacos estaban listos.

El inspector jefe de la policía de Nueva York, Michael J. Murphy entró en la *suite* del Waldorf Astoria, un lujoso hotel que le servía de cuartel general para sus hombres, encargados de la protección de Castro, encontrándose allí con un oficial de la CIA que lo aguardaba con una historia espeluznante.

La Agencia tenía un plan para colocar una caja de tabacos en un sitio donde Castro pudiera fumarse uno. Cuando lo hiciera, le dijo el oficial, el tabaco explotaría y le volaría la cabeza.

Murphy, que apenas podía creer lo que oía, se quedó consternado, ya que él tenía la responsabilidad de proteger a Castro, no de sepultarlo; por lo tanto, no aceptó formar parte de la conspiración.

Mientras, la Mafia continuaba moviendo sus hilos criminales en consonancia con las órdenes recibidas.

John Martino era uno de los «hombres fuertes» de la Mafia en el casino de juego del Hotel Nacional de La Habana. Su jefe,

Mike McLaney, lo privilegiaba por sobre los demás gánsteres que manejaban el Juego Organizado. En pocos años compró una residencia en la capital cubana, al mismo tiempo que ocupaba una *suite* del vecino hotel Capri, la que constantemente era visitada por las coristas más bellas de los cabarets capitalinos. El triunfo de la Revolución le complicó la vida. Pronto se percató de que el gobierno cubano erradicaría el juego y la prostitución, y acabaría con el negocio lucrativo que ellos habían montado.

Una tarde, a principios de agosto de 1959, McLaney le dio orientaciones de comenzar a sacar de Cuba el dinero de la Mafia, mediante el transporte marítimo que unía a La Habana con Cayo Hueso (Key West), en la Florida. Sin embargo, una información oportuna posibilitó a la policía cubana detenerlo el 5 de octubre, con una maleta cargada de dólares. Se trataba de una gran batalla contra el crimen organizado que al utilizar varios correos trataba de salvar su fortuna. Uno de estos «correos» había sido Jack Ruby, quien años más tarde sería el asesino de Lee Harvey Oswald.[5]

Martino fue enviado a la cárcel habanera situada en las faldas del Castillo del Príncipe, una vieja fortaleza de la época de la colonia. Solo el pago de una fianza importante le posibilitó salir en libertad, ocasión que aprovechó para fugarse en un yate con rumbo a Miami. Sin embargo, nunca había olvidado aquella «ofensa».

El viaje de Fidel a Nueva York, a finales de 1960, resultó la oportunidad que esperaba. La prensa neoyorquina desplegaba en sus primeras páginas las actividades del primer ministro cubano en su segundo viaje a Estados Unidos. Conoció así de un acto público que la emigración cubana organizaría en el Central Park para homenajear a su líder. Un telefonazo del «padrino» Sam Giancana fue el detonador para que pusiera su ingenio a funcionar y decidiera que aquel lugar era el propicio para asesinar al dirigente revolucionario.

Llamó a su hermano Walter, un pistolero a sus órdenes, y le encargó colocar una carga potente de dinamita bajo la tribuna que utilizarían Fidel Castro y sus seguidores. No pudo imaginar que la propia policía norteamericana sorprendería a Walter en tales menesteres, lo arrestó e informó a la prensa, con lo que quedó desmantelado el proyecto homicida. Ese mismo mes, la revista *Bohemia*, editada en La Habana, publicaba la nota recogida de los servicios noticiosos norteamericanos:

> Durante la visita realizada por el primer ministro Fidel Castro a la ciudad de Nueva York, la policía de esa urbe sorprendió al norteamericano Walter Martino cuando intentaba colocar una potente bomba de 200 libras de TNT en el Parque Central, lugar donde el dirigente cubano asistiría a un acto público.

Un contrato para matar
Nueva York-La Habana. Octubre de 1960

Samuel Giancana, más conocido por *Momo*, o simplemente por Sam, era a finales de la década de los años cincuenta, el jefe de una de las «familias» mafiosas más importantes de Chicago y probablemente del país. Sus relaciones con varias federaciones sindicales le aseguraban el control de actividades legales tales como las portuarias, el transporte por carreteras y otras, que reportaban ganancias lucrativas. Era un descendiente de emigrados italianos que se ganó a pulso su liderazgo. Más de uno de sus colegas tuvo que pagar muy caro el disputarle determinado negocio. Su «familia» tenía intereses comerciales en muchos países, uno de ellos era Cuba y su industria del ocio.

Informado por Rosselli de la propuesta de la CIA para asesinar a Fidel Castro, comprendió que no solo les hacía un favor, a cobrar cuando fuera necesario, sino que además les solucionaban un conflicto que les afectaba. Desde que los revolucionarios habían tomado el poder en la Isla todo marchaba hacia atrás y los negocios iban en picada; por esto tomó la decisión de aceptar el contrato y designó para ello a uno de sus «capitanes» más destacados.

Richard S. Cain resultó la elección de Giancana. Provenía de la Policía, como muchos de los componentes de la «familia», donde había adquirido experiencias y contactos útiles para la actividad que en esos momentos desempeñaba: detective privado, cubierta bajo la cual ocultaba sus actividades de enlace entre los oficiales y la Mafia.

Bastó con dos llamadas telefónicas a Santo Trafficante, para que este diera las facilidades que Giancana solicitaba, relacionadas con un apoyo en La Habana que posibilitara a Cain preparar y ejecutar la misión encomendada. La elección del hampón era ideal, pues se trataba de un antiguo asociado de su época de director del casino de juego del cabaret Sans Souci: Eufemio Fernández.[6]

Transcurrían los primeros días de octubre de 1960, cuando Richard Cain llegó al aeropuerto habanero. De allí se dirigió al hotel Habana Riviera, y después de cambiarse por ropas más ligeras, telefoneó a Fernández para encontrarse en L'Elegante, el discreto bar del hotel.

Una armadura de carey enmarcaba los ojos fríos y miopes del matón norteamericano mientras examinaba a su nuevo conocido cubano. Ambos se instalaron en la barra y solicitaron ron, el uno en actitud de espera, y el otro medía mentalmente las palabras. Al fin, Cain se decidió:

«El señor Trafficante me dijo que usted era un hombre de confianza, dispuesto a todo por servirlo. ¿Esa disposición y lealtad se mantienen?».

«Amigo mío —respondió Fernández— solo tengo una palabra y esa está empeñada con el señor Trafficante. Dígame usted en qué puedo servirlo».

Sopesando cada palabra, Cain explicó lo que se quería de ellos. Al final, como de pasada, le aseguró ser un buen tirador y afirmó no tener inconvenientes en participar directamente en la acción.

«Esta gente está loca. No se han dado cuenta de lo mucho que ha cambiado La Habana» —pensó el gánster tropical. Debía buscar alguna manera de explicárselo al americano sin que este pensara que tenía temor por la misión. Trafficante todavía podía regresar a Cuba y él recobrar su cargo como testaferro en el casino de juego que fuera propiedad del mafioso.

Seleccionando las palabras, Fernández explicó que lo que se proponía no resultaba nada fácil. Fidel Castro se movía muy rápidamente y no tenía hábitos fijos. Además, contaba con hombres leales a quienes no podrían sobornar. «Sin embargo —manifestó— desearía consultar con varios amigos...». Al notar el gesto de disgusto reflejado en la cara de Cain, Fernández argumentó:

«No se preocupe, son gente probada y que Trafficante conoce perfectamente. Yo me hago responsable por ellos».

Y con una sonrisa en sus labios delgados, después de una cortés despedida, se retiró del hotel.

Al siguiente día se encontraron nuevamente. Esta vez Fernández venía acompañado por un hombre alto, mestizo claro y de dientes muy blancos, que dijo nombrarse Herminio Díaz.[7]

«Te presento al último guardaespaldas de Santo en La Habana».

Los tres se acomodaron en la barra del bar del Club 21 —un establecimiento elegante situado frente al hotel Capri— e iniciaron la conversación. Los cubanos trataron de explicarle que el operativo propuesto no era sencillo. Podía durar varios meses, pues se trataba de cazar a la víctima. Pero había otro factor que no podía desestimarse. No había salida para los ejecutores: la guardia personal de Castro era demasiado compacta y bien entrenada.

Cain comprendió que sus colegas tenían razón. Dio las gracias a sus nuevos amigos y quedó con ellos en que, cuando se marchara, se despediría; algo que naturalmente no hizo.

Informe de la Comisión Church
Washington. Noviembre de 1975

Se llegó al acuerdo de que Rosselli iría a la Florida y reclutaría cubanos para la operación. Edwards informó a Bissell que se había establecido contacto con el Sindicato del Juego.

Durante la semana del 24 de septiembre de 1960, el jefe de Apoyo, Maheu y Rosselli, se reunieron en Miami para elaborar los detalles de la operación. Después que estuvieron en Miami durante un corto período de tiempo, y ciertamente antes del 18 de octubre, Rosselli le presentó a Maheu a dos individuos en quienes se podía confiar: Sam Gold, que serviría como hombre de apoyo, y *Joe*, del cual *Gold* dijo fungiría como correo a Cuba y haría los arreglos allá.

El jefe de Apoyo declaró que conoció las verdaderas identidades de sus asociados una mañana cuando Maheu lo llamó y le pidió que examinara el suplemento del Parade del *The Miami Times*. Un artículo con la lista de los diez criminales más buscados por el Procurador General revelaba que Sam Gold era *Momo* Salvatore Giancana, y *Joe*, Santo Trafficante, el jefe de la Cosa Nostra en Cuba.[8]

El informe del inspector general de la CIA, citaba al jefe de Apoyo diciendo que la Agencia había considerado primero un asesinato tipo gansteril, en el cual Castro sería tiroteado. Se dice que Giancana se opuso manifiestamente a la idea, aduciendo que sería difícil reclutar a alguien para ejecutar una operación tan peligrosa, sugiriendo entonces el empleo del veneno.

4

Los monstruos sagrados

Allí, donde la Agencia necesitaba hombres fogueados, William Harvey estaba en primera línea. Era uno de los «monstruos sagrados» de la CIA. Pertenecía al grupo de oficiales formados al fragor de la Guerra Fría. Con seis pies de estatura, 200 libras de peso, tez clara y aquellos ademanes rudos que le habían dado reputación de hombre de acción y pocos escrúpulos, se divertía paseándose por la Agencia, mientras jugueteaba con la pistola calibre 45 que siempre lo acompañaba.

Durante varios años estuvo al frente de la Fuerza de Tarea que vigilaba a los soviéticos en Berlín Occidental. Bajo su responsabilidad estuvo la construcción del publicitado túnel que cruzaba la frontera hacia la parte oriental de aquella ciudad, por medio del cual se interceptaban las comunicaciones de las tropas soviéticas allí estacionadas.

Sin embargo, no tuvo suerte. La Contrainteligencia soviética le había descubierto el proyecto del túnel desde sus inicios y comenzó un juego desinformativo que le posibilitó engañar durante algún tiempo a los espías norteamericanos.

Por supuesto, esta verdad se conoció poco. Harvey, apoyado por su protector en Langley, Richard Helms, para entonces segundo de Bissell, hizo creer que los soviéticos solo habían encontrado el túnel un tiempo después de su puesta en marcha y que la información adquirida durante los primeros meses era auténtica. Fue así como una aureola de éxito rodeó a Harvey, y lo incluyó dentro de los operativos más calificados de la CIA.

Sin embargo, Richard Helms lo sacó de Berlín, evitando que las continuas baladronadas de Harvey descubrieran toda la verdad y el prestigio de la CIA se viera afectado, y lo asignó a un cargo burocrático, pero importante: jefe de personal de la Inteligencia Exterior, una responsabilidad relacionada con la atención a los agentes y colaboradores involucrados en operativos esenciales de la Agencia, en todas partes del mundo.

Allí se encontraba trabajando Harvey cuando, una tarde de enero de 1961, recibió una invitación para reunirse con el subdirector Richard Bissell.

«Lo he mandado a buscar porque tenemos una urgente y delicada misión para usted. A partir de algunos fracasos y experiencias desagradables, lamentablemente publicitadas por nuestro enemigo, el comunismo internacional, hemos decidido organizar una operación secreta dentro de nuestra organización, que cree capacidades para derrocar y eliminar a líderes políticos hostiles a Estados Unidos en cualquier parte del mundo. Como comprenderá, eso es algo muy delicado, sobre todo porque nuestro país no puede verse comprometido abiertamente en este programa. Además, la Administración Kennedy, que deberá asumir en los próximos días, nada sabe al respecto y nosotros pensamos que mientras menos conozca, será mejor. Usted deberá escoger a las personas indicadas, entrenarlas y, cuando se produzca la necesidad, le daremos las órdenes pertinentes».

Harvey tragó en seco. Él no era un novato y conocía que esas cosas se hacían, pero nunca imaginó que se elevarían a la categoría de una estructura. De todos modos, no era hombre a quien «se le aflojaran las piernas» ante las tareas difíciles; dio su conformidad, y preguntó cómo funcionaría y cuáles serían los objetivos priorizados.

«Hemos pensado —le explicó Bissell— proporcionarle una cubierta para enmascarar la operación, por lo que lo nombraremos como jefe del Departamento D, encargado de descifrar las claves que utilizan nuestros aliados y, con esa cobertura, organizar este programa, denominado ZR/Rifle. Usted debe buscar, dentro de nuestros agentes, quiénes tienen capacidades para este trabajo. Además, entrevístese con el jefe de los laboratorios, y también con el coronel Edwards, que algo está realizando en este sentido. Nuestras prioridades son: Fidel Castro y Rafael L. Trujillo. Como verá, este último fue nuestro aliado, pero ya nos estorba. El otro es un peligroso comunista. Algo más. Ya se encuentra en curso un proyecto contra Castro que usted debe analizar y dar su visto bueno. Tenemos que eliminarlo antes de que la brigada de exiliados que se prepara en Guatemala desembarque en Cuba. Esa es nuestra máxima prioridad».

Harvey experimentó un sentimiento de satisfacción. De nuevo se encontraba en el terreno de las acciones y con un proyecto en sus manos que le valdría un ascenso importante. Con un «Muchas gracias, señor» y la sonrisa en los labios, se despidió de Bissell y se sumergió rápidamente en los ficheros del Archivo Central, en busca de sus candidatos a criminales.

Un día, a principios de 1961, Bissell instruyó a Harvey —que entonces era jefe de personal de Inteligencia Exterior de la CIA— para que preparara la «capacidad de acción ejecutiva» que incluiría un estudio en cuanto a las facilidades existentes para asesinar a dirigentes extranjeros.

«Acción Ejecutiva» es un eufemismo de la CIA, definido como un proyecto para investigar la manera de desarrollar los medios para derrocar a los líderes políticos extranjeros, e incluía la capacidad para llevar a cabo asesinatos. Bissell indicaba que la acción ejecutiva cubría un amplio espectro de acciones para eliminar la efectividad de líderes extranjeros, con el asesinato como la acción más extrema dentro de ese espectro.

El informe del Inspector General de la CIA (1967) describe la acción ejecutiva como «la capacidad general de estar a la expectativa para efectuar asesinatos cuando se requiera». Al proyecto la CIA le dio el nombre código: ZR/Rifle.

William Harvey testificó (Comité del Senado) que él estaba casi seguro de que el 25 y el 26 de enero de 1961 se encontró con dos oficiales de la CIA: Joseph Scheider, jefe de la División de Servicios Técnicos (laboratorios), y un oficial de reclutamiento de la CIA, para discutir la posibilidad de crear una capacidad dentro de la Agencia para la acción ejecutiva. Luego de revisar las notas, Harvey testificó que esas reuniones ocurrieron después de su discusión inicial de acción ejecutiva con Bissell, que dice él, pudieron haber ocurrido a principios de enero.

Harvey testificó que la capacidad de acción ejecutiva estaba encaminada a incluir el asesinato. Sus notas en clave, manuscritas, entre los días 25 y 26 de enero y guardadas en la CIA, contienen frases que sugieren una discusión de asesinato: «...el último recurso; más allá del último recurso; una confesión de debilidad; nunca se mencione la palabra asesinato». Harvey confirmó estas interpretaciones.

Finalmente, Bissell declaró que el desarrollo de una capacidad para una acción ejecutiva se inició «sin lugar a duda o muy probablemente dentro de la Agencia». En su primer día de testimonio había reconocido que esto no hubiera sido extraño.

Era común en la Agencia y además era parte importante de su misión, crear varias clases de capacidades mucho antes de que hubiera una razón para asegurar dónde, cómo y por qué se usarían. Todo el trabajo que se desarrolla en un servicio secreto para reclutar agentes es de ese tipo, por tanto no me hubiera sorprendido si la decisión de crear esta capacidad se hubiera tomado sin una petición de afuera.

Cuartel general de la CIA
Washington. Enero de 1961

Harvey descolgó el intercomunicador especial que enlazaba a los jefes principales de la Agencia y marcó el número del coronel Edwards. Después de un breve saludo, acordaron un encuentro para el día siguiente en un conocido y discreto restaurante capitalino.

A la hora elegida, Harvey y Edwards se instalaron en una de las mesas más apartadas del lugar y, mientras saboreaban unos espaguetis a la milanesa, acompañados con un exquisito vino rosado, examinaron los asuntos pendientes. El coronel explicó las causas de los proyectos fracasados para eliminar a Fidel Castro, según él, atribuibles al bajo nivel profesional en la planificación por parte de los ejecutores.

«Es imprescindible liquidar a Castro antes de que la invasión se realice —expresó Edwards—. Tenemos varios planes en curso. El primero consiste en la infiltración de un *team* de agentes cubanos preparados en Panamá que, en contacto con la resistencia interna, dispararán a Fidel frente a la casa de su secretaria, Celia Sánchez, lugar que acostumbra frecuentar. El segundo, que consta de dos alternativas, es por medio de unas pastillas venenosas a base de botulina, un invento de nuestros laboratorios, que haremos llegar a dos grupos asociados a Santo Trafficante que operan en la Isla. El tercero lo ejecutaríamos a través de un joven agente, que es uno de los jefes del clandestinaje cubano y deberá infiltrarse en las próximas semanas en Cuba para ponerse a la cabeza del frente interno. La idea consiste en volar con explosivos el salón de reuniones de un ministerio que Castro acostumbra visitar. ¿Qué le parece?» —preguntó.

«No tiene escapatoria —respondió Harvey—. Le agradezco su información, y si no hay inconveniente me entrevistaré con O'Connell y Scheider para precisar algunos detalles y experiencias que me serán de mucha utilidad en la nueva misión asignada».

El agente encubierto

Félix Rodríguez Mendigutía era un hombre de la CIA. Procedía de una rica familia de la región de Sancti Spíritus, en el centro de Cuba. Al triunfo de la Revolución, como muchos de sus amigos, escapó a Estados Unidos y allí se puso de inmediato a la orden de cuantos manifestaran la idea de combatir a Fidel Castro. Así llegó a la CIA. En enero de 1961, se encontraba en una casa de seguridad de la Agencia en Miami. Desde hacía algunos meses, había sido reclutado para los grupos de misiones especiales, organizados en Panamá y destinados a desarrollar acciones subversivas en el interior de Cuba, que prepararían militar y psicológicamente el camino a la brigada mercenaria que debía desembarcar por Bahía de Cochinos.

Había propuesto a sus jefes la eliminación de Fidel como el medio más expedito para derrocar al gobierno cubano. El proyecto contaba con el apoyo de un grupo clandestino en la Isla, que les brindaría el apoyo necesario. Lo pensó muchas veces antes de exponer su plan y todo le parecía relativamente fácil. Era verdad que no tenía la actualización necesaria sobre la situación política interna, pero conocía los lugares seleccionados previamente para cometer el crimen y, además, el entrenamiento de que disponía era excelente. Sin él saberlo, esto le posibilitaría, años más tarde, participar en el asesinato de Ernesto Che Guevara en Bolivia, la aventura norteamericana en Vietnam y, finalmente, en la guerra contra la Nicaragua sandinista.

Memorias de Félix Rodríguez Mendigutía[1]
Miami, Florida. Enero de 1961

Un día yo estaba hablando con un amigo mío, quien había servido en el grupo de Díaz Lanz. Hablamos acerca de la posibilidad del éxito de nuestros equipos de infiltración y yo planteé que asesinando a Castro se podrían salvar muchas vidas. Él estuvo de acuerdo y yo hice un plan para el comandante interino del campamento, un americano que nosotros conocíamos por Larry y a quien habíamos ofrecido nuestros servicios.

Después Larry me dijo que mi idea había sido aceptada por la gente que estaba a cargo del asunto. A principios de enero, volamos a Miami, donde se nos asignó a un tercer cubano que sería nuestro operador de radio. Se me entregó un arma especial, un rifle automático alemán, de largo alcance, con mirilla telescópica. Por su parte, la resistencia había adquirido un local en La Habana, frente a un lugar que Castro frecuentaba en esa época, y ellos se las arreglarían para apuntarle con el rifle.

Los americanos trasladaron la unidad de infiltración completa hacia un lugar en el área de Homestead, mientras nosotros esperábamos por nuestro bote. Se veía un viejo motel y un campo de tomates. El lugar estaba acondicionado para practicar con botes de goma, que usaríamos para ir desde el bote a la costa. Desde nuestras «oficinas centrales» fuimos en auto hacia los cayos, donde en un lugar predeterminado, hicimos parpadear las luces delanteras y un pequeño bote llegó a la orilla y nos recogió, trasladándonos al yate que nos llevaría a Cuba.

Tres veces tratamos de infiltrarnos en Cuba con aquel condenado rifle y las tres veces fallamos. El yate que utilizábamos tenía la potencia de un crucero, unos 40 pies de largo, con aire acondicionado, lujosas instalaciones y cabinas preciosas. El capitán era un americano, pero toda la tripulación era ucraniana. No hablaban español —al menos con nosotros— y miraban desconfiadamente a los hijos de putas que llevábamos armas automáticas soviéticas.

Nuestro problema fue que nosotros nunca nos las ingeniamos para tocar tierra. Suponíamos desembarcar cerca de la playa de Varadéro, un lugar que yo conocía muy bien desde la niñez. Desde allí iríamos a una cita con los miembros de la resistencia anticastrista y luego marcharíamos para La Habana.

Seríamos provistos de una casa de seguridad, desde donde nos trasladaríamos al lugar en que dispararíamos a Fidel y trataríamos de escapar como fuera. Ya estábamos listos para iniciar el tercer viaje hacia Cuba. El capitán americano canceló la misión. Las razones que nos dieron fue un fallo hidráulico en los motores del yate. Cuando regresamos a la Florida, nos recogieron el rifle y las municiones y nos dijeron que habían cambiado de parecer acerca de la operación.

Cápsulas envenenadas
Miami, Florida. Enero–marzo de 1961

Santo Trafficante Jr. tenía 41 años cuando llegó a Cuba el 26 de diciembre de 1955. Era «un próspero hombre de negocios norteamericano, interesado en el desarrollo del turismo». Había estado varias veces en La Habana, hasta que decidió instalarse allí definitivamente. Muy pronto abrió el casino de juego del cabaret Sans Souci; varios meses más tarde compró acciones en los hoteles Comodoro y Deauville, y extendió sus actividades a otras esferas comerciales, particularmente al contrabando de productos desde Estados Unidos.

Un informe de la policía cubana, ese mismo año, expone:

Ampliada la investigación por usted ordenada para identificar «al alto funcionario del gobierno», se ha sabido, sin confirmación categórica, que se trata del señor Amleto Barletta, dueño del hotel donde se hospeda el objetivo Santo Trafficante, actualmente representante a la Cámara de uno de los Partidos que apoyan al gobierno. En cuanto al párrafo «con el negocio del juego en La Habana», a juicio del oficial que subscribe, carece de importancia especial, si se tiene en cuenta que los informantes usaron un término genérico para referirse a los que viven y explotan el juego en cualquier país, utilizando la palabra negocio, pues ciertamente, lícita o ilícitamente, se trata de un negocio, al igual que cuando se utiliza la palabra tráfico, que quiere decir comercio. Se adjunta un recorte de prensa del periódico *The Miami Herald*, edición del 26 de marzo, de lo que resulta que el objetivo y su hermano Henry, violaron la ley sobre el negocio del juego, siendo por esto detenidos y acusados, teniendo además antecedentes por haber sido sancionados a prisión por el delito de soborno y por infringir la Ley de Lotería, en cada caso a cinco años.

Poco a poco, Trafficante fue convirtiéndose en el dueño o el accionista principal de los casinos de juego más importantes de La Habana. Según la providencia redactada por el director de Orden Público del Ministerio de Gobernación cubano, en mayo de 1959, destinada a solicitar su expulsión del país, se relata:

> Trafficante tiene arrestos en noviembre 16 de 1953, en Tampa, Florida; en mayo 29 de 1954, también en Tampa; en junio 5 de 1956, por el Buró de la Policía Nacional cubana. Llamadas telefónicas, informadas por el teniente Pena de la policía de Cuba, ascendientes a más de 30, hechas siempre a raqueteros en Estados Unidos, durante los últimos meses de 1957. Asistencia del encartado a la casa de Joseph Bárbara en Apalachin, Nueva York, en noviembre de 1957, donde se celebró el gran consejo de la Mafia, reunión que entre otros extremos, se consideró como punto importante, la cuantía del juego en La Habana, así como otras operaciones ilícitas, y se designaron las divisiones geográficas que debían corresponder a cada tahúr, apareciendo que, en la zona este de Estados Unidos, está comprendido el territorio de la República de Cuba.

Por tales motivos, Trafficante fue detenido por la policía cubana el 11 de junio de 1959 e internado en un campamento para extranjeros indeseables, hasta el 18 de agosto del mismo año, cuando tuvo que ser liberado al no concretarse la reclamación de extradición por parte de las autoridades norteamericanas.

Un informe del G-2, con fecha 11 de noviembre de 1959, relaciona a los miembros principales de la banda de Trafficante, entre los que se encuentran Eufemio Fernández Ortega, Néstor Barbolla, John T. Rivera, Sam Mondell, Joseph Bedami, Ciro Beluccia, Joe Cacciatore, John Martino, Mike McLane, y varios más.

En enero de 1960, Trafficante fue arrestado de nuevo por las autoridades cubanas en unión de su guardaespaldas Herminio Díaz García, en el hotel Habana Riviera, por sus actividades gansteriles y contrarrevolucionarias, y expulsado definitivamente del país.

De regreso a Miami, resentido profundamente con el proceso revolucionario, convocó a varios cubanos emigrados a los que conocía de sus trasiegos comerciales en la Isla, y entre los cuales se encontraba Manuel Antonio de Varona, Tony, un veterano politiquero y antiguo asociado en importantes negociaciones.

Varona contaba con una de las agrupaciones clandestinas más numerosas que actuaban contra el gobierno cubano, denominada Rescate Revolucionario, e integrada por elementos que formaron su partido político a finales de la década de los cuarenta.

La estrategia que elaboró Trafficante era clara. Apostaba a uno de los grupos más importantes del exilio, apadrinado por la CIA y el Departamento de Estado. Sus miembros serían los que integrarían el nuevo gobierno cubano una vez derrocado Fidel Castro, y todos sus bienes y prebendas les serían devueltos, lo que aumentaría considerablemente su influencia.

Las noticias que recibió sobre la decisión del gobierno norteamericano para derrocar a la Revolución, durante los meses finales de ese año, le dieron la razón en la decisión tomada. Había realizado una inversión segura a mediano plazo.

Tan pronto Rosselli fue contratado por la CIA para asesinar a Fidel, Trafficante conoció del proyecto. Él fue quien facilitó los contactos con su amigo Eufemio Fernández en La Habana, cuando Richard Cain viajó a esa ciudad para ajustar los detalles del crimen. Sin embargo, se mantuvo distante. Deseaba que los funcionarios del gobierno vinieran a él, pidiéndole el «favor». Finalmente, Rosselli lo llamó, y le manifestó que «alguien» de la CIA le solicitaba una entrevista, a lo que accedió gustosamente. Había llegado la oportunidad de brindar un gran servicio a los «intereses de la seguridad nacional» de Estados Unidos.

Trafficante contaba con varias opciones adicionales para ejecutar el contrato. Una de ellas la constituía un antiguo conocido, Juan Orta Córdova, elemento vinculado con el Sindicato del Juego Organizado desde sus épocas en La Habana y que en ese momento se desempeñaba como jefe de las oficinas del primer ministro cubano. Orta le debía muchos favores y no podía negarse a una petición suya. La otra alternativa era el grupo de Tony Varona en La Habana. A ambos les haría llegar pastillas venenosas, para que uno de ellos ejecutara a Castro.

«No pueden fallar», pensaba el gánster. Orta podía mezclar el veneno en alguno de los numerosos cafés que consumía Fidel Castro en su oficina, y si eso no daba resultado, la gente de Tony utilizaría a uno de sus hombres, que trabajaba en el restaurante chino Pekín, de La Habana, al que concurría el líder cubano con alguna asiduidad.

Informe de la Comisión Church
Washington. Noviembre de 1975

Edwards rechazó el primer grupo de píldoras preparadas por el TDS debido a que no se disolvían en agua. Un segundo grupo, conteniendo toxina de botulina, cumplió la tarea que se esperaba de ella. El jefe de Apoyo recibió las píldoras del TDS, probablemente en febrero de 1961, con la seguridad de que eran letales y entonces se las entregó a Rosselli. Los archivos (de la CIA) indican claramente que estas píldoras fueron entregadas a un cubano para ser introducidas en la Isla, algún tiempo antes de Bahía de Cochinos, a mediados de abril de 1961.

El informe del Inspector General establece que a fines de febrero o marzo de 1961, Rosselli comunicó al jefe de Apoyo que las píldoras habían sido entregadas a un funcionario cercano a Castro que debía haber recibido soborno de los representantes del juego. El informe expresa que «el funcionario devolvió las píldoras al cabo de algunas semanas, quizás por haber perdido su posición dentro del gobierno cubano y, por tanto, su acceso a Castro».

Rosselli comunicó al jefe de Apoyo que Trafficante creía que una figura destacada del movimiento cubano en el exilio podía ser capaz de ejecutar el asesinato.

El informe del Inspector General sugiere que este cubano debió haber estado recibiendo fondos de Trafficante y otros hampones interesados en garantizar el monopolio del juego, la prostitución y las drogas después del derrocamiento de Castro.

El cubano alegaba tener un contacto en un restaurante frecuentado por Castro. Como prerrequisito para cerrar el trato, exigía dinero en efectivo y equipos de comunicaciones por valor de mil dólares. El jefe de Apoyo expresó que el coronel King le había entregado 50 000 dólares en la oficina de Bissell para pagar al cubano, si este tenía éxito en el plan para asesinarlo.

El dinero y las píldoras fueron entregadas en una reunión celebrada entre Maheu, Rosselli, Trafficante y el cubano en el Hotel Fontainebleau de Miami. Como expresaron Rosselli y Maheu, el primero abrió su portafolios y colocó un montón de dinero sobre sus rodillas, y también sacó las cápsulas y le explicó cómo debían ser utilizadas.

El intento fracasó. Según el informe del Inspector General, Edwards pensaba que el plan falló porque Castro dejó de visitar el restaurante donde trabajaba el agente. Maheu dio otra explicación. Recordó haber sido informado que, después que las píldoras fueron enviadas a Cuba, tenían que recibir la señal de adelante antes de administrarlas.[2]

En realidad, lo que sucedió fue que Orta se acobardó ante las medidas que se venían tomando contra todos los que de una forma u otra estaban conspirando o realizando acciones contrarrevolucionarias, y se asiló en la embajada de Venezuela. También el empleado del restaurante Pekín, cuando se percató del riesgo enorme que correría si algo fracasaba, se introdujo en otra sede diplomática, a la espera de la invasión mercenaria que ya todos conocían estaba a punto de llegar a Cuba.

Operación Generosa
Base Operativa de la CIA, JM/WAVE.
Miami, Florida. Febrero de 1961

La ciudad de Miami era un hervidero de exiliados cubanos. Todos ellos conocían la brigada que se formaba militarmente en Guatemala y los grupos de misiones especiales que se entrenaban en Panamá, denominados *Teams* Grays, cuyo objetivo sería encabezar la contrarrevolución interna cuando los brigadistas invadieran la Isla. Por supuesto, no era nada sencillo lo que se pretendía: organizar un ejército, al mismo tiempo que fabricar líderes para el movimiento de resistencia interna que, al igual que los exiliados, se encontraban profundamente divididos a causa de las ambiciones. Cada cual, requería para su formación política, una determinada cuota de poder cuando los revolucionarios fueran expulsados del gobierno en Cuba.

La CIA, que conocía bien estas interioridades, había designado a uno de sus negociadores más destacados para unir a estos grupos en un solo «frente interno». Se trataba de Howard Hunt, quien sería uno de los «plomeros» de Watergate, años más tarde.

La dificultad mayor radicaba, además de los problemas enunciados, en la preferencia de Hunt por una de aquellas agrupaciones, el MRR. Había llegado a determinados acuerdos con Manuel Artime, su dirigente máximo, sobre algunos intereses que deseaba para sí, después de derrocada la Revolución.

El Consejo Revolucionario Cubano (CRC), fue el invento para agrupar a los exiliados. Presidido por el doctor José Miró Cardona, un antiguo decano de la Universidad de La Habana y quien fuera primer ministro del Gobierno Revolucionario inicial, fue la persona seleccionada. Junto a él, fueron nombrados Manuel Artime, como delegado político de la Brigada 2506; Manuel Antonio de Varona Loredo, Manuel Ray Rivero, y otros dirigentes más de la colonia cubana de Miami. Pero el asunto más delicado estaba por solucionar: ¿Quiénes se encargarían de dirigir a los grupos clandestinos?

Varias reuniones tuvieron que realizarse para lograr poner de acuerdo a los líderes del exilio. Todos proponían a sus delegados, porque se percataban de que los que estuvieran en Cuba se harían cargo de las posiciones fundamentales del gobierno provisional que se creara.

Finalmente, llegaron a un acuerdo. Rafael Díaz Hanscom, un ingeniero, aliado del grupo de Varona, que había salido clandestinamente de la Isla, sería el coordinador general; Humberto Sorí Marín, un excomandante del Ejército Rebelde y que también había sido ministro de Agricultura durante el primer gabinete revolucionario, sería el jefe militar, y Rogelio González Corzo, delegado de Artime dentro de Cuba, el enlace con la CIA, y por tanto, de los suministros.

La decisión en favor de Díaz Hanscom no fue casual. Él había llegado procedente de Cuba, donde trabajaba en el Instituto Nacional de Ahorro y Vivienda; y era portador de un proyecto para asesinar al jefe de la Revolución, en los días previos a la planeada invasión.

Testimonio de Mario Morales Mesa[3]
La Habana, Cuba. Noviembre de 1994

Por los días de Girón, fui designado para organizar una unidad de Contrainteligencia que se encargara de investigar los complots y conspiraciones contra la vida de los dirigentes revolucionarios, particularmente Fidel, quien concentraba sobre sí todo el odio de la contrarrevolución y la CIA.

Habíamos recibido varias informaciones sobre los planes de atentado que se fraguaban contra Fidel con la finalidad de asesinarlo en vísperas del ataque mercenario. Tenían la clara intención de descabezar la Revolución y, según ellos creían, hacer más fácil la tarea a los invasores.

En esos días habíamos coordinado con el capitán del G-2, Federico Mora que, por encargo de Fidel, se ocupara del caso de Humberto Sorí Marín —quien después de estar involucrado en conspiraciones con la embajada americana de La Habana, en los primeros días de 1961, se había fugado para Estados Unidos.

Mora había logrado infiltrar un agente en el grupo: el también capitán del Ejército Rebelde, Alcibiades Bermúdez, quien había recibido la encomienda de Sorí para formar un frente de alzados en armas en las montañas de Pinar del Río, y preparar el terreno para un desembarco de hombres en apoyo a la invasión por Playa Girón.

Fue por esa vía que conocimos el desembarco el día 13 de marzo de 1961, de Sorí, Díaz Hanscom y un grupo de agentes CIA que, cargados con 13 toneladas de explosivos, penetraron por un punto situado en los límites de las provincias de La Habana y Matanzas.

En la primera conversación que sostuvieron Alcibiades y Sorí, este le contó los planes que traían, entre ellos la unificación de todos los grupos contrarrevolucionarios para armarlos, desencadenar una guerra interna en apoyo a los invasores y asesinar al Comandante en Jefe. Operación Generosa fue el nombre código que los americanos le pusieron al magnicidio.

Enterado de los planes y su inminente ejecución, el capitán Mora lo informó al comandante Ramiro Valdés, nuestro jefe, quien después de las consultas necesarias autorizó la operación contra los infiltrados.

El intenso chequeo que manteníamos sobre los complotados nos posibilitó descubrir que la reunión de unificación del frente interno se iba a desarrollar el día 18 del propio mes en una casa del Reparto Flores, en Marianao. La jefatura designó al compañero José Luis Domínguez como responsable del operativo y al filo de las 6:00 p.m. del día indicado, nuestros compañeros rodearon la casa e irrumpieron en ella, sin dar tiempo a los contrarrevolucionarios a reaccionar. Allí se ocuparon numerosas armas, planos, esquemas y, lo más importante, el proyecto para asesinar a Fidel el día 26 de marzo, durante una reunión que debía desarrollarse en los locales del Instituto de Ahorro y Vivienda, donde se analizaría un proyecto de construcción de casas para familias pobres, en el que había trabajado el propio Rafael Díaz Hanscom, quien solo se había ausentado unos días para viajar clandestinamente a Miami y era uno de los invitados al encuentro. La idea consistía en colocar una bomba en el salón de reuniones y detonarla por control remoto.

Aquel día se propinó el primer golpe a los planes invasores, pues fue capturado el Estado Mayor contrarrevolucionario, varios de los agentes de la CIA entrenados especialmente para sabotear las industrias del país y se desmanteló uno de los proyectos más peligrosos para asesinar al comandante Fidel Castro en vísperas del ataque mercenario.

Departamento de Investigaciones del Ejército Rebelde (DIER)
La Habana, Cuba. 28 de marzo de 1961

De acuerdo con las instrucciones recibidas, se procedió al registro y detención de los ocupantes de la casa situada en calle 186, no. 110, Reparto Flores, Marianao, que resultaron ser los siguientes:

— Rafael Díaz Hanscom, responsable del denominado Frente en el país, quien según los informes ocupados, debía asesinar al Dr. Fidel Castro, primer ministro del Gobierno Revolucionario, en el Instituto de Ahorro y Viviendas.

— Rogelio González Corzo, con documentación falsa entregada por la CIA, a nombre de Harold Boves Castillo. González era responsable del MRR, agente de la CIA y coordinador de un plan para realizar una provocación en la base naval norteamericana en Guantánamo en el momento de la invasión que actualmente prepara Estados Unidos contra nuestra Patria.

— Humberto Sorí Marín, excomandante del Ejército Rebelde, traidor a la Revolución, en trajines conspirativos desde el año anterior con elementos de la embajada norteamericana de La Habana, asociado a los connotados contrarrevolucionarios Manuel Artime y Huber Matos. Durante los primeros días de 1961 huyó del país rumbo a la Florida. Allí recibió instrucciones de la CIA de unirse a un «frente interno en el país» que debía aglutinar a todos los grupos contrarrevolucionarios para actuar como quinta columna, tan pronto los yanquis nos agredieran. Una de sus tareas fundamentales consistía en tratar de reclutar la mayor cantidad de oficiales de nuestras Fuerzas Armadas para estos fines.

— Manuel Lorenzo Puig Miyar, agente de la CIA.

— Nemesio Rodríguez Navarrete, agente de la CIA, antiguo dirigente del MDM,[4] quien viajó en enero de 1961 a Miami para recibir instrucciones.

— Gaspar Domingo Trueba Varona, agente de la CIA, responsable por el entrenamiento de los jefes militares de los movimientos contrarrevolucionarios que se afiliaron a la nueva unidad interna.

— Eufemio Fernández Ortega, excolaborador del mafioso Santo Trafficante cuando fue gerente de su salón de juego del Casino Sans Souci, en la capital cubana. Jefe del grupo contrarrevolucionario Triple A, y uno de los dirigentes convocados para la unidad interna. Se le ocuparon en su domicilio gran cantidad de armas y pertrechos bélicos.

Además fueron detenidos los contrarrevolucionarios: Dionisio Acosta Hernández, Pedro Céspedes Company, Felipe Dopaso Abreu, Orestes Frías Roque, Eduardo Lemus Pérez, Narciso Peralta Soto, Gabriel Riaño Zequeira, Yolanda Álvarez Balzaga y Berta Echegaray Garriga.

Se ocuparon en los diferentes registros realizados y en la propia casa del Reparto Flores, los siguientes pertrechos: 11 pistolas Colt 45; seis fusiles M-1; ocho subametralladoras M-3; seis cajas de municiones con más de 5 000 cartuchos para diferentes armas; 11 latas de fósforos de seguridad; 16 rollos de mecha de tiempo; 13 rollos de mecha detonante; 15 cajas de espoletas M-2, 12 cajas de espoletas M-1; diez cajas con 160 granadas de mano; tres cajas con 120 petacas incendiarias; una caja con 25 granadas de fragmentación; 24 paquetes de nitroalmidón (11 sacos de yute y 13 mochilas); un radio y una planta transmisora, mapas, actas, órdenes, seis hojas manuscritas con planes a ejecutar y un documento en el cual un grupo de organizaciones contrarrevolucionarias firmaban la unidad y constituían un denominado «Frente de Unidad Revolucionaria».

5

Alternativas a la crisis

En el despacho del coronel King hacía un calor insoportable. Los acondicionadores de aire se habían roto y las medidas de seguridad establecidas para los locales de la Agencia impedían abrir las ventanas. Tenían temor de que los rusos o cualquier otro de los enemigos de la «democracia» occidental, escucharan las conversaciones secretas y las conspiraciones de asesinatos y terrorismo que se planeaban allí.

King se secaba a cada rato el sudor de su frente; de cuando en cuando se abanicaba con un expediente tratando de mitigar el calor. Tenía ante sí nuevas informaciones de agentes que radiaban desde Cuba mensajes que describían la situación creada después de la victoria de Castro sobre la brigada de exiliados cubanos.

La invasión había resultado un fracaso. Él no tenía responsabilidad, pues Bissell —el gran estratega— había designado a Jake Esterline, jefe de la Fuerza de Tarea a cargo del operativo, y lo había dejado a él en un segundo plano. Sin embargo, en varios momentos alertó de que las cosas no resultarían tan sencillas como los jefes pensaban; Cuba no era Guatemala. La Brigada 2506 había sido derrotada en menos de 72 horas por las fuerzas cubanas; «el frente interno» —que tanto trabajo había costado construir— estaba hecho añicos; muchos de los mejores agentes habían sido capturados y Castro le había restregado en la cara la derrota al gobierno de Estados Unidos.

Kennedy, pensaba King, tenía mucha responsabilidad con lo ocurrido. No quiso comprometer a las Fuerzas Armadas norteamericanas cuando la brigada pidió auxilio desde las playas cubanas. El presidente era débil, pusilánime y demasiado receptivo a las ideas de los «liberales» del gobierno que le hablaban de cambios democráticos en América Latina. Los soviéticos estaban aprovechando la ocasión para ganar terreno. Con la derrota de Bahía de Cochinos habían consolidado una «cabeza de playa» en América.

Después de la debacle, Kennedy formó una comisión gubernamental presidida por el general Maxwell Taylor para investigar las causas de la derrota de los invasores. Se había filtrado que la comisión tenía órdenes de encontrar «culpables»; y seguramente no serían otros que ellos mismos, pues nadie ignoraba la animadversión de Kennedy contra la Agencia.

Con esos pensamientos dando vueltas en la cabeza, mandó a pasar a varios oficiales que se encontraban en la antesala de su despacho: David A. Phillips, James Noel, Frank Bender, Karl Hetsh y otros más.

El objetivo de aquel encuentro consistía en buscar alternativas a la crisis que seguramente desencadenaría el resultado de la Comisión Taylor cuando, como era previsible, los acusara a ellos de la derrota y, si era posible, vengar el golpe recibido, haciéndole pagar a Castro su osadía.

«Tenemos que actuar con rapidez» — planteó King.

Acto seguido Bender informó:

«Contamos en Cuba con una importante red que no ha sido descubierta por el G-2. Se trata del grupo AM/Blood, compuesto por agentes de absoluta confianza, entre los que se encuentran *Tito, Ernesto, Brand,* Javier y *2637* [Manuel Guillot Castellanos]. También, varios grupos clandestinos que no fueron dañados por las operaciones de la Seguridad cubana. Dentro de ellos, hombres decididos y de absoluta confianza. Pienso que tienen alguna posibilidad de hacer algo. Lamentablemente, Rogelio González fue detenido pero al parecer nada habló a sus captores pues nuestra gente no fue arrestada por el G-2».

«No debemos perder la cabeza —aseveró King—. Como ustedes escuchan, todavía podemos jugar algunas cartas, solo hace falta un buen plan, pero esta vez lo haremos solos. En Washington nadie se enterará y cuando ello ocurra, ya no tendrán otra opción que actuar en la dirección que les señalemos».

«Estoy de acuerdo —intervino Phillips— pero pienso que debemos desconcentrar las operaciones, separarlas unas de otras. En dos palabras, no unir las fuerzas en un solo empeño. En el caso de que el G-2 descubra una de ellas, contaremos con otras que sean viables. Le recuerdo, coronel, que tenemos al grupo Rescate, de los hermanos Grau Alsina[1] y a otros elementos del Frente Revolucionario Democrático (FRD) de Tony Varona, que todos son personas de acción y que además cuentan con las armas que infiltramos antes de Bahía de Cochinos».

«Sí, es una idea interesante, pero, ¿cómo ponernos en contacto con ellos? No recuerdo que posean medios de comunicaciones propios y si los tenían, seguramente los desaparecieron cuando las redadas realizadas por los comunistas» —replicó King.

«Tenemos a la persona indicada —explicó Phillips—, Rodolfo León Curbelo, el emisario que Tony Varona utilizó para enviar las pastillas envenenadas a Cuba en marzo pasado. Él tiene buenos contactos con el señor Caldevilla, un agregado de la embajada española en La Habana, que trabaja para nosotros, y por su conducto podemos enviar las instrucciones. No cuentan con un grupo lo suficientemente numeroso como para realizar operaciones masivas, pero para un atentado a Castro serían excelentes».

En esos momentos sonó el teléfono, King tomó el auricular y, después de una conversación rápida, explicó a los allí reunidos:

«Hunt informa que acaba de llegar a Miami el agente *Tito*. Dice haber conversado varias horas con él. Plantea su deseo de venir a Washington, conversar con nosostros y conocer cuál será el porvenir que le espera en Cuba».

«Eso puede ser muy bueno o muy malo —intervino Hetsh—. Si viene aquí no lo podremos sustraer a la Comisión Taylor y puede decir cosas que nos perjudiquen».

«Ese es un hombre de absoluta confianza —intervino Phillips— y pienso que pudiera ser bueno que él vea por sus propios ojos a qué se dedica la Administración, mientras estamos sacrificando nuestros mejores hombres en su país».

Después de comprobar el efecto producido por sus palabras, extrajo de su carpeta un grupo de papeles y explicó:

«Aquí tengo varios mensajes del agente *Luis*, que informa desde Santiago de Cuba:

> El fracaso de Playa Girón ha causado confusión y desesperación; pero ahora empiezan de nuevo a reaccionar. La ausencia de orientación y de acción interna está impidiendo la actividad de la resistencia cívica. El Consejo de Miró Cardona, que es un hombre muy estimado, no dará al pueblo inspiración alguna. En realidad ellos no se identifican con el pueblo, son solamente figuras y no líderes. Esta es la razón por la que no hay oposición abierta.

«Tenemos que reflexionar antes de definir una línea de acción —intervino Bender—. Sin embargo, estimo que hay que actuar rápidamente, si no ese hijo de puta de Kennedy nos va a romper las bolas a todos».

King se quedó callado. Se percataba de que algo tenían que hacer y cuanto antes, mejor. Caminó un rato por la habitación mientras los demás lo observaban con atención. Lo conocían y comprendían que algo estaba bullendo en su cabeza. De pronto, se detuvo, se sentó nuevamente a la mesa:

«Señores, tenemos que jugarnos el todo por el todo. Es hora de lanzar a nuestros hombres al combate final. Hemos perdido una batalla, pero no la guerra. La única solución correcta es eliminar a Castro y a sus seguidores más cercanos. Eso sumiría a los comunistas en una profunda confusión y sería el momento ideal para levantar en armas a los grupos con que aún contamos en la Isla. El presidente no tendría más remedio que enviar a los marines en ayuda de los cubanos porque si así no fuera, quedaría desautorizado. Traigan a *Tito* a Washington y recontacten a los agentes más capaces que están operando en Cuba para mandarles las instrucciones necesarias. Aún no está todo perdido. Es más, creo que podemos matar dos pájaros de un tiro».

Informe sobre la Operación Patty
Departamento de Seguridad del Estado,
La Habana, Cuba. Mayo de 1961

Alfredo Izaguirre de la Riva, alias *Tito*, periodista y descendiente de una de las familias más ricas de la Isla, los Izaguirre-Hornedo, había sido reclutado en 1959 por la estación de la CIA en La Habana, a la cual prestó inapreciables servicios a partir de esa fecha.

Con su colaboración fueron colocados varios micrófonos en el *penthouse* del hotel Rosita de Hornedo (después Sierra Maestra), en espera de que la embajada soviética instalara allí sus oficinas.

En dos ocasiones —septiembre de 1960 y febrero de 1961— Izaguirre de la Riva estuvo en Estados Unidos para recibir entrenamiento en materia de espionaje, y se le orientó que organizara en la Isla una red encargada de suministrar armas y explosivos a los grupos contrarrevolucionarios para que estos desencadenaran la operación subversiva prevista como soporte a la invasión de Bahía de Cochinos. Se trataba de crear un caos interno, interrumpir las comunicaciones, eliminar a los cuadros revolucionarios, dañar el sistema eléctrico y el abasto de agua potable; en fin, provocar una inestabilidad tal que los invasores fueran recibidos como salvadores.

En marzo de 1961, en apoyo a las acciones que debía ejecutar, la CIA le descargó un importante abastecimiento aéreo en una de sus fincas, cercana al poblado de San José de las Lajas, provincia de La Habana. Entre los materiales recibidos se encontraban: una bazuca con sus cohetes, 14 fusiles Garand, cinco subametralladoras Thompson, dos ametralladoras calibre 30, cuatro fusiles Bar y gran cantidad de municiones y explosivos.

En ese mismo mes, le fue enviado como radista, para el mantenimiento de las comunicaciones, el agente Jorge García Rubio, alias *Tony*. También le facilitaron contactos con otros jefes de redes de agentes, que hacían labores similares a la suya, entre los que se encontraban: Emilio Adolfo Rivero Caro, *Brand*; José Pujals Mederos, *Ernesto*; Luis Torroella y Martín-Rivero, *Luis*; Javier Souto Álvarez y Manuel Guillot Castellanos, conocido por *2637*.

La misión consistía en apoyar con todos sus recursos a la jefatura contrarrevolucionaria que, encabezada por Rafael Díaz Hanscom y Humberto Sorí Marín, se había infiltrado en el país la primera quincena de marzo para dirigir a las organizaciones clandestinas en apoyo de la planeada invasión. Pero sobrevino la debacle de Girón, y se quedaron solos, sin contactos con el frente interno. El centro, en Estados Unidos, enmudeció. Los agentes que no fueron detenidos acordaron que *Tito* fuera a Miami para aclarar la situación y las perspectivas de lucha. Llegó a Miami en la segunda quincena de mayo de 1961.

Después de conversar con varios oficiales de la CIA, solicitó entrevistarse con los jefes en Washington y, más tarde, se reunió con el mismo general Taylor, uno de los «halcones» de la

Administración a cargo del caso cubano. No les fue difícil llegar a un acuerdo. En pocos días se elaboró un nuevo proyecto, esta vez teniendo en cuenta las informaciones aportadas por ellos —los que estaban arriesgándose en la Isla— y, cuando todo estuvo listo, regresó a Cuba.

Tan pronto Izaguirre se sintió seguro, luego de comprobar que nadie sospechaba de su corta ausencia, comenzó una intensa jornada de reuniones con los principales jefes contrarrevolucionarios. Debía ponerlos de acuerdo para luego comunicarlo al Norte y, previa aprobación, entregarle a cada uno las nuevas misiones. La idea consistía en liquidar a Fidel y Raúl Castro aprovechando que ambos presidirían los actos por el 26 de julio en La Habana y Santiago de Cuba respectivamente. Al unísono, un comando de sus hombres, con armas que entregaría la CIA, atacaría con fuego de morteros y cañones ligeros las instalaciones militares norteamericanas de Guantánamo, lo que provocaría una respuesta por parte de las tropas allí acantonadas, las que, sintiéndose agredidas, responderían el fuego y solicitarían apoyo de su gobierno. A este no le quedaría otra opción que intervenir militarmente en Cuba.

Todo estaba perfectamente planeado. Todo, excepto que no contaban con los agentes del G-2, que en Santiago y La Habana, estaban al tanto de los planes.

El 22 de julio, cuatro días antes de la fecha señalada por los complotados, comenzó la operación de la Seguridad cubana. Todos fueron capturados, las armas ocupadas y los planes descubiertos, hasta los más mínimos detalles.

El mundo conocería las dimensiones de la conspiración en agosto de 1961, precisamente en la Conferencia de la Organización de Estados Americanos a celebrarse en Punta del Este, Uruguay. El comandante Ernesto Che Guevara, lo hizo público en una denuncia contundente.

Testimonio de Alfredo Izaguirre de la Riva[2]
La Habana. Julio de 1961

Al producirse la derrota de Girón, con la consiguiente desmo-
ralización y detenciones, asilos en masas de figuras, contactos,
dirigentes de la contrarrevolución, es lógico comprender el
estado de desorganización en que quedaron los grupos. Durante
15 días, desde Estados Unidos no nos decían nada. Por último
nos orientaron que procediéramos a reorganizar los grupos,
sin más explicaciones. Esto era para *Ernesto* y para mí, pues de
Brand nada sabíamos. Después de varias reuniones entre *Ernesto*
y *César* [Octavio Barroso Gómez, también agente de la CIA], al
que me había presentado Ernesto como jefe de acción de la Unidad, *Hipólito* [Carlos Bandín, coordinador del MRR] me trae a
Juanito de Liberación, el que a su vez me presenta a *Justo*, jefe
de Liberación y coordinador civil de la Unidad. El Movimiento
Insurreccional Democrático [MID] de *Víctor* [Raúl Alfonso Gar-
cía] elaboró la idea de que alguien tenía que ir a Estados Unidos
para conocer las causas del fracaso de Girón.

Al llegar a Miami, me entrevisté con el oficial de la CIA
Bill Williams [Howard Hunt], quien me explicó los planes que
habían elaborado en espera de que en Washington se tomaran
las decisiones finales. Estos consistían en líneas generales en:

— Reorganizar la Marina de Guerra y reartillar los barcos de
   todos los grupos.

— Realizar ataques a objetivos cubanos cercanos a las costas,
   para levantar la moral de la contrarrevolución.

— Utilizando los barcos, sembrar de minas las bahías más
   importantes de Cuba, para volar las embarcaciones que
   traían el suministro.

— Proceder a obtener el control marítimo y aéreo de la Isla.
   Mediante una rápida movilización tomar Cayo Coco, [al
   norte de la provincia de Camagüey] fuera del alcance de
   las baterías cubanas y llenarlo de artillería para repeler los

ataques, con una poderosa planta transmisora e instalar un gobierno provisional.

— Continuar el abastecimiento de armas a los grupos clandestinos, para provocar la desestabilización general del país.

— Eliminar a Fidel Castro.

Agregó que contaban con armas para 50 000 hombres. Días más tarde marché a Washington para entrevistarme con los responsables de la CIA, hospedándome, como siempre, en el hotel Mayflower de esa ciudad, y poniéndome en contacto con Karl Hetsh, ayudante del general *Jim Bowdin* [Frank Bender], quien, me informaron, era el responsable político del caso cubano en la Agencia.

Al día siguiente, Hetsh me cambió para el hotel Raleigh, donde me tenía reservado un apartamento. Al poco rato se apareció *Bowdin*, quien me explicó que todo estaba suspendido por el momento. Al preguntarle cuáles eran las causas del fracaso de Girón, me explicó que, de acuerdo con su criterio, el proyecto estuvo bien planeado desde el punto de vista militar; que la causa era, sencillamente, un error del Ejecutivo [se refería al presidente Kennedy]. Me explicó que el gobierno cubano había parado la invasión con seis o siete aviones, que pudieron ser destruidos en el segundo bombardeo, posibilitando que la cabeza de playa que la brigada había tomado en Girón se sostuviera el tiempo suficiente hasta que sucedieran otras cosas.

Mantuvimos una larga discusión sobre la situación en Cuba. *Bowdin* me explicó la necesidad de unir a todos los grupos clandestinos en un solo frente para poder coordinar las operaciones futuras.

Pasamos revista a los contactos que poseíamos en el país: el MDC en Santiago de Cuba, que dirige —desde la base naval en Guantánamo— *El Zorro* (José Amparo Rosabal), persona muy vinculada a Nino Díaz; el MID en Camagüey, dirigido por *Víctor*; el grupo de Javier en Las Villas; y *Ernesto*, *Brand* y yo en La Habana.

La propuesta que me hicieron era crear una «Unidad de Resistencia» con todos estos grupos y otros que podríamos sumar para desencadenar un plan que diera el golpe definitivo a la revolución.

El proyecto consistía en:

— Organizar con la gente de Santiago de Cuba una autoprovocación en la base norteamericana en Guantánamo, mediante el ataque de supuestas tropas cubanas a esa instalación.

— Levantar a los grupos clandestinos en todas las provincias donde contábamos con efectivos, para lo cual ellos nos enviarían las armas y pertrechos de guerra necesarios.

— Asesinar a Fidel y a Raúl.

Para los dos primeros aspectos pensé que no existían grandes dificultades. Ellos se encargarían de informar a la gente del MDC en Oriente y yo les enviaría instrucciones a los grupos de Camagüey y Las Villas. Ya existían buenas comunicaciones y se habían escogido varios puntos en las costas, para depositar los materiales. También se había contactado a Osvaldo Ramírez y a Benito Campos, jefes de alzados en la provincia de Las Villas, acordándose una unidad para las acciones.

Sin embargo, los atentados que se planeaban eran muy dificultosos porque Fidel y Raúl no eran fáciles de ubicar en el lugar conveniente.

El MRR tenía un viejo proyecto de atentado contra ellos; uno a Fidel, en la Plaza de la Revolución, y el otro a Raúl, en su casa de la calle 26 en Nuevo Vedado, frente al cementerio chino, desde donde pensaban dispararle. Se lo comenté a *Bowdin* y me pidió que lo estudiara y le concretara posteriormente por radio.

Al día siguiente se produjo la entrevista con el general Maxwell Taylor en sus oficinas del Pentágono. Allí expliqué la situación en Cuba después de Playa Girón y las ideas que teníamos. Ya, para ese entonces, yo había interiorizado el plan de *Bowdin* y lo propuse como una idea del «frente interno».

Una de las personas que se encontraban en la reunión me dijo que nos olvidáramos de que «los marines iban a intervenir en Cuba en frío» para resolver el problema cubano. «Depende de ustedes crear una situación que propicie la ayuda directa».

Horas más tarde me encontré nuevamente con *Bowdin* y Hetsh en el hotel. Estaban muy contentos y me trasladaron una felicitación de la jefatura de la CIA. Las ideas discutidas habían sido aprobadas y comenzarían a ejecutarse tan pronto regresara a Cuba. La operación fue denominada con el código de Patty.

Informe de la Jefatura Provincial del Departamento de Seguridad del Estado
Santiago de Cuba. 25 de junio de 1961

Uno de los dirigentes contrarrevolucionarios, José Amparo Rosabal, alias *El Zorro*, fue jefe de la delegación del Ministerio de Transporte en los primeros días de la Revolución y viejo colaborador de Carlos Prío y de Tony Varona, relacionándose con la CIA a través de Nino Díaz, quien lo vinculó al servicio de Inteligencia de la base. Su plan consistía en situarle el armamento próximo a la cerca de la mencionada instalación, el 17 de julio en horas de la mañana. Los encargados de recogerlas eran Antonio Marra Acosta y Emilio Quintana González. Allí los esperaría el sargento del ejército norteamericano de apellido Smith, que sería la persona que las entregaría. Al momento de la detención, a los contrarrevolucionarios citados les fueron ocupados los siguientes pertrechos: dos cañones de 57 milímetros, cuatro bazucas, 23 fusiles Garand y granadas de mano en cantidades suficientes para los planes en curso.

En operaciones realizadas posteriormente fueron ocupadas otras armas entregadas por la base yanqui entre las que se destacan: 35 fusiles Springfield, un mortero de 60 milímetros, una ametralladora calibre .30, 12 subametralladores M-3, así como municiones, granadas y explosivos destinados al aseguramiento de las acciones.

Informe de la Jefatura Provincial del Departamento de Seguridad del Estado

Santa Clara, Cuba. 19 de agosto 1961

Las investigaciones y chequeos efectuados nos permitieron descubrir la operación que realizaban los agentes José Ángel González Castro, Segundo Borges Ranzola, Miguel Pentón Alfonso y Javier Souto Álvarez.

Entre los planes de estos agentes figuraban los siguientes:

— Organizar una unidad entre los distintos grupos contrarrevolucionarios.

— Introducir ilegalmente papel moneda procedente de Estados Unidos con el fin de quebrantar la economía del país.

— Ataques sistemáticos a la producción mediante sabotajes, tales como envenenamiento del ganado.

— Preparar actos de sabotajes en las industrias, particularmente en la subestación eléctrica Antonio Guiteras.

Los planes militares estaban encaminados a organizar grupos comandos en las principales ciudades, así como la ayuda a los elementos alzados, principalmente a Osvaldo Ramírez en el Escambray y a Benito Campos en Corralillo, comprobándose este extremo al ocuparse el mensaje radiotelegráfico en clave con el no. 124, en el cual solicitaban un cargamento de armas a situarse en el cayo Dutton, al norte de Isabela de Sagua, y que sería lo siguiente: 192 carabinas M-1, 12 ametralladoras calibre .30, 24 pistolas, 500 libras de explosivos, 200 libras de explosivos incendiarios, tres bazucas, tres cañones sin retroceso y abundantes municiones. Este cargamento lo pedían para el 22 de julio. También especificaban que les fueran enviadas armas con silenciador para realizar atentados personales.

Informe de la Jefatura del Departamento de Seguridad del Estado

La Habana, Cuba. 22 de diciembre de 1961

Por las investigaciones practicadas al efecto y que condujeron a la detención de Alfredo Izaguirre de la Riva, aparece que el mismo comenzó sus actividades contrarrevolucionarias desde los primeros meses de 1959. Trató de aunar bajo su mando y por orientaciones de la CIA, a todas las organizaciones contrarrevolucionarias, para lo cual celebró numerosas reuniones con los coordinadores de las mismas, entre los que se encontraban: Carlos Bandín Cruz, *Hipólito*, del MRR; Reynold González, del Movimiento Revolucionario del Pueblo (MRP); Raúl Alfonso, del MID; Octavio Barroso, de la Unidad. Era el propugnador principal de los actos que se planearon para el 26 de julio, entre los que estaban el de Oriente, que consistía en un atentado al comandante Raúl Castro, otro atentado a la refinería de Santiago y una autoagresión a la base naval en Guantánamo. Actos de sabotajes en Camagüey y Las Villas, y por último un atentado al comandante Fidel Castro en el acto de ese día, por medio de un mortero que estaría emplazado en una casa de la calle Amezaga (muy cerca de la Plaza de la Revolución).

Testimonio de Carlos Valdés Sánchez[3]

La Habana, Cuba. Noviembre de 1993

En La Habana, un grupo de hombres, también en uniformes militares, trasladarían un mortero de 60 milímetros a una dirección situada a 200 metros de la tribuna que se ubica en la Plaza de la Revolución. Desde allí dispararían contra los dirigentes cubanos con el propósito de asesinar a Fidel Castro y sus compañeros.

El atentado al comandante Raúl Castro tenía dos alternativas. Una, consistente en disparar con una ametralladora calibre .30

contra la tribuna presidencial donde se encontraría participando en la celebración del acto por el 26 de Julio; y la otra, por si fallaban, una emboscada en la carretera que conduce al aeropuerto, donde varios hombres armados con subametralladoras lo atacarían. Ellos suponían que tan pronto se conociera el atentado contra Fidel en La Habana, Raúl partiría al aeropuerto local y esa sería la oportunidad para atacarlo. Mientras, un grupo de contrarrevolucionarios, vestidos con uniformes del Ejército Rebelde, dispararían varios morteros en dirección a las instalaciones de la base norteamericana en Guantánamo, ataque que daría la señal a los grupos clandestinos en Santiago y otras ciudades orientales para iniciar las acciones subversivas.

Ese era, en resumen, el plan de la Operación Patty, al cual la Seguridad cubana le opuso su propio apelativo: Candela.

El objetivo perfecto
La Habana, Cuba. Mayo de 1961

Un día, a finales de ese mes, Rodolfo León Curbelo recibió la llamada telefónica del señor Jaime Caldevilla, agregado de prensa de la embajada española. El diplomático deseaba entrevistarse urgentemente con él en las oficinas de la propia sede. León lo conocía bien y sabía que cuando eso ocurría estaba relacionado con un mensaje de «los americanos»; por tanto, presuroso y acicalado, marchó rumbo a la cita acordada.

Jaime Caldevilla y García Villar era un agente veterano de la CIA, que utilizaba la embajada española para sus actividades de espionaje, por las que años más tarde, en 1965, sería expulsado de Cuba.

Cuando León estuvo acomodado en las oficinas del diplomático, este le explicó que había recibido instrucciones de la Agencia para asesinar a Fidel Castro, mediante la utilización de dos de los grupos contrarrevolucionarios más confiables de que ellos disponían en la Isla. Ya unos meses antes, en enero, lo habían intentado, pero fracasó al frustrarse la infiltración del francotirador, Félix Rodríguez. Sin embargo, en ese momento, pensaban, estaban dadas todas las condiciones para que los hombres de Mario Chanes e Higinio Menéndez actuaran.

Mario Chanes de Armas era una persona resentida, amargada. Había combatido a la dictadura de Batista, pero al triunfo revolucionario se sintió frustrado por no haber recibido los cargos que, como recompensa, él esperaba. Más pronto de lo que pensó se vio envuelto en varias conspiraciones, hasta que determinó que el causante de todos sus males era Fidel Castro y entonces se entregó por entero a su eliminación.

Higinio Menéndez y su grupo eran de otra procedencia, más bien sus antecedentes políticos estaban relacionados con las planillas delincuenciales que asolaron el país en la década de los años cuarenta. Por su propia cuenta, también habían arribado a las mismas conclusiones y se propusieron atentar contra la vida del dirigente revolucionario.

Uno lo planeó desde una casa cercana a una residencia en la capital, visitada por Fidel; el otro, más en el estilo gansteril, mediante un tiroteo en una céntrica avenida de la ciudad.

Una vez concluida su explicación, el diplomático español le comunicó a León que después de cometer el crimen debía desaparecer de los lugares habituales, incluso, si tenía parientes en el interior de la Isla, visitarlos hasta que pasara un tiempo prudencial. León, a los pocos días, había trasladado las orientaciones a los asesinos escogidos y cada cual se puso a preparar su proyecto.

Mario Chanes, portando un fusil Springfield con mira telescópica, que había obtenido en la aventura anterior, dispararía tan pronto el blanco estuviera a la vista. En definitiva, era un tirador certero y además había practicado.

El escenario escogido resultaba ideal. Un apartamento situado en los altos de una bodega, en la esquina de las calles 11 y 12, en el Vedado, a escasos metros de la residencia de Celia Sánchez Manduley, secretaria ejecutiva del Consejo de Ministros y colaboradora estrecha de Fidel, razón por la cual era frecuente la visita de este al lugar. Solo tenían que esperar la oportunidad para asesinarlo. Después de varias reuniones, los conspiradores escogieron la semana del 19 al 26 de julio de 1961, como la fecha para llevar a término la acción. Habían llegado a la conclusión de que, en vísperas de los actos por el 26 de Julio, Fidel visitaría en algún momento la residencia de Celia para ultimar detalles de los preparativos para la conmemoración de una fecha tan importante para la Revolución. Sin embargo, unos días antes, el 17 de julio, el G-2 descubrió los planes homicidas, capturó a todos los implicados y frustró así el magnicidio.

Testimonio de Florentino Fernández León[4]
La Habana, Cuba. Noviembre de 1994

No recuerdo fechas, pero creo que sería a mediados de 1960 que comencé a asistir a algunos encuentros de combatientes revolucionarios que se daban en el club cervecero de Puentes Grandes, organizados por Mario Chanes. Yo no tenía mucha amistad con él, pero habíamos sido compañeros de luchas contra la dictadura de Batista.

En aquellos encuentros, Chanes manifestaba su disgusto con la dirección que tomaba el Gobierno Revolucionario, porque él se consideraba subestimado, y decía que merecía más que otros, ocupar un cargo importante en la administración.

En uno de estos encuentros conocí a un amigo de Chanes que se llamaba Orlando Ulacia Valdés. Este era una especie de agitador que explicaba en las reuniones cómo a los revolucionarios verdaderos se les relegaba, mientras otros, sin méritos, como los provenientes del Partido Socialista, ocupaban posiciones importantes. Rápidamente Ulacia y yo nos identificamos políticamente y pronto comencé a obtener, por su medio, conocimiento de sus actividades conspirativas y del papel de Mario Chanes como figura principal de las mismas.

Ulacia me «captó» para estas actividades y comenzamos a reunirnos con bastante frecuencia. Yo contaba con el «aval» de haber estado detenido varios días por supuestas actividades contrarrevolucionarias. En realidad era una leyenda que me había preparado un compañero del G-2, que ya sospechaba de las actividades conspirativas de los hermanos Chanes y me preparaban para una infiltración.

En los primeros meses de 1961 fui a una reunión en las oficinas de la compañía de la fábrica de mantequilla Nela, lugar de trabajo de Ulacia. Estaban dos individuos más que ahora no recuerdo sus nombres. Ulacia explicó que había que activar las acciones contrarrevolucionarias y se refirió, concretamente, a un plan para hacerle un atentado a Fidel, a quien, según dijo, había que eliminar físicamente. Hizo un dibujo en un papel de la esquina de 12 y 11 en el Vedado, y señaló el lugar desde donde dispararían con un fusil con mira telescópica, aprovechando una de las visitas que Fidel hacía a la casa de la compañera Celia Sánchez. Dijo que él había chequeado los movimientos de Fidel en ese lugar, desde el balcón de una casa situada al lado de la esquina donde vive una familia que él conocía. Ulacia dijo que Fidel, cuando se bajaba del auto, acostumbraba a dar la vuelta por detrás del mismo, y ese era el momento preciso para dispararle. Dijo que los participantes en el atentado serían varios y que tendrían un auto con el motor encendido, parqueado en la esquina para escapar rápidamente.

Tuvieron varias reuniones más en otros lugares, para perfilar el plan, entre ellos, un bar en la avenida de Puentes Grandes, cerca de la fábrica de fósforos Pavo Real, y también en la casa de Ulacia.

A principios de julio ya lo tenían todo listo, y lo informamos al compañero que nos atendía, quien después de consultar con la jefatura me explicó que ya no se podía esperar más, y así fue como se capturó a estos traidores por partida doble.

Testimonio de Mario Morales Mesa
La Habana, Cuba. Julio de 1961

El 17 de julio de 1961 fue operado el Caso Pinar del Río, en el que se encontraban involucrados los hermanos Mario y Francisco Chanes y varios elementos más.

Desde enero de ese año, investigábamos a estas personas por sus actividades contrarrevolucionarias, pudiéndose conocer que desde esa fecha se encontraban en contacto con agentes de la CIA para asesinar a Fidel, aprovechando una de sus visitas a la casa de la compañera Celia Sánchez, situada en la calle 11, entre 12 y 10, Vedado.

Originalmente, el plan consistía en darle apoyo a un grupo de agentes que se infiltrarían desde Estados Unidos para realizar la acción. Al fracasar esta operación, se organizó un comando integrado por los hermanos Chanes y otros elementos, que asaltarían el apartamento del piso superior de la bodega, en la calle 11 y 12, en el Vedado, a escasos 50 metros del lugar escogido.

En el operativo participaban los grupos contrarrevolucionarios: Movimiento 30 de Noviembre, Movimiento Revolucionario del Pueblo y Frente Revolucionario Democrático. La fecha escogida para realizar el atentado fue la semana del 19 al 26 de julio de 1961. Todos los complotados fueron capturados, ocupándose las armas que se proyectaban utilizar en el crimen.

Los suicidas
La Habana, Cuba. Mayo-junio de 1961

El grupo de Higinio Menéndez y Guillermo Caula no era numeroso. Sus integrantes provenían también, de varios grupos clandestinos, golpeados por el DSE en diferentes momentos. Los unía su odio por el jefe de la Revolución, y habían determinado que la única alternativa que les quedaba, después de las derrotas sufridas, era el asesinato del primer ministro, para provocar la intervención de los norteamericanos en Cuba.

En dos ocasiones lo intentaron. Una, durante la visita de Fidel a un populoso barrio capitalino, y la otra, mientras el dirigente cenaba en un conocido restaurante. Ambas acciones fracasaron, neutralizadas por la efectiva vigilancia de la escolta.

Sin embargo, después de recibido el mensaje de la CIA, donde esta garantizaba no solo su respaldo sino además una gruesa suma de dinero, se reunieron y acordaron un nuevo esquema para el crimen.

La idea era sencilla. Los conspiradores contaban con la complicidad del dueño de un servicentro automotor situado en la intercepción de las avenidas Rancho Boyeros y Santa Catalina, tránsito obligado de Fidel para dirigirse del centro de la ciudad al aeropuerto internacional, situado en la periferia capitalina. En aquel lugar, se emboscarían para esperar a que los autos del dirigente se aproximaran y entonces dispararles con una bazuca. La fecha seleccionada recayó en la primera semana del mes de junio.

Comenzaron entonces una actividad febril para poner a punto el proyecto. La bazuca y las armas fueron trasladadas y los hombres acuartelados. Todo quedó listo; lo único que no previeron fue la actuación de la Seguridad cubana que, en conocimiento del plan, detuvo a todos los involucrados.

Informe del Departamento de Seguridad del Estado
La Habana, Cuba. 25 de julio de 1961

En semanas recientes, se tuvo conocimiento que un grupo de individuos se reunían periódicamente en un establecimiento administrado por Juan Bacigalupe Hornedo, situado en la esquina de Carretera de Vento y avenida Estrada, Reparto Casino Deportivo.

Entre los asistentes más importantes se encontraban: Higinio Menéndez Beltrán, Guillermo Caula Ferrer, Ibrahim Álvarez Cuesta, Augusto Jiménez Montenegro, Román Rodríguez Quevedo y Osvaldo Díaz Espinosa, elementos que mantenían contactos con los prófugos (de la justicia) excapitanes Bernardo Corrales y Santiago Ríos. También se reunían en el garaje de Rancho Boyeros y Santa Catalina, propiedad de Carlos Pérez González.

A través de las investigaciones realizadas se comprobó que el grupo mantenía relaciones con miembros de la CIA y realizaba frecuentes viajes a la base naval en Guantánamo, donde recibía pertrechos de guerra e instrucciones para hacer sabotajes y atentados contra dirigentes de la Revolución.

El 14 de junio de 1961 (los integrantes del grupo) se reunieron en las oficinas de ventas de solares del Casino Deportivo, con un individuo conocido por *León* [Rodolfo León Curbelo], enviado a Cuba por el Frente Revolucionario Democrático con la misión de ejecutar un atentado contra Fidel. En dicha reunión se designó a Bacigalupe Hornedo, Menéndez Beltrán y Caula Ferrer para que cumplieran la tarea, y se les hizo entrega de todo el dinero que necesitarían.

Estos individuos se dieron a la tarea de contactar con los jefes de varias organizaciones contrarrevolucionarias para que chequearan al líder de la Revolución en los lugares donde frecuentaba. En una oportunidad en que Fidel concurrió al restaurante Cucalambé, en 5ta. Avenida y calle 112, se encontraba allí haciendo labor de chequeo el tal Menéndez Beltrán en compañía de un individuo nombrado Antonio y de la señora Josefa Delgado Piñeiro (Fina), quienes estuvieron todo el tiempo bajo el control de los agentes de la Seguridad del Estado.

Por investigaciones posteriores se conoció que «como resultado de las reuniones conspirativas fueron designados Carlos Pérez González y Augusto Jiménez Montenegro, para chequear la zona que se ubicaba en el tramo de la carretera de Rancho

Boyeros entre Santa Catalina y Vía Blanca, frente a los terrenos de la Ciudad Deportiva».

El 2 de julio se detuvo a todos los implicados y en el garaje de Rancho Boyeros y Santa Catalina, cerca de la línea de ferrocarril, se encontraron enterradas y debidamente protegidas: dos bazucas con sus proyectiles, tres carabinas M-1, tres ametralladoras Thompson calibre 45, dos cajas de granadas de fragmentación norteamericanas, una planta de radio como las utilizadas por la CIA y gran cantidad de municiones.

6

Operación Liborio: «Cuba en llamas»

Para Antonio Veciana Blanch 1959 fue un año de emociones y desencantos profundos. Al triunfo revolucionario él era un contador público que, a las órdenes del magnate azucarero Julio Lobo, aspiraba llegar a ser un próspero hombre de negocios. Sin embargo, las medidas tomadas por el nuevo gobierno, casi inmediatamente, habían frustrado sus sueños. Sin lugar a duda, estas decisiones proyectaban una sombra desagradable a su proyecto socioeconómico y por tales razones, con la rapidez que lo caracterizaba, comenzó a vincularse con personas que, descontentas con el nuevo régimen, se nucleaban para buscar alternativas que «solucionaran» la situación creada en el país.

Muchas de ellas tenían puestas sus esperanzas en que «los americanos», como otras veces antes, tomaran las decisiones pertinentes que pusieran freno y paralizaran aquel tren a toda máquina que significaba la Revolución y sus planes socioeconómicos.

Veciana tenía contactos con Rufo López Fresquet, ministro de Hacienda; Felipe Pazos, presidente del Banco Nacional; Raúl Chivás, presidente de la Corporación de Transporte Ferroviario; Manuel Ray Rivero, ministro de Obras Públicas, y otros más que, casi desde el principio, lo captaron para desarrollar un movimiento disidente con los fines de unir a los descontentos dentro del gobierno y, poco a poco, estructurar una tendencia que, en su momento, dividiera al Gobierno Revolucionario, y así neutralizar a los radicales, y detener definitivamente el programa político y social que tanto los preocupaba.

Pero nada de esto dio los resultados esperados. La Revolución fue radicalizándose y los asociados de Veciana perdieron el poco poder con que alguna vez contaron; de manera tal que la opción que escogió fue conspirar contra el gobierno. Por recomendación de Rufo López Fresquet, conoció al veterano agente encubierto de la CIA, David A. Phillips, quien actuaba desde una oficina de relaciones públicas ubicada a unos cientos de metros de la populosa Rampa habanera.

Varias conversaciones entre Phillips y Veciana convencieron al primero de que su candidato tenía condiciones para las actividades terroristas, dada su inclinación marcada a la violencia. Llegaron a un acuerdo y pocas semanas más tarde, Veciana recibía clases en un local de la academia de idiomas Berlitz, no de lenguas extranjeras, sino de subversión.

Guerra psicológica, sabotajes, organización de grupos clandestinos, acciones terroristas y otras materias fueron las recibidas por el aspirante. Cuando el maestro se sintió satisfecho, le concedió el título con notas sobresalientes.

Originalmente, Veciana estaba destinado a trabajar directamente con Phillips, sería una especie de enlace, mientras adquiría experiencia en el arte de la conspiración.

Antes de que terminara aquel año, recibieron la orden de la estación de la CIA en la capital cubana para estudiar el asesinato de Fidel Castro, durante una de las numerosas concentraciones populares que casi a diario se desarrollaban.

Analizaron lugares diferentes: los recintos de la Universidad, restaurantes, ministerios públicos, plazas y, finalmente, la explanada que se extendía desde el Palacio Presidencial hasta el Malecón habanero, sede de muchas de estas concentraciones.

El Palacio los atrajo de manera irresistible y llegaron a la conclusión de que aquel era el lugar ideal. Una hilera de edificios se extendía a los costados de la improvisada plaza popular, cuyo centro lo constituía un extenso parque. Varios de aquellos edificios se destinaban al alquiler de viviendas. El no. 29 de la Avenida de las Misiones reunía todas las condiciones exigidas. La presidencia de los actos se establecía en la terraza norte del Palacio y estaba situada frente por frente, a unos 50 metros, del mencionado edificio.

Después de varias gestiones, una agente de origen norteamericano que actuaba bajo contrata, Darling Hoost, alquiló el apartamento ubicado en el piso ocho.

En esos días Phillips fue requerido desde el cuartel general, en Washington, para responsabilizarlo con acciones de guerra psicológica contra Cuba, a escala continental. Veciana se quedó momentáneamente sin contactos y tuvo que posponer los planes.

Mientras esperaba, se incorporó al MRP formado por Manuel Ray. Cuando llegaron los días de Playa Girón, fue uno de los grupos más activos, que realizó sabotajes numerosos, entre estos el incendio de la tienda por departamentos El Encanto, donde perdió la vida Fe del Valle, una trabajadora ejemplar.

Después de la derrota de los invasores, un nuevo coordinador, Reynold González, había asumido el cargo de jefe del MRP, y designó a Veciana como responsable militar, a cargo de todas las acciones subversivas y terroristas.

En el transcurso de esos meses, a mediados de 1961, conocieron de los planes de la Operación Patty y después de varias conversaciones con su dirigente, Alfredo Izaguirre, decidieron mantenerse lo suficientemente alejados de los acontecimientos como para no ser afectados en caso de que fueran descubiertos, y así sucedió.

Por su parte, Veciana continuaba llevando a cabo su propio proyecto. Semana tras semana había introducido las armas en el apartamento de la Avenida de las Misiones y ya contaba allí con la bazuca, las metralletas, las granadas y los uniformes que debían utilizar los tiradores cuando la orden fuera dada.

La terraza de la muerte
Hotel Mayflower, Washington. Julio de 1961

Un día, a finales de julio de 1961, el agente de la CIA José Pujals Mederos, fue llamado a Washington. Había llegado de Cuba unas semanas antes para informar sobre la marcha de la Operación Patty, y por eso se había salvado de caer prisionero cuando el proyecto subversivo fue desmantelado por las fuerzas de la Seguridad cubana.

En la habitación del hotel para el cual lo citaron lo esperaban Karl Hetsh —su oficial de caso— y otro norteamericano que dijo nombrarse Harold Bishop [en realidad se trataba de David A. Phillips], quien debía instruirlo en nuevas misiones.

Phillips, en un perfecto español, con cierto acento sudamericano, le explicó que su tarea consistía en activar un nuevo proyecto subversivo que encendiera la rebelión dentro de Cuba. Su trabajo sería relativamente sencillo: se trataba de activar al grupo del MRP de Reynold González y Antonio Veciana para que desencadenaran un extenso plan de sabotajes y actos terroristas en las capitales provinciales principales del país y asesinaran a Fidel Castro, partiendo de un proyecto ya diseñado: el de la terraza norte del Palacio Presidencial; entonces, la prensa internacional, de común acuerdo, daría a conocer al mundo la existencia en Cuba de una guerra civil y Estados Unidos intervendría para imponer la paz.

La tarea restante era un poco más delicada: consistía en servir de apoyo informativo a una pequeña red de espías que radicaba en la base aérea cubana en San Antonio de los Baños, donde pensaban se instalaría una escuadrilla de aviones MiG-15, de fabricación soviética, a punto de arribar a Cuba.

«No pienso que existan dificultades para la ejecución de ambas tareas; la más difícil debe ser la operación contra Castro —enfatizó Pujals».

«Veciana ya debe contar con los hombres necesarios. Él tiene contacto con la gente de Rescate y ellos le facilitarán lo que necesite. Su misión consiste —puntualizó Phillips— en trasladarle la orden, supervisar la operación y coordinar las infiltraciones de los medios que sean necesarios. Después puede dedicarse a la información de los aviones».

Pocas horas más tarde, el 28 de julio, José Pujals, el designado «enlace principal de la CIA en Cuba», se infiltraba en la Isla por un punto de la costa norte de la provincia de La Habana, muy cerca de Puerto Escondido.

La Habana, Cuba. Primeros días de agosto de 1961

Dos días después de su infiltración Pujals se reunió con Reynold González y Antonio Veciana, y les explicó con lujo de detalles las orientaciones recibidas.

A González, según sus relatos posteriores, no le agradó el proyecto. Estaba muy disgustado con los últimos fracasos subversivos y tenía la opinión de que debían preservar la organización, y utilizarla en labores proselitistas y de propaganda, en espera de tiempos mejores, en que «los americanos» se decidieran por acciones definitivas. Pensaba, además, que estos los manipulaban, para que ellos pusieran la «carne de cañón».

Veciana, por el contrario, propugnaba acciones directas que afectaran en sus puntos débiles al régimen. En definitiva, después de mucho discutir, no se pusieron de acuerdo y remitieron la decisión a una reunión extraordinaria de la dirección nacional de su organización terrorista.

Pujals no quiso mezclarse en la disputa. Sabía que ese no era su terreno y tenía muy claras las órdenes recibidas. Veciana se encargaría de solucionar la contradicción. Se entrevistó con Octavio Barroso, alias *César*, uno de sus colaboradores más importantes, quien tenía reclutado a un teniente dentista de la base aérea de San Antonio de los Baños, donde en esos momentos se comenzaban a armar los aviones de combate Mig-15 recibidos recientemente de la Unión Soviética, como parte de las prioridades que la CIA le había fijado.

La reunión de la dirección nacional del MRP se desarrolló en una finca situada en las afueras de la capital, en El Wajay, perteneciente a un miembro del grupo, Amador Odio.[1] Varios dirigentes intervinieron, unos en favor y otros en contra de las tesis presentadas. Finalmente, la propuesta de Veciana se impuso. Todos sabían de dónde procedía la orden y nadie estaba dispuesto a enfrentarse a esta. Además, Veciana aseguraba contar con los hombres necesarios y nadie apreciaba un riesgo potencial para su persona. González, visiblemente molesto, se retiró y dejó a Veciana encargado de los detalles.

«El plan es simple —explicó Veciana a los reunidos allí—. Hemos pensado sabotear las tiendas por departamentos Sears, Fin de Siglo, J. Vallés y Ultra. Además, dinamitar el acueducto de La Habana y la Papelera Nacional».

Para llevar a cabo estas acciones se formaron varios equipos, encargados de colocar las petacas incendiarias dentro de los estantes en las tiendas seleccionadas, preferentemente de telas para que combustionaran más rápidamente. En el caso de la papelera y el acueducto, el grupo Rescate contaba con hombres que laboraban en esos lugares, quienes se encargarían de colocar las cargas de explosivos. Finalmente el operativo se dividió en dos etapas: la primera responsabilizada con las acciones terroristas a cargo del contrarrevolucionario Manuel Izquierdo, alias *Aníbal*, y la segunda, en manos de Veciana, estaba encargada de efectuar el atentado. Partían del supuesto de que cuando se efectuaran los actos de sabotaje y terror planeados, Fidel Castro convocaría al pueblo, como antes lo había realizado, en la explanada del Palacio Presidencial y esa sería la ocasión para asesinarlo.

María de los Ángeles Abach, Mary, la secretaria de González, que levantaba el acta de la reunión, preguntó cómo se llamaría el operativo y cuál sería la fecha de inicio. Veciana le dijo que el nombre clave era «Cuba en llamas», y que comenzaría a partir del 20 de septiembre de 1961.

La Habana, Cuba. 8 de agosto de 1961

El día amaneció nublado. Una de las primeras tareas de Pujols —activar la Operación Liborio o «Cuba en llamas»— había sido cumplida. Ahora solo le quedaba informar periódicamente sobre la marcha de los acontecimientos. Únicamente lo preocupaban las entrevistas continuas que debía sostener con los clandestinos pues, cuando comenzaran los sabotajes, el G-2 les caería encima y trataría de desarticular el proyecto.

Pujals salió de la casa situada en la barriada de Miramar, donde se escondía gracias a la amistad íntima que lo unía a uno de sus antiguos colaboradores, y bajó caminando hasta la 5ta. Avenida a la espera de un taxi que no tardó en recogerlo. En realidad, la rapidez de la llegada del vehículo lo sorprendió; no era común que transitaran autos de alquiler en aquellas horas tempranas del día.

«¿A dónde lo llevo, señor?».

«Por favor, a la calle 19 entre Paseo y A, en el Vedado».

Momentos más tarde, el taxi se movía velozmente hacia la dirección indicada.

Pujals miraba distraídamente el paisaje que desfilaba ante sus ojos. Muchas de aquellas casonas señoriales pertenecieron a antiguos amigos suyos, hoy en el exilio. Recordó cómo el gobierno le había intervenido su finca en Santa Cruz del Sur y otras propiedades.

El taxista lo sacó de sus meditaciones cuando se estacionó en la dirección solicitada. Después de pagarle, Pujals caminó varias cuadras como medida de seguridad, regresó de nuevo sobre sus pasos y se dirigió a un edificio de apartamentos en el que penetró hasta el segundo piso. Allí lo aguardaba Octavio Barroso, *César*, el hombre que tenía la información militar más valiosa del momento: el ensamblaje de los aviones soviéticos MiG-15, llegados recientemente a Cuba y el estado de preparación de los pilotos cubanos que debían tripularlos.

«*Ernesto*, ¡tan puntual como siempre! Tú debes tener ancestros alemanes —le dijo su anfitrión, medio en broma y medio en serio—. Solo me faltó estar detrás de la puerta para abrirte en el momento en que fueras a dar el primer toque».

Ambos pasaron a la terraza del apartamento, mientras la madre de *César* les preparaba el café. La actividad de dos agentes reclutados recientemente era el objetivo de la reunión. El cadete Francisco Crespo y el teniente dentista José Muiño informaban de la preparación de los aviones soviéticos en San Antonio de los Baños, donde se ubicaba una de las bases aéreas más importantes del ejército cubano. Todavía los aparatos eran tripulados por «rusos», pero Muiño señalaba que pronto regresaría un grupo de pilotos cubanos que se entrenaba en Checoslovaquia. En dos meses, calculaban, la primera escuadrilla de Mig-15 estaría en plena disposición combativa.

Un toque a la puerta los hizo ocultarse en un recodo de la terraza. Era un inspector de la vivienda en busca de algunos datos; fue atendido por la madre de Barroso. Momentos más tarde, cuando Pujals explicaba a su anfitrión la necesidad de que solo se dedicara a atender a la red de agentes militares y no se expusiera en otros tipos de actividades conspirativas, otro toque en la puerta los hizo esconderse de nuevo. Era el mismo inspector de la vivienda, que regresaba para insistirle a la madre del conspirador en la necesidad de que tuviera todos los documentos de la casa en orden, para que pudiera ser beneficiada con la Ley de Reforma Urbana.

Testimonio de Alberto Santana Martín[2]
La Habana, Cuba. Septiembre de 1993

Esa mañana, el 8 de agosto de 1961, nuestro jefe, *El Flaco*,[3] nos dio una orden de trabajo: ubicar al agente de la CIA Octavio Barroso. La única seña que teníamos de él era la dirección donde vivía su mamá. Como a las 10:00 a.m. llegué al apartamento y me presenté a la señora que me atendió como inspector de la Reforma Urbana, solicitándole los papeles de la casa. Pude percatarme de que en la terraza habían dos hombres que trataban de ocultarse, por lo que después de revisar los documentos me marché, no sin antes explicarle a la señora que el edificio iba a ser confiscado y no debía pagar más alquiler hasta nueva orden.

Salí al pasillo y brinqué por una ventana hacia el alero del edificio. Desde allí pude observar que uno de los hombres era el mismo que tenía en la foto; el otro tenía en la cintura un portamagazines de pistola. Era la gente que estaba buscando. Bajé del edificio y solicité ayuda. Al poco rato una patrulla del G-2 vino en mi auxilio y todos subimos al apartamento. Toqué de nuevo y cuando la señora me atendió le expliqué que tenía que hacerle otras preguntas sobre la vivienda, y me abrió la puerta. De un salto entramos en la terraza, y detuvimos a los dos sujetos, que resultaron ser Octavio Barroso y José Pujals, un espía que acababa de infiltrarse en Cuba. Tenían una Colt 38 que no pudieron utilizar.

Pujals declaró inmediatamente su misión principal. Explicó la reunión con Reynold González y Antonio Veciana y los objetivos de la Operación Liborio; no confesó las fechas y los lugares acordados para los encuentros. Teníamos la información, pero no sabíamos ni cuándo ni dónde. Comenzó entonces para nosotros una verdadera pesadilla. Todas las noches nos reuníamos para pasar revista a cada nueva información. Pronto se encontraron varias pistas, el grupo detenido, y el atentado frustrado. También Barroso y Pujals denunciaron a los espías militares que rápidamente fueron detenidos.

La Habana, Cuba. Septiembre de 1961

El 15 de septiembre de 1961 fue la fecha escogida por Antonio Veciana para impartir las últimas instrucciones al comando encargado de asesinar a Fidel. Los había citado para el apartamento 8A del edificio no. 29 de la Avenida de las Misiones, a un costado del Palacio Presidencial.

Allí se encontraban José Manuel Izquierdo, *Aníbal*; Bernardo Paradela, *Angelito*; Raúl Venta del Mazo, *Chiquitico* y Noel Casas Vega, *El Pelao*. Todos eran hombres de acción; unos procedentes del MRP; otros de Rescate y del Segundo Frente del Escambray.

«Esta es la bazuca —explicó Veciana a sus compañeros—, con ella no podemos fallar».

Raúl Venta del Mazo, quien se había entrenado en República Dominicana en épocas de la lucha contra Batista, se incorporó de su asiento, tomó la bazuca, y se acercó a la ventana. Desde allí se dominaba toda la terraza norte del Palacio Presidencial. Colocado en posición de tiro, recorrió con la mirilla todo el objetivo: no se podía fallar. La distancia era lo suficientemente corta como para hacer impacto al primer disparo.

Después de regresar a su asiento, preguntó:

«¿Y cuándo tenemos que acuartelarnos? No podemos estar aquí indefinidamente hasta que se produzca un acto público».

«*Chiquitico* —respondió Veciana—, nuestra gente va a realizar un amplio plan de sabotajes en toda La Habana que, te aseguro, va a provocar el acto. Ustedes disparan con la bazuca y luego dejan caer, desde la ventana que se proyecta a la avenida, varias granadas que explotarán justo en medio de la concentración popular. La confusión y el caos que se armarán serán terribles y ese será el momento para huir, vestidos con los uniformes de milicianos. ¡No podemos fallar!».

«¿Y cuándo nos acuartelamos?» —preguntó esta vez *Angelito*.

«El 20 de este mes comienza el operativo y todos deben estar en las posiciones asignadas. El 25 el grupo estará completo aquí; *Aníbal* será el último en llegar porque tiene otras tareas. Entonces veremos si el ratón cae en la ratonera».

Informe del Departamento de Seguridad del Estado
La Habana, Cuba. Noviembre de 1961

El 29 de septiembre de 1961 fue el día escogido para desencadenar el plan terrorista. José Manuel Izquierdo, alias *Aníbal*, fue el encargado de la distribución de los materiales que se utilizarían. Para sabotear Fin de Siglo se designó a María de los Ángeles Abach Dib, más conocida como Mary, la cual sería llevada hasta el lugar por Ernesto Amador del Río. En horas de la mañana fueron al domicilio de Mary los complotados Dalia Jorge, José Manuel Izquierdo y un tal *Kike*; distribuyéndose las conocidas «petacas» que contenían material explosivo C-4. Para el sabotaje de Ultra se designó a Alina Hiort, quien no pudo ejecutarlo, por ser detenida antes. Para J. Vallés fue escogida una pareja de Rescate, que no ha podido ser identificada, al igual que la de La Época. El sabotaje en el hotel Capri debía efectuarlo Joaquín Alzugaray, a quien se le entregaron dos petacas, mientras que, para efectuar las acciones terroristas, contaban con bombas, medios incendiarios y «fósforo vivo», entregados a Raúl Fernández Rivero, el que debía distribuirlos en el sector estudiantil.

Ese día, el 29 de septiembre, a las 5:50 p.m. fue detenida Dalia Jorge Díaz en el momento en que colocaba las mencionadas «petacas» dentro de la tienda Sears, donde quedó neutralizada por la vigilancia de la empleada Élida Salazar.

Testimonio de Raúl Alfonso Roldán[4]
La Habana, Cuba. Noviembre de 1994

De acuerdo con nuestras investigaciones, a mediados de 1959, Antonio Veciana Blanch —contador público y empleado del antiguo Banco Financiero Nacional, propiedad del magnate Julio Lobo, de quien era su hombre de confianza— fue reclutado por David A. Phillips, agente de la CIA radicado en La Habana. Ese oficial, que años más tarde llegara a ocupar altos cargos en la CIA, se encontraba en Cuba desde 1958 y encubría sus actividades bajo la cubierta de una agencia de relaciones públicas denominada «David Phillips Associates», ubicada en la calle Humboldt no. 106, oficina 502, Vedado. Se anunciaba como la única agencia especializada en la prensa del interior del país. Residía con su esposa y cuatro hijos, en la casa situada en la avenida 19A, no. 21413, Nuevo Biltmore, Marianao.

Después de su reclutamiento, Veciana recibió de Phillips una intensa preparación en las siguientes materias: contrainteligencia, observación, explosivos, comunicaciones, sabotajes y propaganda.

Los primeros trabajos realizados por el recién graduado agente estuvieron relacionados con «acciones de guerra psicológica».

En los últimos meses de 1960, Veciana se incorpora a la recientemente formada organización contrarrevolucionaria MRP. Phillips lo había orientado penetrar dicho grupo para integrarlo al bloque político que la CIA quería fomentar en Estados Unidos al mando de Manuel Antonio de Varona.

Desde su ingreso, Veciana se convirtió en el coordinador militar de la organización, dándose a conocer desde entonces con el seudónimo de *Víctor*. A partir de esa fecha las actividades terroristas del grupo MRP se incrementaron al realizar numerosos sabotajes, entre ellos: los incendios de La Época, los Ten Cents de las calles Monte y Obispo, la papelera de Puentes Grandes y la destrucción de la tienda El Encanto.

A mediados de 1960, Phillips se había marchado de la Isla, llamado por su jefatura para ocuparse de la operación de propaganda subversiva contra Cuba y dejó en contacto a Veciana con el teniente coronel Sam Kail,[5] agregado militar de la embajada norteamericana en La Habana. Antes de marcharse, Phillips responsabilizó a su pupilo con un delicado proyecto: ejecutar un atentado contra el comandante Fidel Castro. Para esos propósitos facilitó las armas y un apartamento en la Avenida de las Misiones no. 29, apartamento 8A, octavo piso, exactamente a un costado del Palacio Presidencial. Este apartamento estuvo a nombre de la norteamericana Darling Hoost hasta noviembre de 1960, traspasándose en diciembre a la ciudadana cubana Caridad Rodríguez Aróstegui, suegra de Antonio Veciana.

En este apartamento fueron colocadas, cuidadosamente ocultas en una falsa pared de un closet, las armas que utilizarían en el atentado.

Después de fracasado el ataque mercenario de Playa Girón, Phillips envió un emisario, José Pujals Mederos, a activar el proyecto de asesinato; para lo cual planearon una gran operación de sabotajes en toda La Habana y así forzar un acto público en el Palacio, que les diera la oportunidad para cometer el crimen.

Pujals fue detenido, y dió las primeras informaciones sobre la Operación Liborio, que era el nombre clave del plan subversivo.

El 16 de septiembre, el G-2 comenzó un operativo que capturó a un grupo del MRP mientras intentaba hacer circular en el país una falsa ley del gobierno, con la finalidad de subvertir y confundir a la población; ley por medio de la cual se les quitaría la patria potestad a los padres sobre sus hijos.

Como resultado de las medidas de vigilancia que se habían tomado en las principales tiendas por departamentos de la capital, se detuvo a Dalia Jorge Díaz cuando se disponía a colocar una petaca incendiaria en Sears, quien confesó los planes e informó la ubicación de Juan Manuel Izquierdo.

Por esos días se había anunciado el regreso del presidente Osvaldo Dorticós de una gira por los países socialistas y el recibimiento que la población de la capital le efectuaría en la explanada, al norte del antiguo Palacio Presidencial. Esa fue la fecha acordada para el atentado.

Se detuvo a Izquierdo y a otros cómplices. Veciana huyó del país, dejando embarcado al grupo del apartamento de Misiones, el que se retiró del lugar antes de ser ocupado por nosotros. Allí se encontraron la bazuca, varias subametralladoras modelo 25 de fabricación checa, granadas de fragmentación y los uniformes de milicianos.

Días más tarde se capturaron a los dirigentes principales del MRP, incluido su coordinador nacional, Reynold González, y se ocupó un arsenal de armas en la casa de seguridad del grupo clandestino radicada en la calle 202, no. 2117, reparto Siboney. Allí fueron incautados los siguientes materiales: un mortero de 60 milímetros con ocho obuses, una ametralladora calibre 30, cuatro fusiles Garand, tres fusiles M-1, cuatro subametralladoras Thompson, gran cantidad de materiales explosivos y municiones.

Ese fue el final de la Operación Liborio.

7

Fuerza de Tarea W: Un batido de chocolate

La CIA había establecido su cuartel permanente en los nuevos edificios ubicados en Langley, Virginia. Grandes salones, oficinas espaciosas, sistemas sofisticados de seguridad, emisoras radiales para enlazar agentes que actuaban en territorios enemigos, cafeterías, aparcamientos cómodos y cuanta ilusión creada al estilo de las mejores películas de James Bond, prometían a los más exigentes unas condiciones envidiables para dedicarse a tiempo completo a sus actividades. Esto había sido posible gracias a dos hombres, que en esos momentos estaban a punto de ser sacados de la Agencia por un puntapié del presidente: Allen Dulles y Richard Bissell.

Un encantamiento especial
Cuartel general de la CIA, Langley, Virginia. Noviembre de 1961

«Es una lástima —pensó Bissell, mientras se dirigía a sus oficinas, aquella fría mañana— que no pudiera disfrutar del emporio que habían diseñado y estaban a punto de inaugurar».

Con su andar desgarbado de profesor universitario, Bissell se dirigía a sus oficinas y recorría los pasillos lustrosos. Algunos de los funcionarios más conocidos lo saludaban con reverencia. Los nuevos, que algo sabían de su próxima jubilación forzosa, le daban un esquinazo, para no comprometerse. Era el oportunismo burocrático de los que pensaban ascender a la sombra de John F. Kennedy, el joven presidente.

Empujó la puerta que comunicaba con su despacho y en la antesala saludó a William Harvey, quien desde hacía unos minutos lo aguardaba. Con un ademán rápido lo invitó a pasar y después de depositar sobre el buró varios papeles que traía bajo el brazo, se acomodó en su silla giratoria.

«Harvey, tengo nuevas noticias para usted. Todo parece indicar que después de la sustitución de Dulles, yo seré la próxima víctima y deseo dejar arreglados los asuntos principales. Richard Helms será mi sustituto y hemos pensado que usted sea el responsable de una nueva Fuerza de Tarea designada con la clave W, que tendrá como misión reorganizar el asunto cubano, ahora que en Washington se han percatado que lo de Bahía de Cochinos no puede quedar impune».

«No comprendo —respondió Harvey— el porqué de esta purga, precisamente ahora en que se prepara un operativo de dimensiones estatales para liquidar a Castro».

«Nuestro presidente quiere depurar a la CIA de sus enemigos y se aprovecha del fracaso de Bahía de Cochinos. Él fue el único responsable de lo sucedido, pues impidió el segundo bombardeo a los aeropuertos cubanos, que hubiese destruido a la aviación castrista, y luego no aceptó brindar el apoyo a la Brigada 2506 por parte de nuestras fuerzas navales que estaban en el área. La soga siempre se rompe por lo más delgado y nos tocó a Dulles y a mí. Sin embargo, la Agencia está en manos seguras. Podrán cambiar de jefes, pero los que hacen la política y ejecutan las operaciones son ustedes, los oficiales más antiguos, formados en esta larga guerra contra el comunismo».

Bissell se inclinó sobre el buró y tomando unos papeles comenzó a explicar los nuevos planes. Esperaba estar todavía varios meses como segundo de la CIA, en el proceso de entrega a Helms y ese tiempo le bastaba para dejar arreglados todos los asuntos pendientes.

«La Operación Mangosta, es el nombre código de la campaña que se iniciará para derrocar al régimen cubano. De acuerdo con la sugerencia del general Maxwell Taylor, será una guerra estatal, dentro del contexto de la estrategia de contra el comunismo a escala internacional. Usted reorganizará la Fuerza de Tarea cubana en el centro principal y en la base JM/WAVE que dirige las acciones desde la Florida. Pertenecerá, por derecho propio, al Estado Mayor que dirigirá Mangosta y que será comandada por el general Edward Lansdale, un experto del Pentágono en guerra irregular y protegido de Taylor. Tendrá que tener cuidado con él, pues es un fantasioso y ambiciona un cargo dentro del complejo de Inteligencia de nuestro país. Pero le reitero, nuestra prioridad máxima es la eliminación de Fidel Castro».

«Estoy preparado para la misión —respondió Harvey—. He sostenido reuniones con todos los participantes en la operación de Bahía de Cochinos y conozco sus experiencias y errores. Además, me entrevisté con el coronel Edwards y el oficial O'Connell para estudiar las causas del fracaso del proyecto de las pastillas envenenadas de Rosselli y Varona. Tenga la seguridad de que me encargaré de esta prioridad como una operación ZR/Rifle».

Y con un estrechón de manos afectuoso, Bissell dio por concluida la reunión. Harvey había comprendido. Estaba seguro de que aún estando fuera de la Agencia por muchos años, él y Dulles seguirían mandando en esta.

Informe de la Comisión Church
Washington. Noviembre de 1975

El informe del inspector general de la CIA divide la operación del Sindicato del Juego en Fase I, terminada con Bahía de Cochinos, y Fase II, continuada con la transferencia de William Harvey a fines de 1961.[1] La diferencia, claramente deslindada entre la Fase I y la Fase II, puede ser artificial, puesto que hay sobradas evidencias de que la operación fue continuada, quizás permaneciendo un poco detenida durante el período inmediatamente posterior a lo de Bahía de Cochinos.

Las notas de Harvey (mostradas a la Comisión) reflejan que Bissell le pidió tomara de Edwards la operación del Sindicato del Juego y que ellos discutieron la aplicación del programa ZR/Rifle a Cuba, el 16 de noviembre de 1961. Bissell confirmó que la conversación tuvo lugar y aceptó la fecha de noviembre como exacta. También declaró que la «operación no se reactivó. En otras palabras: no se le enviaron instrucciones a Rosselli, ni a otros, de renovar el intento, hasta después que yo dejé la Agencia en febrero de 1962». Harvey estuvo de acuerdo en que su conversación con Bissell se limitó a explorar la factibilidad de usar al Sindicato del Juego contra Castro. Richard Helms sustituyó a Bissell como DDP[2] en febrero de 1962. Como tal, él era el superior de Harvey.

Cuartel general de la CIA
Langley, Virginia. Noviembre de 1961

Harvey tomó uno de los ascensores interiores del edificio central, y después caminó por uno de sus pasillos largos e iluminados hasta detenerse en una puerta cuyo rótulo decía Oficina de Seguridad. Tocó suavemente y esperó varios segundos hasta que un guardián le abrió. Tras una identificación de rutina, se introdujo en el espacioso despacho de su colega, el coronel Edwards. Este, adelantándose a Harvey, le explicó que ya Bissell lo había puesto al tanto de las nuevas misiones y que estaba a su disposición. Con voz adulona, le comentó:

«Lo felicito por la designación al frente de la Fuerza de Tarea W, y en cuanto a la reactivación de la operación "pastillas", todo se encuentra listo para entregarle los contactos de mi oficina».

A Harvey le caía mal aquel individuo. Su porte militar y su afectada eficiencia le revolvían el estómago. Desde hacía más de un año tenía en sus manos el proyecto para envenenar a Castro y había hecho poco. En varias ocasiones intentó sacarlo del operativo, pero sus relaciones estrechas con el coronel King, su jefe formal, se lo impidieron. «Ahora todo será diferente», pensó. Estaba al mando de la unidad más importante de la Agencia, subordinado directamente al DDP, con recursos y medios, dentro del propio país, con los que nadie en toda la historia de la CIA había contado. Era el jefe de un ejército que se aprestaba a iniciar una guerra que de encubierta solo tenía el nombre.

Harvey necesitaba a O'Connell. Él tenía todos los contactos con los hombres del Sindicato del Juego y quería manejar el asunto por medio de este. Pensaba que podían sacar del proyecto a Giancana y quizás a Trafficante. En definitiva, Rosselli conocía a Varona y con su gente podían resolver el asunto. Quería enviar a uno de los hombres de Varona a Cuba para reorganizar el grupo Rescate y convertirlo en una gran red de subversión e Inteligencia que le posibilitara una comunicación fluida para llevar a cabo el proyecto. Además, esa gente tenía reclutados a muchos exmilitares del antiguo gobierno de Prío, que en un momento determinado podían organizar un «levantamiento armado», si eran bien dirigidos. La idea que tenían Helms y él consistía en organizar la eliminación de Castro en combinación con un programa de acciones subversivas internas que diera el pretexto a los «muchachos» del Pentágono para intervenir militarmente.

Edwards estuvo de acuerdo. Ya había sido informado por el coronel King de los planes en marcha. Estiró la mano, y tomó el teléfono interno y llamó a O'Connell, a quien puso rápidamente al corriente de la misión.

Estuvieron todavía un tiempo en la discusión de algunos detalles. O'Connell había conversado con el profesor Gunn, uno de los científicos de la Agencia encargado de la fabricación del producto. Las primeras cápsulas envenenadas que enviaron a Cuba en vísperas de Bahía de Cochinos, eran unos óvulos de nylon, muy difíciles de manipular que, además, no se disolvían rápidamente. Sin embargo, los laboratorios habían encontrado una nueva fórmula. La botulina sintética sería fabricada en forma de comprimidos y sus cualidades habían sido mejoradas. Estos podrían disolverse en cualquier líquido y su manipulación era más segura.

Solo faltaba el detalle de cómo hacerlas llegar por una vía confiable a Cuba. Rechazaron su envío mediante un grupo de infiltración. Esa gente estaba sometida con frecuencia a muchos contratiempos y, en las mejores ocasiones, sus integrantes se mojaban al saltar al agua en las costas y eso podría afectar las pastillas, además de que, por otra parte, los viajes regulares entre La Habana y Miami estaban suspendidos.

«Dejemos al señor Varona, que ya resolvió el asunto la otra vez, que nos formule una propuesta —planteó O'Connell—. Otro asunto que me preocupa es el señor Rosselli. Deseo que tenga en cuenta, señor Harvey, que este hombre no trabaja gratis. Dinero no desea, pero sí protección contra las acciones judiciales del fiscal general Robert Kennedy. Lo han amenazado en varias ocasiones con deportarlo y eso lo molesta mucho».

«No se preocupe —respondió Harvey—. Este es un caso de seguridad nacional con máxima prioridad asignada por el propio presidente, que ya tendrá que recogerle las riendas a su hermanito»

Edwards se puso de pie y dio por terminada la reunión. Harvey y O'Connell se citaron para la semana siguiente en el hotel Plaza de Nueva York, donde se encontrarían con Rosselli y puntualizarían los detalles.

El nuevo jefe de la Fuerza de Tarea W se marchó satisfecho de las oficinas del coronel Edwards. Tenía muchas cosas que realizar para hacerse cargo de toda la «operación cubana»; sin embargo, una de las acciones principales ya estaba en marcha. En los próximos días, se entrevistaría con Rosselli y le establecería de manera muy clara las reglas del juego.

Cuando regresó a su despacho, telefoneó a Theodore Shackley, el jefe de la base JM/WAVE en la Florida, para conocer cómo se comportaban las acciones contra Cuba que estaban en marcha, y de paso, fijar varias entrevistas con los «líderes políticos» exiliados. Esa sería una buena oportunidad para estudiar a Tony Varona de cerca. Quería conocer qué tipo de persona era. Los cubanos, en su opinión, como todos los latinos, eran informales y mentirosos. Decían contar con cientos de hombres, y después resultaba que apenas eran unas decenas.

Más tarde, cuando la noche ya había caído por completo en aquel invierno frío de finales de 1961, tomó su automóvil y se dirigió a su bar favorito: The Parade, para tomarse un par de copas con alguna de las gentiles chicas que amenizaban el lugar.

«En definitiva, todo marchaba sobre rieles y un poco de distracción no haría daño antes de sumergirse en esta nueva guerra» —pensó.

Miami–La Habana. Enero de 1962

Norberto Martínez había sido toda su vida un simpatizante del expresidente Ramón Grau San Martín y un hombre leal a sus sucesores en el Partido: Carlos Prío y Tony Varona. Se exilió junto a ellos cuando se dieron cuenta de que Fidel Castro no les permitiría formar parte de su gobierno y que el Programa del Moncada era una forma de comunismo a lo cubano. En Miami, se enroló en la Brigada 2506, pero sus mentores políticos le aconsejaron que se alistara en uno de los grupos que la CIA entrenaba para operativos comandos. La derrota de Bahía de Cochinos lo traumatizó. Soñaba con un cargo importante en el gobierno que seguramente Prío y Varona encabezarían, y todo se derrumbó en un instante cuando la brigada fue aniquilada en Playa Girón. Sin embargo, continuó dentro de los comandos de la CIA y no se asombró cuando, una tarde de enero de 1962, Robert, su oficial de caso en la CIA, lo llamó para una misión importante. Tenía que infiltrarse en Cuba para reorganizar el grupo Rescate, a cuyos integrantes conocía muy bien.

El punto escogido para la infiltración fue la zona de Santa Lucía, en el norte de la provincia de Pinar del Río. Era un lugar seguro. Allí contaban con Pedro,[3] un carbonero que poseía una pequeña embarcación que lo recogería en alta mar y lo trasladaría a tierra.

Pocos días más tarde se encontraba en la capital cubana. Alberto Cruz Caso, el jefe de Rescate, lo había recibido y lo escondió en casa de María Leopoldina Grau, alias *Polita*. Una vez establecido y con una leyenda segura, para que los «Comités»[4] no sospecharan de él, se reunió con los dirigentes principales del grupo.

Allí se encontraban *Polita* Grau y su hermano Ramón (*Mongo*), dos fundadores de la organización; el excoronel Francisco Álvarez Margolles, un español nacionalizado que había hecho carrera en el ejército en la época de Prío; Rodolfo León Curbelo, el correo de la CIA; Manuel Campanioni Souza, un exdealer[5] del salón de juegos del cabaret Sans Souci, propiedad de Santo Trafficante; el doctor Carlos Guerrero Costales, quien fuera médico de Prío, y varios elementos más, todos de absoluta confianza.

«Tengo instrucciones de Tony y de la CIA de reorganizar el grupo —comenzó Norberto—. El gobierno americano prepara una ofensiva definitiva contra Castro y es necesario crear las condiciones para incendiar el país cuando ese momento llegue. El coronel Margolles deberá recorrer la Isla para organizar el interior del país. La idea consiste en compartimentar cada provincia y proveer a los jefes con medios de comunicaciones independientes. Así, cada cual podrá coordinar sus propios abastecimientos con un mínimo de riesgos. Ustedes, aquí, deberán unificar a los grupos más confiables, preferentemente a los de procedencia auténtica. Tan pronto todo se encuentre resuelto, según estas instrucciones, la CIA comenzará a enviar suministros».

Alberto Cruz y los demás estuvieron de acuerdo. Todos pensaban que después del fracaso de Playa Girón era necesario cambiar de táctica. El G-2 cubano había aprendido mucho y penetraba con bastante éxito a las organizaciones clandestinas.

Después que se puntualizaron las tareas a cada cual, Martínez les pidió a Alberto Cruz y a *Polita* Grau que se quedaran con él para analizar otro asunto.

«¿Todavía contamos con los hombres del hotel Habana Libre?» —preguntó el espía.

«Sí, allí trabajan tres miembros de la organización, que son de nuestra absoluta confianza» —respondió Alberto.

«Bien. La Agencia pretende activar el plan de las pastillas envenenadas para sacar del medio a Fidel. Según tenemos entendido, sigue visitando con frecuencia el hotel Habana Libre, sobre todo cuando llega algún invitado extranjero, y esa podría ser la oportunidad. ¿Quiénes son los hombres?».

«En la cafetería contamos con Santos de la Caridad Pérez y en la sala de banquetes con Bartolomé Pérez y José Saceiro. Uno es *maitre,* y el otro, dependiente. Cualquiera de los tres puede llevar a cabo la misión» —respondió *Polita* Grau.

«Solo quedaría un detalle por concretar —dijo Martínez—, ¿cómo vamos a traer las pastillas desde Miami?».

«Yo creo que puede traerlas Vergara[6] —terció *Polita*—. Es una persona de confianza, diplomático de la embajada española, que trabaja a las órdenes de Caldevilla y puede viajar normalmente a Miami, recogerlas y entregármelas en la propia embajada. Como tú sabes, yo frecuento la sede y no sería sospechosa mi visita».

Y así, se concretó la segunda y más importante misión de Norberto Martínez. Pocos días más tarde, el espía se comunicó con su Centro y una embarcación de la CIA lo recogió por la misma zona, en Pinar del Río, y lo llevó de regreso a la madriguera.

Nueva York. Abril de 1962

El Savoy Plaza de Nueva York era un hotel decorado lujosamente, con vestíbulos amplios, varios bares y restaurantes para satisfacer las demandas exigentes de sus clientes habituales. Varios empleados, atentos y eficientes, se encargaban de atender las reuniones y citas más variadas de hombres de negocios, antiguos compañeros de estudios o parejas amorosas, que escogían el lugar por las condiciones discretas que tenía para los encuentros.

Esa fue la razón fundamental para que William Harvey seleccionara aquel hotel como el lugar ideal para encontrarse con Johnny Rosselli, el conocido mafioso de Chicago; además, participarían de la reunión James O'Connell, el oficial de la CIA, y Robert Maheu, el contacto de la Mafia, lo que preservaba así la intimidad necesaria de la reunión.

Cada uno de ellos se hospedó separadamente y, a la hora acordada, se encontraron en una de las cómodas salas de conferencias, alquilada previamente. Allí disponían de un servi-bar y butacones mullidos que les posibilitarían discutir confortablemente los planes que la CIA tenía en perspectiva.

El primero en llegar fue O'Connell, para comprobar que todo estaba en orden. Minutos más tarde, Rosselli, con su inseparable amigo Maheu y, al final, como la estrella de la noche, Harvey, con su ajado traje oscuro, la pistola debajo del brazo y una expresión cínica en el rostro.

Harvey tomó rápidamente la palabra, ante todo para dejar esclarecido su liderazgo en aquel grupo:

«Mr. Rosselli, los hombres de negocios que represento piensan que ha llegado el momento de reactivar la operación para liquidar a Castro antes de que los planes del gobierno de Estados Unidos para derrocar su régimen se materialicen. Puedo asegurarle que mis representados son personas muy influyentes y que están dispuestas a pagar este trabajo, en cualesquiera de las formas que se acuerde».

Rosselli, con su rostro de actor, sus espejuelos oscuros que no se quitaba ni siquiera de noche, y aquella sonrisa de vendedor de artículos domésticos, se incorporó de su asiento y, después de dar algunos pasos por la espaciosa sala, respondió:

«Como usted sabe, el dinero no nos interesa. Quizás algún favor en el momento oportuno, pero eso se verá cuando sea necesario. Con la palabra de usted, es suficiente. En cuanto al trabajo, veo varios inconvenientes. Por un lado, las pastillas que nos entregaron en la ocasión anterior eran muy peligrosas para manipularlas; además, no se disolvían en cualquier líquido. Eso habrá que mejorarlo si se desea éxito en esta empresa. Otro asunto que requiere atención es la selección de los hombres. Como usted conoce contamos con el grupo del señor Antonio Varona, actualmente uno de los vicepresidentes del frente político que ustedes manejan. Habría que darle algunos privilegios a esta gente y sobre todo asegurarle que sus pretensiones políticas, una vez Castro exterminado, serán satisfechas. Si estos detalles son resueltos, no creo que existan inconvenientes en ejecutar el contrato».

Harvey le dio las garantías que el gánster solicitaba y lo previno en el sentido de sacar de la conspiración a su asociado Sam Giancana y, si era posible, a Santo Trafficante, el capo de la Florida. Rosselli nada aseguró. Sabía que era imposible actuar en el territorio de una «familia» sin su consentimiento; pero, en definitiva, esos eran aspectos que se podrían mantener ocultos. El acuerdo final fue encontrarse en Miami, el 21 de abril de 1962, para reunirse con Varona y puntualizar todos los detalles del operativo.

Informe del Inspector General de la CIA
Cuartel general de la CIA, Langley, Virginia. 1967

Edwards recuerda que Harvey lo contactó en abril y le pidió relacionarlo con Rosselli. Edwards dice haber verificado la aprobación de Helms antes de hacer los arreglos. Harvey declara que él puso al tanto a Helms antes de su primer contacto con Rosselli, explicándole sus propósitos y que también informó a Helms de los resultados de la reunión con Rosselli. Harvey declaró que en lo adelante mantuvo a Helms informado regularmente sobre la situación de la Operación Castro.

Las notas de Harvey muestran que él y O'Connell fueron a Nueva York para reunirse con Rosselli el 8 y el 9 de abril de 1962.

Harvey recuerda haber salido de Washington para Miami el 19 de abril. Piensa que él cogió las píldoras entregadas por el doctor Gunn antes de salir. Gunn no recuerda tal entrega en esa fecha. Tiene una anotación de haber entregado cuatro píldoras a J.C. el 18 de abril de 1962, cree que este era James O'Connell.

Harvey dice que llegó a Miami el 21 de abril de 1962 y se encontró a Rosselli en contacto con Tony Varona, el líder exiliado que había participado en la Fase 1. Harvey explicó la forma en que el material letal debía ser introducido en la comida de Castro, incluyendo un caso de Varona que tenía acceso a alguien en un restaurante frecuentado por Castro.

Cuando les fueron dadas las píldoras a Varona, este solicitó armas y el equipamiento necesario para el apoyo final de la operación. Rosselli le pasó la solicitud a Harvey y este con la ayuda de Ted Shackley, jefe de la estación JM/WAVE, consiguió explosivos, detonadores, 20 fusiles calibre 30, 20 ametralladoras de mano calibre 45, dos radios y un radar de barco. El costo de las armas y el equipamiento era de alrededor de 5 000 dólares.

Harvey y Shackley alquilaron un camión bajo un nombre supuesto, lo cargaron con las armas y lo parquearon en el estacionamiento de una cafetería. Las llaves fueron dadas a Rosselli para entregárselas a Maceo, Varona o al cuñado de este último.

Harvey y Rosselli dispusieron de un sistema de comunicación telefónica por la que Harvey se mantuvo al corriente de los acontecimientos. Este último, usando un teléfono pagado, podía llamar a Rosselli al Friars Club de Los Angeles a las

16:00 horas. El mafioso podía telefonear a Harvey a su casa durante la noche. Así le informó que las píldoras estaban en Cuba y en el restaurante visitado regularmente por Castro.[7]

Testimonio de Mario Morales Mesa
La Habana, Cuba. Septiembre de 1993

El caso fue trabajado por los oficiales operativos Marcos y Ramón, en la época en que fungían como jefes de los mismos los compañeros Demetrio y Eduardo.

Los principales encartados fueron los hermanos Ramón y Leopoldina Grau Alsina, José Luis Pelleyá Jústiz, el antiguo abogado de Prío; el médico Carlos Guerrero Costales; el viejo jugador, amigo de Trafficante, Manuel Campanioni, y varios elementos más.

En aquellos años, la actividad de la CIA y la contrarrevolución interna era muy fuerte y seguíamos el método de penetrar los grupos y redes subversivas, deteniendo solo a los principales dirigentes y a los terroristas, dejando el resto de los complotados en la calle para disuadirlos de sus planes o, en su caso, mantener una penetración que nos posibilitara conocer a tiempo los nuevos proyectos enemigos y a sus agentes infiltrados.

En septiembre de 1962, fueron capturados varios dirigentes de Rescate, entre ellos su coordinador militar: Francisco Álvarez Margolles; un excoronel del ejército batistiano que junto a otros grupos contrarrevolucionarios se complotaron para ejecutar un plan subversivo a escala nacional. Sin embargo, dejamos a *Polita*, su hermano Ramón y Alberto Cruz fuera de la redada. Pensábamos, no sin razón, que con los contactos que ellos tenían con la CIA y Tony Varona, pronto tendríamos noticias de los planes que se estaban proyectando contra Cuba.

Ya para esa época, el grupo utilizaba varios medios de comunicaciones con Miami, entre ellos una planta receptora modelo RR-44 y escritura secreta. También tenían acceso a las valijas diplomáticas de las embajadas de España e Italia; donde trabajaban los diplomáticos, agentes de la CIA, Alejandro Vergara y Jaime Caldevilla, en la primera, y Massimo Muratori, en la segunda.

Durante el año 1962 el grupo Rescate se fue transformando en varias redes subversivas, integradas por pocas personas, con medios de comunicaciones independientes y tareas específicas, aunque los nexos que los unían eran tan fuertes que frecuentemente se reunían en casa de los Grau, para comentar los trabajos que realizaban o solicitarse ayuda mutua para la solución de una tarea concreta.

En agosto del propio año el grupo volvió a unirse, desobedeciendo las órdenes de la CIA relacionadas con la compartimentación que debían mantener, para un «levantamiento contrarrevolucionario» planificado para esa fecha y del cual Álvarez Margolles era uno de sus dirigentes. Después del fracaso, todos volvieron a sus actividades habituales, sin sospechar que seguíamos sus pasos.

A principios de 1963 perdimos el contacto con que contábamos dentro del círculo de personas cercanas a los hermanos Grau Alsina, que era una de nuestras fuentes principales de información de las actividades de los complotados.

En julio de 1964, gracias a un error del centro de la CIA, uno de nuestros agentes estableció contacto con el grupo de espías a través de José Luis Pelleyá Jústiz, quien trabajaba como representante de la compañía Mexicana de Aviación.

Ya conocíamos que Pelleyá Jústiz poseía un moderno equipo de comunicación especialmente fabricado, conocido por AT-3, que lanzaba los mensajes cifrados en solo varios segundos. También de sus contactos con otros colaboradores de la CIA, entre ellos, Henri Beyens, primer secretario de la embajada belga; Alberto Inclán Werner; Julio Bravo Rodríguez.

A través del trabajo investigativo realizado, se fue armando el rompecabezas subversivo y descubrimos varias de las redes que la CIA había organizado en el país.

En enero de 1965 se toma la decisión, por parte de la jefatura, de capturar a todos los complotados y después de una paciente labor de instrucción de la sección de Operaciones, se descubrió el plan para asesinar al comandante Fidel Castro.

El plan había comenzado desde el mes de marzo de 1961 y, a pesar de su fracaso en vísperas de la invasión mercenaria de Playa Girón, fue reactivado al año siguiente.

En abril de 1962, la CIA envió a través del diplomático español Alejandro Vergara otras cápsulas envenenadas, esta vez enmascaradas en un frasco de «Aspirinas Bayer».

Ya para esa fecha todo el grupo se estaba transformando en pequeñas redes de Inteligencia y subversión. Uno de los agentes, Manuel Campanioni, se ofreció para buscar los hombres que debían intentar el asesinato de Fidel.

Fue así como se reclutaron a los empleados del hotel Habana Libre: Santos de la Caridad Pérez, Bartolomé Pérez y José Saceiro. Uno dependiente de la cafetería y los dos restantes trabajadores de uno de los restaurantes. A los tres les fueron entregadas las cápsulas envenenadas.

La cacería contra Fidel comenzó. En junio de 1962 *Polita* Grau propone un plan alternativo, desesperados por la no concurrencia de Fidel al hotel. Se trataba de envenenar al comandante Efigenio Ameijeiras[8] para lograr que el líder revolucionario asistiera a sus funerales y allí ejecutarlo.

Se consultó vía radiograma al cuartel general de la CIA y este aprobó el plan; enviando dos pistolas con silenciador a través del agente de la CIA Massimo Muratori, de la embajada de Italia, para ser empleadas en el proyecto.

Un comando integrado por varios exmilitares y encabezados por los excoroneles Álvarez Margolles y Miguel Matamoros Valle, eligieron el lugar de la emboscada que sería en la calle 4 y avenida 23 en el Vedado; por donde suponían que transitaría el cortejo fúnebre del comandante Ameijeiras.

Todo quedó listo, y los días fueron transcurriendo. Se acercó la fecha del programado «levantamiento contrarrevolucionario» del 30 de agosto de 1962 y todos comprendían la importancia de descabezar la Revolución. Sin embargo, sucedió algo inesperado. Después de comprometerse y aceptar las pastillas letales, la persona reclutada para envenenar a Ameijeiras, quien trabajaba en una cafetería donde este concurría con frecuencia, se arrepiente y se traslada para otra provincia.

Así, transcurrió 1962 y el primer trimestre del siguiente. Una noche, a finales de marzo de 1963, estando Santos de la Caridad de turno en la cafetería del Habana Libre, se percató de la llegada de Fidel Castro, acompañado por varias personas quienes solicitaron batidos de chocolate. A Santos le habían entregado una cápsula de nylon con el veneno, es decir, la elaborada para la Fase 1, la cual depositaba cada vez que llegaba a su turno de trabajo en el serpentín de la nevera y aquella madrugada cuando nervioso comenzó a preparar los batidos, tiró de la misma, rompiéndola y tuvo que contemplar estupefacto como el veneno se disolvía en el hielo que se acumulaba en la puerta de la nevera.

Preparó su batido que fue saboreado por Fidel y desconsoladamente tuvo que observar cómo, sano y salvo, se marchaba de la trampa homicida tendida por la CIA y la contrarrevolución interna.

Lo demás ya es conocido. Se detuvo a todo el grupo en enero de 1965 y sus integrantes confesaron con lujo de detalles sus planes criminales. Recordando aquel caso me viene a la memoria la frase pronunciada por el mafioso Johnny Rosselli, en ocasión de comparecer ante la Comisión Church; refiriéndose al fracaso de estos planes de atentados, manifestó: «Castro parecía estar rodeado de un encantamiento especial».

8

Magnum .375: «El asesino de elefantes»

Richard Helms comenzó muy joven su carrera de espía. Primero, fue en la Oficina de Servicios Estratégicos (OSS), durante la Segunda Guerra Mundial, donde adquirió fama de operativo calificado y profesional. Allí, se formó bajo la tutela de Jim Donovan, fundador de la oficina, y aprovechó su destinación en Londres, para asimilar de los colegas británicos toda su sabiduría y perfidia perfeccionada durante muchos años. Después, con la creación de la Agencia, ocupó responsabilidades diferentes, todas vinculadas con las acciones clandestinas; al principio como asistente de Richard Bissell y, posteriormente quedó al frente de las acciones encubiertas, cuando este fue despedido por Kennedy después del fracaso de Bahía de Cochinos.

Helms era un símbolo, entre los suyos, de leyendas y controversias. Todos sus afectos, recuerdos y experiencias estaban relacionados con la Agencia. Había sido designado en 1973 como embajador en Irán, precisamente cuando estaba a punto de explotar el caso Watergate. Si alguien le hubiese preguntado sobre la cantidad de viajes que tuvo que realizar de Teherán a Washington para responder a las preguntas de la Comisión Church, probablemente no habría tenido respuesta, pues no lo recordaba. Al fin fue sancionado, por negarse a responder a uno de los comités que investigaba la participación de la CIA en el golpe de Estado contra el presidente chileno Salvador Allende, con una multa de 2 000 dólares y dos años de reclusión. La multa fue pagada por sus simpatizantes, quienes en colecta pública recogieron el dinero y la sanción de privación de libertad quedó suspendida.

Vestido con elegancia, casi siempre en tonos grises, peinado cuidadosamente y de modales estudiados, a los cuarenta y tantos años se encontraba en el cenit de su profesión. Todos en la Administración vaticinaban que cuando John McCone se jubilara, él sería el lógico sustituto.

Transcurría el mes de enero de 1963, y esa mañana Helms, en su carácter de jefe de Operaciones Encubiertas, tenía una reunión importante en sus oficinas de Langley. Había citado a los operativos principales relacionados con el caso cubano, para discutir las nuevas proyecciones de la política trazada por la Administración después del conflicto de la denominada Crisis de los Misiles. Además, debía comunicarles a los mandos involucrados la sustitución de William Harvey por Desmond FitzGerald al frente de los destinos de la Fuerza de Tarea W —encargada del caso cubano— que en lo adelante se subordinaría a una recientemente creada División de Asuntos Domésticos, con el nombre de Servicio de Asuntos Especiales (SAS).

En realidad, se creaba con esa decisión sin precedentes, un mecanismo cubano-americano CIA-Mafia-Exilio, que en lo adelante trabajaría en territorio estadounidense, tomaría incluso funciones policiales, no pararía hasta controlar la política en la Florida e incluso a discutirla, y obtendría una cuota del poder legislativo y ejecutivo en el país.

Poco a poco fueron llegando los citados: el coronel King, William Harvey, Desmond FitzGerald, Tracy Barnes, Ted Schakley, Sam Halpern, Howard Hunt, David A. Phillips, James Angleton, el paranoico jefe del contraespionaje interno y varios oficiales más.

Después de que todos estuvieron acomodados en la espaciosa sala de conferencias, Helms tomó la palabra:

«Mangosta ha sido descontinuada. El asesor de seguridad, Mr. McGeorge Bundy, ha convencido al presidente para reformular la política contra Castro. El fiscal general no está totalmente convencido del universo de propósitos que se proyecta; pero por ahora, no quiere contradecir a los asesores del presidente».

Brevemente les explicó que la nueva tarea era diseñar variantes que pudieran ajustarse a una estrategia que contemplara múltiples vías para combatir a Castro. Apretar el embargo económico; llevar a cabo acciones clandestinas y psicológicas para erosionar a los cubanos en sus puntos vitales, y reorganizar la Brigada 2506 para que, en su momento, pudiera realizar acciones militares directas. Mientras tanto, se buscarían formas de separar a Castro de sus aliados soviéticos, aprovechando las contradicciones surgidas con Moscú al calor de la Crisis de los Misiles, para aislarlo de los viejos comunistas cubanos; dividir su régimen y, cuando las condiciones fueran propicias, invadir militarmente o llevar a Cuba a la mesa de negociaciones, bajo las condiciones que ellos impusieran.

También aprovechó la oportunidad para informarles que Harvey sería sustituido por Desmond FitzGerald al frente de la fuerza operativa. Era una decisión imprescindible. A veces los hombres representaban estrategias determinadas y, cuando estas concluían, tenían que cambiar.

Todos miraron a Harvey. Conocían su carácter explosivo y comprendían lo incómodo que se encontraba. Era el «chivo expiatorio», como antes lo habían sido Dulles y Bissell. Sin embargo, el exjefe de la fuerza anticubana nada dijo; solo se limitó a encender un cigarrillo. Seguramente, conocía de la noticia con antelación y ya se había preparado para su defenestración. En realidad, no salía mal parado. Había sido designado jefe de la estación de la CIA en Roma y muchos de los reunidos allí conocían de sus relaciones con el bajo mundo criminal y en particular con Johnny Rosselli y Santo Trafficante. Sería como una especie de embajador múltiple en Italia, pues representaría a la CIA y a la Mafia en su lugar de origen.

Cuando la reunión concluyó, Helms le solicitó a FitzGerald que se quedara unos minutos. Una vez que estuvieron solos, le explicó:

«Usted tiene que tomar las medidas necesarias para que las operaciones en curso continúen su normal desarrollo. La eliminación de Castro continúa siendo una de nuestras máximas prioridades. No será posible alcanzar nuestros objetivos estratégicos de seguridad nacional hacia Cuba con él vivo».

FitzGerald asintió. Sabía muy bien lo que se le estaba ordenando. En su larga carrera como operativo no era la primera vez que enfrentaba asuntos de esa naturaleza. Recogió su carpeta de trabajo y se despidió de su jefe.

Mientras, en la antesala de las oficinas de Helms, James Angleton se las arregló para salir del salón al mismo tiempo que Harvey.

«Pareces aliviado con la salida del juego. Tu nuevo destino es un premio. Es como si te pagaran unas vacaciones en Europa por un par de años».

Todo el esfuerzo que Harvey había realizado para contenerse en la reunión saltó como un muelle estirado al máximo de su potencia. Su rencor acumulado contra el presidente Kennedy, los desacuerdos con los lineamientos trazados, hicieron erupción.

«Después de tantos sacrificios, ¿qué vamos a explicarle a los exiliados cubanos? ¿Qué vamos a hacer con toda esa gente que se encuentra en los campamentos entrenándose? ¿Les diremos que de ahora en lo adelante seremos amigos de los rusos y que Castro es una buena persona? Lo que sucede, Jim, es que el presidente se atemorizó con la Crisis de los Misiles. Me alegra estar fuera de esta operación, entre otras cosas para no tenerle que explicar nada a los cubanos. Esa gente que rodea a Kennedy, los Bundy, los Sorensen, los Schlesinger, los Salinger y compañía, son personas débiles y a los únicos que él les permite dar consejos. Vamos al fracaso y, si quieres, denuncia lo que pienso a McCone».

«Este intrigante me está provocando. De todas maneras le expresé lo que pensaba para que mañana nadie vaya a decir que no fueron advertidos», reflexionó Harvey, mientras se alejaba por el largo corredor con rumbo a su oficina.

Una aventura en el Caribe
Base JM/WAVE, Miami, Florida. Febrero de 1963

La noticia de los nuevos aires que soplaban en Washington con respecto a Cuba cayó como una bomba en la comunidad de espías norteamericanos y cubanos que formaban parte de JM/WAVE. La solución de la Crisis de los Misiles en octubre de 1962 nada les había gustado. Cuando Kennedy descubrió los cohetes en Cuba todos pensaron que la invasión militar era inevitable y cada cual hizo sus preparativos para el regreso. Pero la crisis se solucionó por la vía de las negociaciones y se rumoraba que Castro había obtenido la promesa de Estados Unidos de no agredirlo militarmente. El desaliento cundió en el exilio.

Sin embargo, el canje de los expedicionarios de Bahía de Cochinos y luego el discurso pronunciado por el presidente en el Orange Bowl de Miami, durante el recibimiento de estos, en los últimos días de diciembre de 1962, les había dado esperanzas nuevas.

Los planes comenzaron en 1963, a toda máquina. Robert Kennedy se había reunido con Manuel Artime, el líder político de la brigada, y le garantizó el apoyo norteamericano para la formación de un nuevo ejército de exiliados, que tendría su base en Nicaragua y que, en su momento, atacaría nuevamente la Isla.

El fiscal general también se entrevistó con otro de los protegidos de la CIA, Enrique Harry Ruiz Williams, un cubano-americano excombatiente de Bahía de Cochinos y hombre de confianza de Artime. Él sería el encargado de organizar desde República

Dominicana un fuerte destacamento paramilitar para desarrollar la guerra de guerrillas en la provincia más oriental de Cuba, lo que le posibilitaría utilizar la base naval en Guantánamo como una retaguardia segura.

Por otra parte, en una base secreta de la CIA en Nueva Orleans, se prepararía un nuevo comando para que sustituyera al que fuera capturado en Cuba en medio de la Crisis de los Misiles. Este se denominaría «Comandos Mambises» y estaría responsabilizado con las misiones de aniquilamiento en la profundidad del territorio cubano.

Varias estaciones radiales se estaban activando para incrementar la guerra psicológica. Los «Grupos de Misiones Especiales», una formación de comandos que actuaba desde JM/WAVE, se fortalecería con nuevos agentes y embarcaciones con el objetivo esencial de hostigar el transporte marítimo, abastecer a las redes subversivas dentro de Cuba y destruir objetivos económicos y energéticos fundamentales.

Finalmente, se preveía la utilización de varios grupos terroristas —de nueva creación— con base también en República Dominicana, para atacar las representaciones cubanas en terceros países y las empresas extranjeras que intentaran romper el bloqueo económico.

Sin embargo, la idea de separar a Fidel Castro de los soviéticos y, eventualmente, negociar con él, aunque fuera sobre condiciones leoninas, no agradaba a los «guerreros encubiertos». Ellos que rían arrasar con el proceso revolucionario en Cuba y con todos sus exponentes. Desmond FitzGerald estaba empeñado en neutralizar ese estado de ánimo y convencer a sus subordinados de que los temores eran infundados.

En su primera reunión con los mandos de JM/WAVE, FitzGerald se esforzó por persuadirlos con los mejores argumentos. Confirmó que los proyectos aprobados continuarían su curso, dentro de los cuales, el asesinato de Fidel Castro era prioritario. A esa altura de la explicación, FitzGerald se percató de que los rostros habían comenzado a cambiar el gesto de disgusto que los caracterizaba. Comprendió que ese era un asunto vital para los reunidos allí.

Después de invocar la compartimentación necesaria de los proyectos nuevos que se discutían, explicó un plan ingenioso que se pondría en marcha para eliminar al líder cubano.

Se trataba de utilizar dos variantes: una, convencer a James Donovan, el abogado que negoció con Fidel Castro el canje de los miembros de la Brigada 2506, para que le regalara un traje de buzo, impregnado con sustancias químicas venenosas; el otro proyecto consistía en un caracol integrado con una carga poderosa de explosivos plásticos para colocarlo en una zona donde conocían que el líder cubano practicaba la pesca submarina.

Era un plan propio del ingenio norteamericano y los jefes de JM/WAVE se sintieron complacidos. Solo preguntaron si el presidente había dado su aprobación, a lo que FitzGerald respondió con una sonrisa que todos interpretaron como una confirmación. Aquello tranquilizó a los hombres. Podían aceptar que los cambios en la estrategia de la Administración solo fueran cosméticos, de cara a la opinión pública internacional. Si las cosas eran así, el operativo seguiría su rumbo. Al final, «quien paga manda», y tendrían que aceptar los hechos.

Además, FitzGerald contaba con otra carta para sus planes: disponía de informaciones sobre la existencia de una organización clandestina poderosa en Cuba que se encontraba lista para actuar contra el régimen de Fidel Castro. Ellos habían enviado un mensaje, donde se explicaba que se preparaban para asesinar al dirigente cubano y luego levantar en armas a todos sus elementos a lo largo y ancho de la Isla. Por lo menos eso era lo que afirmaban sus emisarios…

Informe del inspector general de la CIA[1]
Cuartel general de la CIA, Langley, Virginia. Mayo de 1967

Cuando las negociaciones Donovan-Castro para la liberación de los prisioneros de Bahía de Cochinos, se creó un plan para que Donovan llevara a Castro un traje de buceo contaminado como regalo. Desmond FitzGerald nos dijo que se originó después que él se hizo cargo de la Fuerza de Tarea para Cuba en enero de 1963. Samuel Halpern dijo que eso comenzó bajo William Harvey y que él, Halpern, informó a FitzGerald de ello. Harvey declaró que nunca oyó hablar del asunto.

De acuerdo con Sidney Gottlieb,[2] este esquema progresó hasta el punto de comprar el traje de buceo y prepararlo para su entrega. La técnica consistía en rociar un polvo dentro del traje con un hongo —que produciría una incurable y crónica enfermedad de la piel (*madura foot*)— y contaminar la boquilla con el bacilo de la tuberculosis. Gottlieb no recuerda qué pasó con el proyecto o qué fue del traje de buceo.

Sam Halpern, que estaba dentro del esquema, dijo primero que el plan fue desactivado porque obviamente era impracticable. Después recordó que el plan fue abandonado porque fue sobrepasado por los acontecimientos: Donovan ya le había regalado a Castro un traje de buceo por iniciativa propia…

En algún momento de 1963, la fecha es incierta, pero probablemente a principios de ese año, Desmond FitzGerald, entonces jefe del SAS, dio origen a un esquema para deshacerse de Castro a través de una concha explosiva. La idea era escoger una concha inusualmente espectacular que pudiera llamar la atención de Castro, cargada con un explosivo que estallaría cuando la concha fuera levantada del área donde se encontraba sumergida y Castro acostumbraba a bucear.

Los conspiradores
Base naval norteamericana, Guantánamo, Cuba. Enero de 1963

Ricardo Lorié —un agente experimentado de la CIA que había comenzado sus actividades contrarrevolucionarias en 1959, varios meses después del triunfo revolucionario— tuvo suerte, pues desde su iniciación compartió labores con varios personajes que con el devenir del tiempo ascenderían en la nómina de la CIA, especializados en trabajos difíciles. Quizás por esas causas lo habían seleccionado para el trabajo con el grupo de Nueva Orleáns que encabezado por Higinio Díaz, su antiguo jefe, coordinaba el tráfico de armas que se adquiría por la Agencia para los anticastristas.

Recientemente, lo habían enviado a una misión especial en la base naval en Guantánamo. Se trataba de enlazar con un grupo clandestino que actuaba en la capital cubana y era un desprendimiento del MRR, liderado por un desconocido nombrado Luis David Rodríguez González. En la base lo recibieron con toda clase de deferencias, seguramente alertados por David Sánchez Morales y su «gente» de Miami.

El grupo de Rodríguez presentaba credenciales excelentes. Según sus informaciones, en julio de 1962 planeó asesinar a Fidel Castro en la Plaza de la Revolución, mediante el uso de un mortero de 82 milímetros, emplazado a 300 metros del lugar. El acto a celebrarse allí cambió repentinamente para Santiago de Cuba y todos se «quedaron con las ganas».

A finales de aquel año, Rodríguez consolidó una «unidad revolucionaria» y alistó a los grupos más importantes del país, incluidos los que actuaban en la Sierra del Escambray, al que denominó Resistencia Cívica Anticomunista (RCA), y envió una comunicación después a Miami para que conocieran de su existencia y con el deseo expreso de ser tenido en cuenta en los planes de la CIA. Por esa razón, sus jefes decidieron enviarlo a la base y allí se encontraba a la espera de Manuel Cuza Portuondo, el emisario del líder contrarrevolucionario.

Inmediatamente después de que Cuza arribara a la base —tras un viaje azaroso a través de un campo de minas que rodeaba al enclave militar— se produjo el encuentro. Una explicación pormenorizada de varias horas satisfizo la curiosidad de Lorié, particularmente en lo referido a un nuevo proyecto para asesinar a Fidel Castro en un acto público próximo. Después, explicaban, alzarían a los grupos y las bandas con que contaban en diferentes territorios del país, y crearían las condiciones para que «los americanos» desembarcaran sus tropas y «pacificaran la Isla».

El emisario se comprometió con enviar las armas y los explosivos solicitados y entregó una fuerte suma de dólares y dinero cubano al enviado de la «resistencia». Cuando este se marchó, Cuza sonrió maquinalmente. Había cumplido a la perfección las instrucciones recibidas, a la vez, que era poseedor de una información invalorable: la fecha aproximada de la caída de Fidel Castro, lo cual le posibilitaría alertar a los amigos de Trafficante y Carlos Marcello, quienes le pagarían merecidamente. En definitiva, pensó, lo único que Luis David Rodríguez exigía era el cargo de ministro de Gobernación en el gabinete que se formaría a la caída de la Revolución, y sus amigos estarían de acuerdo.

La Habana. Cuba. Enero de 1963

La reunión transcurría en un ambiente relajado. El lugar escogido se prestaba para ello: la trastienda del servicentro La Sierra, ubicado en el populoso barrio de Luyanó, en la capital cubana. Los reunidos allí daban los toques últimos a los planes que debían derrocar a la Revolución en las próximas semanas. Ellos eran Luis David Rodríguez, jefe del MRR; Ricardo Olmedo, jefe de la Hermandad Montecristi; Juan Morales, representante de los alzados del Escambray; Enrique Rodríguez Valdés, jefe militar del MRR;

Jorge Espino Escarles, responsable del Ejército de Liberación Nacional (ELN), y Samuel Carballo Moreno, un agente de la CIA infiltrado recientemente para supervisar y coordinar los planes.

Ricardo Olmedo explicaba las acciones que se proponía para ejecutar a Fidel Castro:

«Todo está listo. El fusil, un Magnum calibre 44, lo tienen escondido en una casa del Cotorro la gente del FUG (Frente Unido de Guanabacoa). La idea consiste en ocupar la azotea de uno de los edificios que están situados frente a la escalinata universitaria. Pensamos que el «Día D»[3] debe ser el próximo 13 de marzo, pues como todos conocen, se conmemora la caída de José Antonio Echeverría y demás atacantes al Palacio Presidencial. Fidel irá como siempre y, seguramente, también hablará en el acto y ese será el momento oportuno para dispararle. Nuestros hombres estarán vestidos de verde olivo y cuando el G-2 venga a percatarse de lo que sucede, todo habrá acabado»

Luis David Rodríguez, quien lo escuchaba atentamente, dijo:

«Entonces, ese será el momento para desencadenar las acciones. Cada cual debe preparar a sus hombres teniendo en cuenta el plan elaborado. Lo fundamental es tomar algunas posiciones estratégicas en La Habana y en capitales de provincias; que la gente del Escambray corte la Carretera Central y que la CIA organice una buena campaña publicitaria sobre lo que está ocurriendo en Cuba. Más no podemos hacer. Es el pretexto que los americanos nos solicitaron para intervenir».

Todos asintieron. No ignoraban los peligros que corrían pero, con el respaldo del gobierno de Estados Unidos, el proyecto debía tener éxito. Cuando los hombres se marcharon, Olmedo se quedó conversando con Carballo. Deseaba concretar algunos detalles para el futuro, de manera tal, que le preguntó:

«Carballo, tú sabes que "me la estoy jugando". Yo traicioné a Fidel y para mí no existe perdón en caso de que seamos descubiertos.

Tú tienes los contactos con la CIA y Luis David y yo los tenemos con los americanos que eran dueños de los casinos de juego. Ellos desean que los hoteles más importantes de la ciudad no sean destruidos. Allí tenían sus intereses, que pretenden recuperar. Ese será uno de mis objetivos militares y quiero que, cuando los americanos lleguen, tú me garantices con ellos que no se inmiscuyan en mis asuntos».

«Descuida, Ricardo. Ya mis jefes están al tanto. Ahora lo fundamental es eliminar al hombre, de lo demás me encargo yo. No importa, incluso, que el levantamiento no sea muy grande; lo fundamental es que en La Habana se produzca un gran tiroteo y mueran unas cuantas personas. El escándalo va a ser mayúsculo. La OEA intervendrá y esto finalmente se acabará».

Testimonio de Roberto Fernández[4]
La Habana, Cuba. Noviembre de 1994

Ese caso fue trabajado por varias unidades operativas. Una de ellas era la que yo dirigía. Nosotros estábamos encargados de investigar la organización contrarrevolucionaria MRR y desde mediados de 1962 teníamos informaciones sobre las gestiones que realizaba Luis David Rodríguez González, conjuntamente con Jorge Espino Escarles, para conformar una nueva «unidad» contrarrevolucionaria. Ellos planificaron un atentado contra el Comandante en Jefe el 26 de julio de ese año en la Plaza de la Revolución, mediante la utilización de un mortero de 82 mm, que manejaría Braulio Roque Arosamena; pero el proyecto se frustró al ser cambiado el acto para Santiago de Cuba.

El día 15 de septiembre de 1962 se firmó el acta constitutiva de la RCA en la que se integraron los grupos MRR, ELN, Triple A, Hermandad Montecristi, Resistencia Agramonte, Unidad Revolucionaria, FUG, Consejo Central Nacional y II Frente Nacional del Escambray.

El 5 de noviembre del mismo año, en medio de la Crisis de Octubre, Luis David viajó al Escambray y se entrevistó con

Tomás San Gil, jefe de los bandidos que allí operaban, logrando su integración al bloque contrarrevolucionario.

A través de Manuel Cuza Portuondo restableció el contacto con la CIA por vía de la base naval norteamericana en Guantánamo, acordando un plan de acción que contemplaba un alzamiento de todos los grupos contrarrevolucionarios en el país, al tiempo que se asesinaba a Fidel Castro.

Para tales fines, el grupo de Ricardo Olmedo, siguiendo el plan acordado con la RCA, planeó un atentado contra el dirigente cubano en ocasión del 13 de marzo de 1963, donde Fidel haría uso de la palabra desde la tribuna colocada en la escalinata universitaria.

Las armas habían sido introducidas en Cuba desde meses antes por medio de varias infiltraciones coordinadas por Samuel Carballo Moreno, un agente de la CIA que estaba en contacto con Luis David y con Olmedo.

Contábamos con varios agentes de penetración y ante la inminencia de las acciones, la jefatura decidió operar el caso el día 9 de marzo. Fueron detenidos los principales complotados. Durante las acciones el contrarrevolucionario Luis David asesinó al compañero Orlando López González y acto seguido fue abatido por las fuerzas revolucionarias.

Se ocuparon tres arsenales de armas. Uno en la calle Amenidad no. 42 de la ciudad de La Habana; otro en una localidad del Cotorro, y el último, en una casa de San Miguel del Padrón, un barrio capitalino. Entre otros pertrechos se encontraron: dos fusiles con mira telescópica, uno de ellos, Magnum calibre 3.75, de los empleados en las cacerías de elefantes; varias subametralladoras M-3 con silenciador, equipos de radio, una bazuca con sus proyectiles y decenas de armas más.

Sin embargo, no todos los contrarrevolucionarios fueron capturados y un grupo de ellos, al mando de Enrique Rodríguez Valdés, puso en marcha el plan alternativo que estaba previsto para asesinar al Comandante en Jefe en el estadio de pelota del Cerro.

El día 7 de abril de 1963 se celebraba el último juego de pelota de la serie nacional y los complotados suponían, con toda lógica, que Fidel asistiría al evento deportivo. Un comando de nueve hombres, cuatro vestidos de militares, colocados en la zona donde el dirigente habitualmente tomaba asiento, serían los encargados de lanzarle las granadas de mano.

La integración del comando homicida estaba compuesta por: Orestes Valero Barzola, Ricardo López Cabrera, Guido Valiente, Esteban Ramos Kessell, Alfredo Farah, Orlando Tacarona, José Cervantes, Honorio Torres Perdomo y Enrique Rodríguez Valdés.

En esos días se decidió la captura del grupo.

Parecía que los principales contrarrevolucionarios habían sido neutralizados, pero pocos días más tarde, durante la segunda quincena de mayo, uno de nuestros agentes nos informó de la existencia de un mortero de 82 milímetros que no había sido ocupado en ninguna de las detenciones anteriores.

Se trataba de una célula del MRR, muy compartimentada, que operaba en la zona del mercado de la calle Monte, dirigida por Luis Montes de Oca, alias *El Campeón*. Este sujeto, en complicidad con Braulio Roque Arosamena, un experto morterista entrenado años atrás en Santo Domingo, planeó activar nuevamente el plan de atentado del año anterior, disparando contra la tribuna del acto por el 26 de Julio, que esta vez sí iba a conmemorarse en la Plaza de la Revolución.

Después de ubicar a todos los integrantes del grupo, estos fueron detenidos, a excepción de Roque Arosamena, quien se escondió por unos meses, hasta el año siguiente que fue capturado, ocupándose el peligroso mortero.

Así terminó la historia de la RCA y de un proyecto de atentado en el que la CIA y la Mafia unieron sus esfuerzos para planificar el asesinato de Fidel Castro en cuatro oportunidades. También esta operación significó el desmantelamiento de uno de los últimos bloques contrarrevolucionarios dirigidos por la CIA en sus planes para derrocar la Revolución Cubana.

Informe del Comité Selecto que investigó el asesinato del presidente John F. Kennedy

Washington. 1978

En 1971, Jack Anderson [periodista vinculado a la Mafia y la CIA], publicó una vez más información que divulgaba la teoría de la venganza en dos artículos con fecha 18 y 19 de enero. Estos artículos exponían más detalles, señalando que varios asesinos habían intentado asesinar al primer ministro cubano antes de ser arrestados, desde una azotea a una distancia suficiente para que Castro fuera un blanco perfecto. Que esto ocurrió a finales de febrero o principios de marzo de 1963, que Robert Kennedy por lo menos toleró los planes CIA-Mafia, y que Rosselli envió píldoras envenenadas para asesinar a Castro a un contacto en el Hotel Fontainebleau de Miami Beach, el 13 de marzo de 1961.

9

Una «operación autónoma» y viejos amigos

Mario Salabarría Aguiar fue uno de los jefes más activos de la Policía Nacional durante la década de los años cuarenta, mientras gobernaba en Cuba Ramón Grau San Martín. Bajo su mando, el Grupo para la Represión de las Actividades Enemigas (GRAE), un engendro policiaco creado al calor de la denominada Guerra Fría, se ganó un lugar merecido en el esfuerzo desplegado por el presidente Grau para aniquilar al movimiento obrero y revolucionario en Cuba. Por aquellos años, la Policía y otros cuerpos represivos se convirtieron en guarida de las Mafias locales, que ya se disputaban el mercado del juego organizado, las drogas, el contrabando y la prostitución.

En realidad, todos los gánsteres tenían un espacio establecido previamente, pero llegó el instante en que comenzaron las disputas por los nuevos mercados y particularmente los cargos públicos necesarios que brindaran la protección requerida. Salabarría, a la sazón comandante de la Policía, estaba decidido a preservar y proteger sus negocios y, enfrentando a otros de su calaña, desató una guerra entre las pandillas principales, que fue conocida en Cuba por su momento culminante: un combate desarrollado en la apacible barriada de Orfila, del municipio de Marianao, en 1947.

Salabarría y su grupo atacaron a uno de sus enemigos más encarnizados, el también comandante de la Policía Morín Dopico, quien se parapetó en su vivienda y ofreció una resistencia tal que fue necesaria la intervención del Ejército Nacional para detener a los contendientes.

Mario Salabarría fue sancionado a 20 años de cárcel y solo cuando la Revolución triunfó, su causa fue revisada por los tribunales competentes y le fue otorgada la libertad condicional en mérito al tiempo transcurrido de su condena y al buen comportamiento en el penal, tal y como prescribía la ley.

Después de salir de prisión, Salabarría intentó reiniciar sus actividades gansteriles; sin embargo, se encontró con una Cuba desconocida. Casi todos sus antiguos amigos habían emigrado a Estados Unidos y el nuevo régimen cubano había depurado de corruptos, gánsteres y malversadores las instituciones públicas, roto las rutas del tráfico de drogas, mientras que había cerrado las puertas de casinos de juego y casas de prostitución. Se encontró solo, y entonces concluyó que el único camino que le quedaba era conspirar contra una revolución que le había otorgado la libertad.

Operación Rafael
La Habana, Cuba. Mayo de 1963

Precisamente, la lucha contra esa Revolución era la razón por la que Mario Salabarría aceptó encontrarse con Alberto Cruz, jefe del grupo Rescate, a quien conocía de su época de congresista, durante el gobierno de Grau.

Alberto Cruz se había enterado de la situación del gánster y conocía en detalles los vastos antecedentes de este como matón a sueldo y la ausencia de escrúpulos que lo caracterizaba. Por eso, cuando se incrementaron las exigencias del centro de la CIA para que buscara una fórmula para el asesinato de Fidel Castro, pensó en Salabarría.

Se reunió con sus más allegados, entre ellos los hermanos Grau, y todos estuvieron de acuerdo en formularle la propuesta al matón y ofrecerle una fuerte suma de dinero para realizar el trabajo. Por tales razones, lo citaron aquella tarde a la antigua casona de los Grau, situada en la 5ta. Avenida y calle 14, en el reparto Miramar.

Después de los saludos habituales entraron en materia. Ambos hombres estaban acostumbrados a tratar los asuntos más delicados de manera directa y sin rodeos innecesarios.

«Mario —explicó Cruz— como sabes estoy contra este gobierno desde sus inicios. Tony Varona es nuestro líder y representante en el exilio. La organización ha trabajado duramente en estos años contra el régimen de Castro, pero cada vez es más difícil aglutinar fuerzas para combatir a los comunistas. El G-2 y los CDR nos hacen la vida imposible. Recientemente un emisario de Varona nos indicó que la CIA iba a tomar la conducción de nuestro grupo y por ello, se ha estado trabajando en un nuevo proyecto para derrocar al gobierno. La idea es sencilla. Liquidarlo a él y luego, con la gente que contamos todavía dentro del gobierno, tratar de controlarlo, y de no ser posible, realizar un alzamiento de todos los grupos clandestinos en el país. Los americanos aseguraron que ellos intervendrán con sus marines, si les propiciamos un motivo aceptable internacionalmente. Aseguraron que no se repetirá la historia de Girón. Por eso pensamos en ti. Con la experiencia que posees, puedes ayudarnos y ayudarte a ti mismo. ¿Qué piensas?».

Mario Salabarría comprendía perfectamente lo que se le solicitaba. Unos días antes, en una conversación sostenida con *Polita* Grau, algo le mencionó. Por otra parte, razonaba, nada tenía que perder. Si el plan tenía éxito, Tony Varona y su jefe, Carlos Prío, no se olvidarían de él, y quizás hasta fuera el próximo jefe de la policía cubana. Por eso no vaciló cuando respondió:

«Alberto, puedes contar conmigo para lo que sea. Pienso que será necesario algún dinero y un fusil con mira telescópica y, si es posible, equipado con silenciador. De lo demás me encargo yo».

Los dos hombres se pusieron de acuerdo. Alberto Cruz entregaría a Salabarría unos miles de pesos y solicitaría al centro de la CIA el fusil con las especificaciones solicitadas.

Base JM/WAVE, Miami, Florida. Mayo de 1963

David Sánchez Morales se encontraba en su nuevo despacho en las edificaciones que ocupaba JM/WAVE en los terrenos aledaños a la Universidad de Miami. Había sido designado jefe de las operaciones especiales en territorio cubano y bajo su responsabilidad se encontraban los proyectos principales. *El Indio Grande*, como todos lo llamaban, aspiraba a destruir al régimen de La Habana por medio de una guerra directa, sin cuartel, aprovechando a los miles de exiliados que tenía bajo sus órdenes y los recursos incontables a su disposición en aquel emporio del terrorismo, el espionaje y la subversión.

Sin embargo, la tarea no resultaba sencilla. Cada vez, con más claridad, se percataba de que la política de la Administración se inclinaba hacia un esquema de presiones y contención, y los utilizaba a ellos solo para lo primero, mediante la aprobación de sabotajes selectivos. Pensaba que los Kennedy, después de la Crisis de los Misiles, reconocían como un hecho cierto la existencia de un Estado comunista en el Caribe. Probablemente, pensaba, si Castro tomara distancia de los rusos, los intelectuales de la Casa Blanca estarían dispuestos a perdonar sus pasados rencores y encontrar un camino para el acercamiento.

Por otra parte, el nuevo jefe del SAS, Desmond FitzGerald, quien tenía muy buenas relaciones con el fiscal general, quería controlarlo todo, y cada vez en mayor medida subordinaba a su aprobación cualquier plan a llevarse a cabo, lo que lo obligaba constantemente a apelar a Tracy Barnes, jefe de la División Doméstica, para neutralizarlo. En realidad, pensaba, la burocracia terminaría por diluir aquella guerra que tantos recursos habían costado, y ponía en peligro la autoridad y el prestigio de Estados Unidos.

Fueron esas, entre otras, las razones por las que Sánchez Morales decidió tomar algunas iniciativas por su cuenta. Secretamente,
se entrevistó con Johnny Rosselli y Santo Trafficante, los jefes de
la Mafia en Chicago y la Florida, respectivamente. Ellos habían
sido «compañeros de viaje» de la Agencia en varias aventuras
contra Cuba y eran elementos con los que se podía contar para
una empresa que venía proyectando y que no debía aparecer en
los anales de la CIA. Además, según rumores que corrían por la
Agencia, el presidente le tenía mucho agradecimiento a Sam Giancana, el gran padrino de la Cosa Nostra, por su contribución a la
campaña que lo llevó a la primera magistratura de la nación.

Una de las acciones que había sellado recientemente, a instan-
cias de los mafiosos, fue la creación de un nuevo «frente político»,
que sacara del juego al desprestigiado e inaceptable —para la
Administración— CRC de José Miró Cardona. Este se había des-
gastado entre el desastre de Bahía de Cochinos y la tragedia de la
Crisis de Octubre, cuando cantó victorias antes de tiempo. Ahora,
habían creado con el dinero de la Mafia la Junta de Gobierno
Cubana en el Exilio (JGCE), presidida por Carlos Prío y contro-
lada por un oscuro ganstercillo nombrado Paulino Sierra. A ellos
se habían unido rápidamente los líderes más combativos del exilio, entre los que se encontraban Orlando Bosch, Tony Veciana y
Manuel Artime.

Se trataba de una clásica operación autónoma; es decir, se les
fijan los objetivos, se les entregan los recursos y ellos ponen las
acciones, y cuando estas se conozcan, la Agencia nada tiene que
ver con ellas.

Sin embargo, la Mafia no quería correr riesgos innecesarios y con-
dicionó su ayuda a la participación directa de uno de sus capitanes,
Johnny Rosselli, quien fue instalado junto con sus asociados en uno
de los campos de entrenamiento de la base en la Florida. Eran perso-

nas discretas y eficientes para cuando llegara el momento de utilizarlas.

En una de aquellas semanas la oportunidad se presentó. Sánchez Morales conoció por medio de uno de sus agentes de infiltración —Norberto Martínez Díaz, recién llegado de la Isla— las posibilidades y los planes del grupo Rescate, dirigido por Alberto Cruz, y de sus planes para asesinar a Fidel Castro, mediante un asesino a sueldo. Rápidamente, comunicó con Rosselli y Prío, quienes se sintieron interesados en el proyecto y decidieron apoyarlo.

Sin embargo, todo debía cubrirse adecuadamente. Nadie podía sospechar que la CIA u otra agencia del gobierno norteamericano se encontraba detrás de aquella conspiración. Por tales razones, se organizó una reunión en Bimini, pequeñas islitas turísticas en las Bahamas, a la cual enviarían a Johnny Rosselli. Allí lo esperarían los dirigentes de la Junta de Gobierno Cubana en el Exilio, y sería un acuerdo entre ellos, aunque varios oficiales de caso fiscalizaran todos los detalles del operativo.

Cuando la reunión estuvo acordada con sus participantes, telefoneó a los esposos Luce, dueños de las revistas *Life* y *Time*, y también al exembajador William Pawley, todos personajes involucrados en la cruzada anticubana, y les informó sobre los detalles del plan. Unos moverían los medios masivos de difusión en una vasta campaña para desacreditar la política de Kennedy contra Cuba, y otros lo harían con sus influencias en el Partido Republicano, para respaldar la nueva organización de exiliados cubanos, como estructura viable para un próximo gobierno en Cuba cuando derrocaran a Fidel Castro.

Islas Bimini, Bahamas. Mayo de 1963

Robert Plumlee, un piloto experimentado de la CIA, aterrizó con su avioneta en el pequeño aeropuerto de aquella islita turística cercana al sur de la Florida. En el interior de la nave se encontraba

Carlos Prío Socarrás, expresidente de Cuba entre 1948 y 1952, quien era el último de los personajes que se había trasladado a ese paraíso vacacional. Antes habían llegado Johnny Rosselli, el jefe mafioso; William Carr, ayudante del coronel J.C. King, y *Bob* Rogers, oficial de caso.

Tales movimientos secretos se correspondían con la necesidad de sostener la reunión importante en un lugar discreto. Se trataba de un conciliábulo de muerte, pues la agenda del encuentro tenía un solo tema: el asesinato del primer ministro cubano Fidel Castro. Cuando todos estuvieron acomodados en una de las terrazas soleadas y desiertas del hotel donde se hospedaban, Carlos Prío tomó la palabra:

«Hemos recibido una importante información de La Habana. Uno de nuestros grupos clandestinos, que opera también bajo las órdenes de nuestros amigos de la CIA, ha encontrado la posibilidad y al hombre para eliminar a Castro. Como resultado de los fracasos anteriores, los amigos de la compañía sugirieron esta reunión para coordinar los detalles de la operación con la exclusiva participación de los interesados».

Así fue explicando las informaciones de que disponía y por qué el grupo de Alberto Cruz no había utilizado los canales normales con la CIA para transmitir este mensaje. Ellos deseaban que solo tuvieran conocimiento los «altos cargos» de la Agencia y aquellas personas que resultaran fundamentales. El G-2 tenía muchos agentes en Miami y ese era uno de los factores que había intervenido decisivamente en los fracasos anteriores, por lo tanto el secreto resultaba imprescindible.

«Creo que debemos puntualizar algunas cosas —manifestó Bill Carr—. Pensamos que es vital que no aparezca la CIA u otra agencia de Estados Unidos mezclada en el asunto. Rosselli, actuando en nuestro nombre, podrá disponer de los medios y los recursos necesarios para la ejecución de la operación».

«Efectivamente —respondió el aludido—. Contamos con los elementos humanos, que pueden entregar a Mr. Cruz lo que precisa».

«Así desconcentramos la operación —intervino el oficial de caso—, unos brindan la opción y otros entregan los medios y sirven de soporte. Es una novedosa manera de evitar la penetración y las fugas de información. Propongo que denominemos esta operación con el nombre clave de Rafael».

Entre cocos con ron y algún que otro whisky, terminó aquella reunión de muerte.

La Habana, Cuba. Principios de julio de 1963

La labor de abastecimiento fue concluida con éxito. El fusil, un modelo M-1 con mira telescópica, fue introducido por valija diplomática española, y el dinero necesario para el pago del magnicidio a través de un agente de la CIA, Arturo Varona Hernández, quien le entregó a Mario Salabarría 10 000 pesos, dos pistolas 9 milímetros con silenciador, dos revólveres Magnum calibre .357 y dos radiotransmisores portátiles.

A partir de ese momento Salabarría, en solitario, comenzó a llevar a efecto el plan que había elaborado cuidadosamente. Desde que pensó en efectuar el proyecto, había decidido utilizar la azotea de la Biblioteca Nacional para realizar el atentado. Más tarde, cuando las ideas se tornaron firmes, visitó el lugar y comprobó que no era difícil subir a la azotea, desde donde se dominaba toda la Plaza de la Revolución, y comprobó que podría emboscarse allí para, durante alguno de los actos públicos que se desarrollaban frecuentemente, dispararle a su víctima. Siempre estaría el inconveniente de tener que neutralizar a la posta de seguridad que se situaba en el lugar, pero era algo superable.

Cuando todo estuvo listo, y de acuerdo con las instrucciones recibidas, solicitó una entrevista con Arturo Varona para informarle los detalles. Acordaron reunirse en el Anfiteatro de La

Habana, situado a la entrada de la bahía capitalina. Unos niños jugaban con una pelota de colores vivos, mientras que sus madres, sin perderlos de vista, pasaban por un sendero de flores hermosas. Allí, los dos conspiradores, tomaban el sol del atardecer, mientras conversaban animadamente:

«Pienso —explicó Salabarría— que la mejor fecha para ejecutar la acción es el próximo 26 de julio, que se celebrará en la Plaza. Ya lo tengo todo estudiado. Estacionaré el auto en las inmediaciones de la Biblioteca el día anterior. Luego, subiré a la azotea, como en varias ocasiones ya lo he realizado, y allí me esconderé hasta el día siguiente. Cuando la posta de seguridad llegue podré neutralizarla con la pistola con silenciador y tendré el tiempo suficiente para apuntar hacia nuestro hombre y liquidarlo. ¿Qué te parece?».

«Bien —respondió Varona—. Solo me preocupa algo: ¿cómo escaparás luego de haber disparado? ¿No necesitas algún apoyo?».

«No. Es mejor hacer las cosas solo —respondió el interpelado—. Cuando el disparo se produzca, la confusión será enorme. Nadie supondrá de dónde salió, pues el arma es bastante silenciosa. Ya la probé y casi no emite sonido. Además, recuerda el barullo que forma la gente desfilando y las arengas de los oradores en la tribuna. ¡Cuando la Seguridad reaccione, ya yo estaré lo suficientemente lejos».

Informe del Departamento de Seguridad del Estado
La Habana, Cuba. Agosto de 1965

En las investigaciones practicadas, hemos podido determinar lo siguiente:

1ro. A partir de mediados de 1963 hasta el año en curso, la CIA, por mediación de sus agentes en Cuba, intentó en cuatro ocasiones atentar contra nuestro primer ministro, comandante Fidel Castro. Los agentes de la CIA, antes referidos, y que participaron en diferentes grados de este complot, fueron las siguientes personas: Mario Salabarría Aguiar, Alberto Cruz Caso, María Leopoldina y Ramón Grau Alsina, Miguel Matamoros Valle, Arturo Varona Hernández, Rafael Quintana Castellanos, Bernardo Milanés López, Roberto Caíñas Milanés, Eduardo Llanes García, Roberto Sabater Cepero, Pedro Fuentes Milián, Mercedes de la Paz, Joel Trujillo, Antonio Fernández Rodríguez, Magalys Reyes Gil, Enrique Díaz Hernández, Juan Soto Rodríguez, Félix Rodolfo Valdés Cabrera, y los cubanos radicados en Estados Unidos: Antonio Varona Loredo, Carlos Prío Socarrás, Joaquín Sanjenís y Julio Salabarría Aguiar. También tomaron parte de este proyecto homicida los oficiales de la CIA, conocidos por Henry y Bill.

2do. Los planes referidos fueron planeados para ser ejecutados en:

a. Plaza de la Revolución, en ocasión de conmemorarse el 26 de Julio de 1963, cuando los complotados planearon dispararle a nuestro primer ministro desde la azotea de la Biblioteca Nacional, acción que fue neutralizada por las medidas de seguridad tomadas en el lugar que no posibilitaron al detenido Mario Salabarría el acceso al edificio escogido.

b. Restaurante Potín, situado en las avenidas Línea y Paseo, Vedado, La Habana. Para esa ocasión los detenidos planeaban dispararle al comandante Fidel Castro cuando el mismo visitara el lugar, como realizaba, de manera esporádica.

c. Una emboscada con tres autos en la avenida Paseo entre Línea y calle 23, para la cual los complotados planearon cerrar el paso del vehículo donde viajaba el primer ministro y descargarle varias ráfagas de ametralladoras.

d. Una emboscada utilizando un camión cerrado de la compañía de teléfonos, que en su interior llevaría una ametralladora calibre 30 mm, la que dispararía contra el auto del dirigente. El lugar escogido para esta acción fue una intercepción de la 5ta. Avenida del reparto Miramar, en tanto los detenidos conocían que la misma era tránsito obligado de su objetivo.

3ro. En la ejecución del proyecto descrito, participaron tres redes subversivas de la CIA:

a. La encabezada por Alberto Cruz Caso.

b. La dirigida por Arturo Varona Hernández.

c. La organizada por el doctor Bernardo Milanés López.

4to. La CIA, que planeó desde sus inicios este proyecto, lo controló periódicamente. Fue así como después de la fuga para Estados Unidos de Varona Hernández, reclutó en Madrid al doctor Milanés López para que fuera soporte de la Operación Rafael, en tanto necesitaban un hombre que por la intimidad con Salabarría Aguiar, pudiera ejercer una dirección eficiente sobre el mismo. A tales efectos, en enero de 1964 el agente de la CIA Joaquín Sanjenís y los oficiales norteamericanos conocidos por Henry y Bill, lo instruyeron y proveyeron de medios de comunicación para mantener el control de la operación, reiterándole la orden de asesinar al comandante Fidel Castro.

5to. Fueron ocupados en los diferentes registros efectuados a los detenidos, las siguientes armas: una carabina M-1, cuatro revólveres Magnum calibre .357, dos pistolas calibre 9 mm con silenciador, dos equipos de radio-transmisión portátiles y cartuchos para las armas.

10
AM/LASH: Rolando Cubela

Enfrascado en el estudio de un expediente voluminoso, Desmond FitzGerald se encontraba en su oficina de Langley, un poco después de las 9:00 p.m. Era algo habitual, desde que asumió el mando del Departamento de Asuntos Cubanos, y ese día estaba preocupado profundamente con la marcha de un operativo importante, con el criptónimo AM/LASH, el cual era, desde hacía un par de años, el más importante de la CIA dentro de Cuba.

El día anterior había recibido un aviso urgente del agente AM/WHIP [Carlos Tepedino],[1] un antiguo joyero de descendencia italiana, quien estuvo radicado en La Habana hasta que la Revolución llegó al poder. La información explicaba que AM/LASH se encontraba de paso en la ciudad de Porto Alegre, Brasil, y le había manifestado telefónicamente sus intenciones de marchar a París y allí desertar.

AM/LASH era una de sus cartas principales contra el gobierno de La Habana. Comandante del Ejército Rebelde, dirigente estudiantil, exviceministro de Gobernación y persona con acceso a las altas jerarquías revolucionarias.

FitzGerald meditó sobre los antecedentes de su hombre y buscó entre los expedientes que tenía sobre su mesa de trabajo, hasta que encontró el que deseaba. Con un rótulo que decía «Solo para sus ojos», el dossier contenía presumiblemente todas las informaciones sobre el caso que lo ocupaba.

En 1953 estableció amistad con AM/WHIP, cuando este era dueño de la joyería La Diadema, ubicada en una céntrica calle comercial de la capital cubana. Desde esas fechas se encontraba en actividades contra el gobierno de Fulgencio Batista, participando en 1956 en el asesinato del coronel Antonio Blanco Rico, jefe del Servicio de Inteligencia Militar.

En los primeros meses de 1957 el FBI lo ubicó en Miami, en el hotel Trade Winds, de José Alemán,[2] amigo íntimo, quien a su vez era informante del Buró. Allí restableció relaciones con AM/WHIP, y fue a través de estas fuentes que se mantuvieron al tanto de las actividades revolucionarias de AM/LASH y su grupo.

A inicios de 1958, AM/LASH regresó a Cuba en una expedición revolucionaria que se instaló en las montañas del Escambray, donde comenzó su accionar guerrillero y, al final de la campaña contra Batista, se vinculó con las tropas de Ernesto Che Guevara.

Pocos meses después del triunfo de Castro, AM/LASH se sumió en una crisis depresiva. Lo perseguía —según sus manifestaciones— el fantasma del asesinado coronel Blanco Rico.[3] José Alemán, que se hallaba en Cuba, le facilitó un psiquiatra para que lo ayudara a salir del trance en que se encontraba.

En abril de 1959 se recibió una información de un agente cercano a AM/LASH, a quien este le manifestó que había conversado con Fidel, explicándole su disgusto con la situación imperante en Cuba. Según el agente, AM/LASH le dijo que «estaba tan disgustado que si no se marchaba pronto del país, él mismo mataría a Castro». En esa fecha viajó a Europa y estableció contacto con AM/WHIP, quien en unión de otro agente, le explicó —con vista a reclutarlo— el proyecto internacional comunista para apoderarse de Cuba.

En junio de ese año tomó posesión del cargo de viceministro de Gobernación, desde donde ayudó a Santo Trafficante —que se encontraba detenido en un campo para extranjeros indeseables— a que asistiera al cumpleaños de su hija y, posteriormente, colaboró en su liberación.

En octubre de 1959 fue elegido presidente de la Federación Estudiantil Universitaria (FEU) y con ese cargo viajó a México a un congreso estudiantil, en los primeros meses de 1961.

Encontrándose en México, se comunicó con AM/WHIP, quien viajó a esa ciudad en compañía de un oficial de caso para concluir el proceso de reclutamiento de AM/LASH.

Después de varias conversaciones entre AM/WHIP, el oficial de caso y AM/LASH, se pensó que este podría apoyar la acción planeada por Juan Orta Córdova,[4] a quien conocía de La Habana y a quien la Agencia le había hecho llegar unas pastillas envenenadas para eliminar a Fidel. Los detalles del plan no se le revelaron, pero le orientaron que se pusiera en contacto con Orta, de quien recibiría instrucciones llegado el momento. La idea era que AM/LASH, con su autoridad dentro del gobierno, pudiera asumir el mando al faltar Castro.

Se previó, en caso de un fracaso, o de la imposibilidad de AM/LASH para imponerse a los comunistas, exfiltrarlos a él y a Orta del país. Inicialmente se planificó esa operación para los últimos días del mes de marzo de 1961, previo a la invasión de la Brigada 2506.

El proyecto de eliminación fracasó, al asilarse Orta en una embajada latinoamericana y la exfiltración no se realizó. A mediados de 1962, AM/LASH viajó a Helsinki como parte de la delegación cubana que asistió al Festival Mundial de la Juventud y los Estudiantes, un evento organizado por los rusos, donde fue contactado y se consolidó su reclutamiento, dando su acuerdo, AM/LASH, en cumplir las tareas de Inteligencia acordadas.[5]

Desmond FitzGerald cerró el expediente, sin terminar su lectura. Hasta entonces, nada había sucedido. Era verdad que la Crisis de los Misiles, en octubre de 1962, había producido un impacto de consecuencias inimaginables en los enemigos de Fidel Castro.

Muchos pensaron que Estados Unidos atacaría a la Isla y que finalmente derrocarían al régimen de La Habana. Sin embargo, nada de eso ocurrió y las últimas medidas del gobierno norteamericano al restringir las actividades de la contrarrevolución en ese país habían desalentado a muchos, que pensaban que ya el caso cubano no tenía solución.

FitzGerald se incorporó de su silla y caminó por toda la estancia. El caso aún parecía prometedor. AM/LASH era todavía un personaje importante del gobierno cubano. Se percataba, de acuerdo con todos los informes estudiados, de que sus antecesores lo habían tratado muy superficialmente. Quizás debía entrevistarse personalmente con él, pensó. Le atraía el proyecto de la eliminación de Fidel Castro y el golpe militar.

Al regresar nuevamente a su mesa de trabajo, tomó la nota donde se reseñaba la información de AM/WHIP y escribió: «Que nuestro hombre lo contacte en París y sondee su estado de ánimo. Es necesario que AM/LASH esté disponible para la próxima operación que preparamos».

Informe del inspector general de la CIA
Cuartel general de la CIA, Langley,
Virginia. 23 de mayo de 1967

5-8 de septiembre de 1963. Cubela asistió a los juegos colegiales de Porto Alegre, Brasil, como representante del gobierno cubano. Allí se entrevistó con CENSURADO y CENSURADO. También participó CENSURADO, un oficial de caso de habla hispana procedente del centro principal, quien posteriormente actuó como oficial del caso de Cubela. [...]

Cubela analizó en el encuentro la situación de un grupo de oficiales que eran conocidos de él, y posibles vías de acercamiento. El problema era —explicaba él—, que aunque muchos de ellos eran anticomunistas, eran leales a Fidel o le tenían tanto miedo que no estaban dispuestos a discutir cualquier conspiración por temor a que pudiera tratarse de una provocación. Cubela expresó que tenía una elevada opinión de AM/TRUNK [Ramón Guin], que estaba ocultando a CENSURADO. CENSURADO había sido enviado a Cuba a reclutar a CENSURADO en el lugar de la entrevista, y lo había logrado. [...]

16 de septiembre de 1963. AM/LASH, en París, escribía a CENSURADO en Nueva York: «No tengo la intención de ver nuevamente a tu amigo, lo que debieras informárselo a ellos. De manera que no hagan el viaje. Deseo distanciarme de la política completamente».

3 de octubre de 1963. CENSURADO llegó a París para reunirse con Cubela. [...]

11 de octubre de 1963. CENSURADO envió un cable informando que Cubela insistía en reunirse con un dirigente norteamericano, preferentemente Robert Kennedy, para obtener seguridades de apoyo moral de Estados Unidos para cualquier actividad que AM/LASH desarrollara en Cuba. [...]

17 de octubre de 1963. CENSURADO cablegrafió los resultados del encuentro con Cubela y con CENSURADO. Cubela, en una conversación privada con CENSURADO, reiteró su deseo de hablar con un dirigente de alto nivel de Estados Unidos, y que CENSURADO dijo que en esencia Cubela quería garantías del gobierno norteamericano en caso de que su empresa triunfara.

29 de octubre de 1963. Se produce encuentro de Desmond FitzGerald, jefe del SAS de la CIA en la casa de CENSURADO en París. FitzGerald utilizó el alias CENSURADO. CENSURADO actuó como intérprete. CENSURADO no estuvo presente en la reunión. CENSURADO escribió un memorando el 13 de noviembre para el registro de la reunión.

Dice en parte así: «FitzGerald informó a Cubela que Estados Unidos estaba en condiciones de ofertar cualquier tipo de ayuda necesaria a cualquier movimiento anticomunista cubano que logre neutralizar a la actual dirigencia cubana y asuma el control suficiente para propiciar que Estados Unidos ofrezca la ayuda que esté dispuesto a dar. Se hizo énfasis en que el apoyo anteriormente señalado será efectivo solo después que se haya realizado un golpe verdadero y el movimiento partici-pante esté en una posición que le permita solicitar el reconoci-miento de Estados Unidos —probablemente bajo los auspicios de la OEA—, así como apoyo. Se aclaró que Estados Unidos no estaba preparado para comprometerse en un levantamiento aislado, pues semejante levantamiento puede ser eliminado en cuestión de horas si el actual gobierno tiene todavía el control de La Habana. En cuanto al período después del golpe, Estados Unidos no desea que el reloj de la política retroceda sino que apoyará las reformas políticas y económicas que beneficiarán a la mayoría del pueblo cubano.

En el plan de contacto de FitzGerald con Cubela se preveía presentarse como representante de Robert Kennedy, quien viajó a París con el propósito específico de contactar a Cubela y ofre-cerle seguridades del apoyo total de Estados Unidos si había un cambio del actual gobierno de Cuba. Según FitzGerald, él discutió con el subdirector de planes, Richard Helms, el con-tacto planificado, quien decidió que no era necesario solicitar la aprobación de Robert Kennedy para que FitzGerald hablara a su nombre.

FitzGerald recordaba posteriormente que Cubela hablaba rei-teradamente de la necesidad de un arma para asesinar. Un fusil de alta potencia de fuego y mirilla telescópica o alguna otra arma para asesinar a Castro a distancia. FitzGerald dice que le informó a CENSURADO que le expresara a Cubela que Estados Unidos sencillamente no hacía esas cosas. Recuerda, además que cuando se encontró con Cubela en París le dijo que Estados Unidos no participaría en un intento de atentado contra Castro».

14 de noviembre de 1963. CENSURADO se encontró con CENSURADO en la ciudad de Nueva York en esa fecha. El informe de CENSURADO revela la reacción de Cubela (como se la dijo CENSURADO al contacto con FitzGerald). El encuentro con FitzGerald, quien actuó en representación de altos niveles del gobierno que atienden los problemas cubanos, satisfizo a Cubela en cuanto al aspecto político, pero no estaba contento del todo por el hecho de que no se le haya entregado ayuda técnica para el plan operativo como él pensaba. CENSURADO dijo que Cubela insistía en este punto. Dijo no comprender por qué se le negaron pequeños accesorios de equipos que prometían una solución final al problema, mientras que el gobierno de Estados Unidos entregaba equipos y dinero a grupos de exiliados para sus inútiles incursiones contra objetivos costeros cubanos. Si un técnico no le entrega los materiales, se cansará nuevamente y perderemos los avances logrados.

19 de noviembre de 1963. Memorando para el expediente preparado por CENSURADO: «Jefe de Sección de Operaciones Especiales aprobó que se le informara a Cubela que se le haría un depósito en Cuba. El depósito podía, si lo solicitaba, incluir rifles de alto poder de fuego, miras telescópicas. FitzGerald solicitó se mantuviera al mínimo los informes sobre la operación AM/LASH».

20 de noviembre 1963. Según recuerdan el doctor Gunn, Samuel Halpern y CENSURADO se le acercaron a él solicitándole ayuda técnica. Que decidieron emplear el Black Leaf 40, un insecticida fácil de obtener que contiene el 40% de sulfito de nicotina, veneno mortal que puede administrarse por vía oral, inyección o absorción por la piel.

Halpern y CENSURADO contactaron otra vez con el doctor Gunn en igual fecha y le pidieron que la pieza para administrar el veneno (un bolígrafo preparado en una jereguilla hipodérmica) tenía que estar preparado en tiempo para que CENSURADO tomara el avión al mediodía siguiente (21.11.63). El doctor Gunn logró adaptar una pluma Paper Mate en una jeriguilla hipodérmica que funcionaba. Afirmó que la aguja era tan fina que la víctima apenas lo sentiría cuando se la introdujera. La comparó con un rasguño de una camisa con demasiado almidón. Entregó la pieza a CENSURADO a la mañana siguiente y conservó dos muestras del último prototipo.

22 de noviembre de 1963. CENSURADO llegó a París en la mañana del 22 de noviembre y se encontró con Cubela en la tarde. CENSURADO afirmó que se la mostró a Cubela y le explicó su uso. No está seguro, pero cree que Cubela no aceptó la pieza. Dijo que como médico él conocía todo sobre el Black Leaf 40 y suponía que nosotros vendríamos con algo más sofisticado que eso.

CENSURADO reiteró las seguridades dadas a Cubela por FitzGerald. Cubela solicitó se le incluyeran en el depósito en Cuba: 20 granadas, dos fusiles con mira telescópica, 20 libras de C-4 y equipo afín. Sugirió colocar el depósito en la finca de su amigo CENSURADO. Cuando la entrevista llegaba a su final, CENSURADO fue informado que el presidente Kennedy había sido asesinado. La noticia afectó visiblemente a Cubela. El informe no especifica ni la hora ni la duración de la entrevista con Cubela, pero es probable que en el momento en que Kennedy era asesinado, un oficial de la CIA se estaba entrevistando con un agente cubano en París y le entregaba un objeto para asesinar a Fidel Castro.

CENSURADO afirmó que recibió un cable de OPIM de FitzGerald esa noche informándole que todo estaba cancelado. No encontramos el cable en el expediente de Cubela. Hay un registro en el expediente que informa que CENSURADO debía estar de regreso en Washington a las 18:10 del 23 de noviembre.

24 de noviembre de 1963. CENSURADO llegó al Centro Principal de la CIA (era domingo). Ese mismo día la estación de la CIA en México responde una solicitud del Centro Principal sobre todos los nombres de los contactos conocidos de cierto personal soviético en Ciudad México. El nombre de Cubela aparecía en la lista.

1ro. de diciembre de 1963. El FBIS (Servicio de Informaciones de Transmisiones Extranjeras), reportó que Cubela regresó a Cuba desde Praga.[6]

Informe de la Comisión Church
Washington. Noviembre de 1975

Cables de la CIA indicaban que un escondite de armas para AM/LASH había sido establecido en Cuba en marzo de 1964 y otro en el mes de junio. Una anotación del expediente AM/LASH correspondiente al 5 de mayo de 1964 indica que el oficial de caso solicitó a la División de Servicios Técnicos que fabricara con toda urgencia un silenciador que encajara en un fusil FAL. Documentos del expediente de AM/LASH establecen que a principios de 1965, la CIA puso en contacto a AM/LASH con *B1* [Manuel Artime], el jefe de un grupo anticastrista. Como el oficial de caso le explicó al inspector general de la CIA:

> Lo que ocurrió fue que SAS (Sección de Asuntos Especiales) había planeado reunir a *B1* con AM/LASH de forma tal que ninguno de ellos supiera que el contacto había sido preparado por la CIA. La idea era que *B1* necesitaba a un hombre dentro y AM/LASH quería un arma con silenciador, que la CIA no estaba dispuesta a suministrar directamente. Uniéndose ambos, *B1* podría meter a su hombre en Cuba y AM/LASH conseguir su arma silenciosa con *B1*.

Un documento de la CIA fechado el 3 de enero de 1965, expone que en una prolongada entrevista con un oficial de caso, *B1* dijo que él y AM/LASH habían llegado a un acuerdo firme sobre los puntos siguientes:

1. *B1* suministrará un silenciador para FAL a AM/LASH. Si esto resulta imposible, *B1* debía ocultar en un lugar desig-

nado un rifle con mirilla y silenciador, más varias bombas escondidas en una maleta, una lámpara u otro escondite que pueda llevar AM/LASH consigo y colocarla próxima a Fidel Castro.

2. *B1* debe facilitar a AM/LASH vías de escape controladas por él y no por los norteamericanos. La falta de confianza provocada por Bahía de Cochinos es enorme.

3. *B1* debe preparar en una de las provincias occidentales, Pinar del Río o La Habana, escondites con armas y un mecanismo clandestino secreto. Esta sería una posición para replegarse y un área segura donde hayan hombres y armas disponibles para el grupo.

4. *B1* debe estar en Cuba una semana antes de la eliminación de Fidel, pero nadie, incluyendo a AM/LASH, sabría su ubicación.

5. *B1* debe coordinar el reconocimiento de por lo menos cinco países latinoamericanos tan pronto como Fidel sea neutralizado y se forme una Junta. Esta Junta será establecida, incluso aunque Raúl Castro y Che Guevara estén vivos todavía y tengan bajo su control parte del país. Esta es la razón por la que AM/LASH solicitó a *B1* pudiera establecer cierto control sobre una de las provincias de manera que la Junta pudiera crearse allí.

6. Un mes antes del día de la neutralización de Fidel, *B1* incrementará hasta el máximo el número de ataques comandos para levantar el espíritu y la moral del pueblo dentro de Cuba. En todos los comunicados, en todos los mensajes radiales, en toda la propaganda elaborada por *B1*, debe relatar que la incursión fue posible gracias a la información recibida de fuentes clandestinas dentro de Cuba y del aparato clandestino dirigido por P. [sic]. Este será el nombre de guerra de AM/LASH.[7]

Informe del Departamento de Seguridad del Estado a la Comisión del Congreso de Estados Unidos sobre el asesinato del presidente Kennedy
La Habana, Cuba. Noviembre de 1978

Rolando Cubela Secades nació en 1932 en Cienfuegos; posteriormente, pasó a residir en Cárdenas, provincia de Matanzas, y allí realizó sus primeros estudios. Al finalizarlos, ingresó en la Universidad de La Habana, donde participó activamente en la lucha contra la dictadura de Batista y llegó a ser jefe militar del Directorio Revolucionario Estudiantil, por cuyas actividades fue detenido en varias ocasiones.

A fines de 1956, después de participar en el ajusticiamiento del jefe de la Inteligencia Militar de la dictadura se exilió en Estados Unidos, y se radicó en Miami, donde se refugió en el motel que regentaba José Alemán Gutiérrez, un amigo de La Habana convertido en agente del FBI, que ocuparía un lugar fundamental en su conducta futura.

A comienzos de 1958, regresó a Cuba en una expedición revolucionaria, para alzarse en armas en la zona del Escambray, provincia de Las Villas, se mantuvo combatiendo hasta el triunfo revolucionario en enero de 1959 y alcanzó por sus méritos los grados de comandante del Ejército Rebelde.

En 1959, fue designado vicesecretario del Ministerio de Gobernación, y más tarde, en octubre, elegido presidente de la FEU, tras derrotar en unas reñidas elecciones a su oponente.

Una conducta disipada y licenciosa caracterizó su vida durante ese año. Frecuentaba asiduamente bares y *nightclubs*, en los cuales compartía con amigos que gradualmente comenzaban a criticar las medidas del Gobierno Revolucionario.

En ese círculo de relaciones, Cubela expresaba su desacuerdo con el curso que tomaba la revolución; incluso, llegaba a manifestarse de manera agresiva contra Fidel Castro, por ser, a su juicio, el causante principal de la evolución socio-política del país.

Cubela era una persona voluble, inestable y ambiciosa, con un falso concepto de la amistad arraigado, que le impedía ver los defectos de quienes lo rodeaban. También, inconsistente en sus ideas políticas, se manifestaba contradictoriamente sobre la Revolución y sus dirigentes, según su estado emocional.

Su conducta y sus características personales eran conocidas pero, al tomarse en cuenta su trayectoria revolucionaria, no se valoraron como un peligro potencial aquellas manifestaciones negativas, de ahí que Cubela pudo actuar con relativa impunidad durante varios años, hasta que en 1965 se obtuvieron informaciones que corroboraban las actividades conspirativas en que se encontraba involucrado, por lo que se inició una investigación que reveló parte del complot, siendo sancionado al año siguiente.

La primera información que originó este proceso se recibió procedente de París: el 9 de abril de 1965 se comunicaba que, según informaciones procedentes de una fuente de confianza, Rolando Cubela Secades se encontraba conspirando contra la Revolución; también se sabía que manejaba grandes sumas de dinero y frecuentaba *nightclubs* y restaurantes de lujo y que en los últimos días había viajado numerosas veces a París, Madrid y Suiza, donde recibió visitas constantes de Jorge Robreño y Carlos Tepedino, dos conocidos agentes de la CIA. La fuente había insistido en que Cubela se encontraba inmerso en una conspiración contra la vida de Fidel Castro.

Con posterioridad, durante aproximadamente un año, se investigaron minuciosamente las actividades de Cubela y de sus allegados. Se estableció que sostenían relaciones conspirativas con un grupo de exiliados cubanos radicados en Estados Unidos, Francia y España y llegó a descubrirse que estas estaban vinculadas con un plan de la CIA para asesinar a Fidel Castro y derrocar al Gobierno Revolucionario en Cuba.

Sin embargo, todo lo conocido en aquel entonces concernía a los rasgos fundamentales del complot reorganizado por la CIA a finales de 1964, cuando esta reunió en Madrid a Cubela con su agente *B1*, quien no era otro que Manuel Artime Buesa, jefe de una brigada mercenaria que se entrenaba en Nicaragua para asestar un golpe militar en Cuba una vez asesinado el dirigente cubano.

Se hacía necesario reconstruir todo el complot, desde sus inicios, para poder desentrañar la trama contrarrevolucionaria. A la luz de las informaciones desclasificadas en Estados Unidos, se fue armando el rompecabezas, y se encontraron numerosas informaciones en nuestros archivos que antes no habían resultado suficientemente claras, o que no se consideraron vinculadas al caso de Cubela.

En agosto de 1960, Cubela se encontró durante un viaje a Suiza con el agente de la CIA Carlos Tepedino, un antiguo amigo de La Habana, quien le invitó a pasar unos días en Roma. En esa ocasión, mientras almorzaban en un restaurante, se presentó otro conocido de Cuba, también agente de la CIA, quien le proporcionó —a instancia de Tepedino—, una amplia explicación sobre la penetración comunista en América Latina y los peligros que en ese sentido se cernían sobre Cuba.

A principios de 1961, Cubela visitó México para participar en un evento de solidaridad. Desde allí volvió a comunicarse con Tepedino y este se presentó acompañado por un oficial norteamericano, quien dijo ser experto en comunismo. El objetivo fue reclutar a Cubela, y se dispone de evidencias sobre su participación probable en un complot organizado por la CIA y la Mafia para asesinar a Fidel Castro en vísperas de la invasión de Bahía de Cochinos.

En marzo de 1961, Rolando Cubela y Juan Orta deseaban desertar y necesitaban ayuda. El centro principal de la CIA estuvo de acuerdo con preparar un operativo de exfiltración para ambos, el cual fue después suspendido porque les llegaron informaciones de que el G-2 conocía los planes.

Juan Orta Córdova era la persona que la Mafia había aportado para que, valiéndose de su acceso a Fidel como jefe de las oficinas en el Premierato, lo envenenara con unas pastillas enviadas por la CIA.

Orta y Cubela se conocían por lo menos desde 1959 y ambos habían sostenido relaciones con Santo Trafficante, delegado de la Mafia en Cuba hasta ese año.

Para la fecha Cubela era un agente reclutado o «en proceso de reclutamiento» de la CIA: ya había realizado manifestaciones sobre su disposición de eliminar a Fidel, las cuales eran del conocimiento de la CIA; ocupaba un cargo importante dentro del Gobierno Revolucionario; era comandante del Ejército..., y nucleaba a un grupo de personas resentidas que estaban dispuestas a seguirlo en cualquier aventura contra el régimen cubano.

Poco después del regreso de Cubela desde México, a partir del 20 de marzo y hasta mediados de mayo del propio año, estuvo visitando e incluso pernoctando ocasionalmente una casa de botes situada en la localidad de Casablanca, en las márgenes de la bahía habanera. Una compilación de informaciones espontáneas brindadas por diversas personas sobre los movimientos de Cubela y otros acompañantes hace sospechar que se realizaban preparativos para una salida ilegal por vía marítima.

Allí se dejó preparada una embarcación, después de repararla, cuyos motores —según manifestaciones de uno de los visitantes— «podían alcanzar la Florida en cuatro horas» y, además, se escondieron varias armas, entre estas fusiles M-1 y Garand. Las personas que frecuentaban el lugar sostenían largas conversaciones con Cubela, quien también recibía llamadas telefónicas de diferentes provincias, particularmente de Las Villas. Cubela se mostraba nervioso, alterado, «como si estuviera esperando algo», según una de las fuentes.

Finalmente, otra información, sin verificar, de ese período, expone que el 28 de marzo el contrarrevolucionario Margarito Espinosa, un sujeto prófugo de la justicia, manifestó que «Cubela era uno de los hombres con que se contaba para derrocar a Fidel».

Por tales razones, aquel interés por exfiltrar a Orta y a Cubela a finales de marzo de 1961 pudo estar vinculado con el proyecto de asesinato fraguado por la CIA y la Mafia para descabezar a la Revolución antes de la invasión mercenaria. Probablemente, sabían que la Seguridad cubana conocía los planes, causa por la que abortaron la exfiltración y Orta se asiló en una embajada latinoamericana.

Quedó entonces esclarecido, que el interés en sacar a Cubela de Cuba no tendría motivo si este no estuviera involucrado en algo muy importante que lo mereciera, en tanto, acababa de regresar de México. Solo un complot que lo pusiera en peligro inminente podía haber merecido un plan de esa naturaleza.

El 8 de septiembre de 1961, Cubela viajó a París donde permaneció por espacio de una semana, ocasión en que se reunió con Carlos Tepedino quien, como siempre, proporcionó a su protegido unas merecidas vacaciones con todos los gastos pagados.

Pocas semanas después de su regreso a Cuba, Cubela visitó junto a un grupo de 20 hombres, una zona montañosa de la región del Escambray, en la provincia de Las Villas. Allí permaneció durante dos o tres días, y al irse dejó en el lugar a su séquito, el cual se mantuvo en la zona por dos semanas —sin contratiempos— a pesar de que ese lugar era frecuentado por bandas alzadas contra la Revolución.

No sería la única ocasión en que Cubela visitaría aquella región, antiguo teatro de acciones de la guerrilla, donde gozaba de cierta confianza y cierto apoyo del campesinado.

A mediados de junio de ese año, Cubela salió de Cuba con destino a Helsinki, para asistir al Festival Mundial de la Juventud y los Estudiantes. Poco antes le envió un mensaje a Tepedino para encontrarse con él en Europa.

El 30 de julio, Cubela se reunió en Helsinki con Tepedino y su oficial de caso, y les anunció que pretendía desertar definitivamente. Allí, el oficial lo persuadió para que regresara a Cuba y dirigiera un complot respaldado por Estados Unidos con el fin de derrocar al gobierno cubano.

Sin embargo, un error semántico del reclutador casi estuvo a punto de hacer fracasar la empresa. Cuando le propuso asesinar a Fidel Castro, Cubela rechazó el término utilizado. No se opuso al acto, sino a la selección de la palabra. Para discutirlo, dijo, eliminar, era el vocablo más aceptable.

En días sucesivos se realizaron otras reuniones, esta vez en Copenhague y Estocolmo, destinadas a encubrir las relaciones de Cubela con la CIA ante el resto de la delegación cubana que permanecía en Helsinki. Durante estas se acordó un proyecto que incluía varios sabotajes contra objetivos estratégicos en Cuba, así como también el asesinato de Carlos Rafael Rodríguez —un veterano dirigente comunista—, del embajador soviético y de «Fidel y Raúl, si fuera necesario».

Entre los días 14 y 23 de agosto de 1962, Cubela se trasladó a París en unión de Tepedino, con el propósito de recibir varios entrenamientos, entre estos dos de suma importancia: técnicas en escrituras secretas y en demolición.

Nuevas conversaciones sobre el asesinato de Fidel se desarrollaron entre Cubela y su oficial de caso a tal punto que este último, en el informe citado del inspector general de la CIA, explicó: «no tengo la intención de dar a Cubela la misión de la eliminación física, pero reconozco que es algo que él pudiera realizar por su propia iniciativa». En París, Cubela permaneció hasta el 29 de agosto de 1962, fecha en que regresó a La Habana.

Pocas semanas después, Cubela incursionó en la zona de Dos Arroyos, en el Escambray, y visitó la ciudad de Placetas, en las estribaciones del macizo montañoso. Allí, se reunió con varios campesinos, antiguos colaboradores de su guerrilla.

En octubre de 1962 causó baja del Ejército Rebelde. Con posterioridad a su detención, declararía sobre esta época: «La inestabilidad vuelve a estar presente en mi actitud y trato de buscar refugio saliendo de viaje para el exterior, como en otras ocasiones había hecho. En esa oportunidad la intención que tenía, si lograba salir, era definitiva, pues pensaba quedarme en Francia».

En 1963, comenzó a trabajar como médico en el hospital Comandante Manuel Fajardo, de la capital habanera, y en agosto, tal y como había planeado, preparaba un viaje a Brasil, que considera definitivo.

Había sido invitado a los juegos universitarios de Porto Alegre, en Brasil, y allí estableció comunicación con Tepedino, a quien le explicó sus deseos de emigrar definitivamente…, y establecerse en Francia. Varios días más tarde recibió la visita de «un oficial de caso de habla hispana», y este trata de persuadirlo para que continúe en el proyecto. No lo consigue, pero acuerdan una nueva entrevista en París, para reflexionar detalladamente sobre el asunto.

Durante la estancia de Cubela en Brasil, en septiembre de 1963, JM/WAVE se encontraba ejecutando un importante operativo en Cuba bajo el nombre cifrado de AM/TRUNK. Se trataba del reclutamiento de varios oficiales que habían pertenecido al Ejército Rebelde y que la CIA suponía que eran captables. Entre ellos, el excomandante Ramón Guín Díaz, uno de los amigos más íntimos de Cubela, y quien después sería participante activo en los planes de la CIA para asesinar al primer ministro cubano.

En el propio mes de septiembre, llegaría a Madrid José Luis González Gallarreta, como agregado diplomático. Algunas semanas más tarde, sería reclutado por James Noel, jefe de la estación de la CIA. Gallarreta era uno de los hombres de confianza de Cubela; provenía de una familia de la burguesía cubana, propietaria de una firma importadora de licores, y quien había estudiado en Estados Unidos y, finalmente, en la Universidad de La Habana, donde se vinculó con el conspirador. El operativo AM/LASH se continuaba estructurando.

Según las declaraciones de Cubela, al llegar a París en septiembre de 1963 se entrevistó con Tepedino, quien lo aguardaba, y reiteró al agente su propósito de quedarse en Francia, pero este lo convenció para que conversara con un «segundo oficial de habla hispana», «porque si, en definitiva, después quería entrar en Estados Unidos, esta gente lo podía ayudar».

Este nuevo «oficial de habla hispana», identificado posteriormente por la Seguridad cubana como David Sánchez Morales,[8] era en aquel momento, segundo jefe de la JM/WAVE, la base operativa más grande e importante de la CIA en el mundo. También fue el oficial de David A. Phillips cuando este se desempeñaba como agente encubierto en La Habana a finales de la década de los años cincuenta.

En esa ocasión, Cubela insistió, según sus declaraciones, en que no estaba dispuesto a perder su tiempo en proyectos de futuro incierto y que para continuar en un operativo de aquella naturaleza necesitaba un respaldo del más alto nivel en Estados Unidos, y sugirió a Robert Kennedy, hermano del presidente norteamericano.

David Sánchez Morales viajó a Washington para consultas y allí Richard Helms, subdirector de la CIA, decidió que Desmond FitzGerald, jefe del SAS (sección encargada del caso cubano), se entrevistaría con Cubela utilizando la cobertura de senador norteamericano, representante de Robert Kennedy, y le ofrecería las garantías solicitadas por aquel. El 29 de octubre, FitzGerald, Sánchez Morales y el primer oficial de habla hispana,[9] que ya se quedaría atendiendo el caso, se reunieron en París con Cubela y allí discutieron sobre el futuro. El conspirador se sintió halagado y satisfecho con las garantías brindadas, y aceptó nuevamente involucrarse en el complot.

El plan constaba de dos partes: la primera, el asesinato de Fidel, y la segunda, un golpe de Estado propiciado por los elementos afines a Cubela, que sería respaldado por una «mini-invasión» de Estados Unidos, mediante la brigada de mercenarios cubanos que se entrenaba en Nicaragua al mando de Manuel Artime.

Cubela insistió en la necesidad de recursos para el proyecto. Deseaba que se le situara en Cuba una mira telescópica y un silenciador para el fusil FAL que poseía, así como también armas y dinero. Finalmente, el acuerdo se cerró y FitzGerald le garantizó que su petición sería satisfecha. Le enviarían lo solicitado por mediación de Ramón Guín, el agente AM/TRUNK, que posee una finca cercana al mar, en la costa norte de la provincia de Matanzas. Así concluyó la reunión.

Sin embargo, a partir de entonces, se inició un período en el que, sin una aparente justificación, el oficial de caso impidió, con una razón u otra, que Cubela regresara a Cuba. Este había reservado sus pasajes para La Habana, vía Praga, el 19 de noviembre, pero una nueva solicitud del oficial le hizo posponer el viaje. El oficial le explicó que necesitaba realizar consultas en Washington para concretar algunos detalles relativos al abastecimiento en Cuba. Finalmente, Cubela fue citado al mismo apartamento de siempre, el día 22 de noviembre, al caer la tarde.

Allí lo aguardaba el oficial de caso quien según las declaraciones de Cubela, intentó entregarle una estilográfica que disparaba proyectiles, otra con una aguja para inyectar veneno y una planta de radio. Cubela, desconcertado, rechazó categóricamente los objetos y explicó que eso no fue lo acordado, en tanto siempre puntualizó que cualquier atentado contra Fidel tenía que realizarse a una distancia prudencial, si quería conservar la vida, y él no estaba loco. Fue precisamente, en esos momentos, en que se recibió la llamada telefónica donde le anunciaban al oficial de caso la muerte de John F. Kennedy, presidente de Estados Unidos.

Cubela quedó traumatizado con la noticia y el oficial le explicó que ese suceso podría hacer cambiar todos los planes, y que no regresara a Cuba hasta que él no consultara en Washington. Ambos se despidieron y Cubela decidió regresar a La Habana pocos días más tarde, sin acatar la orden, vía Praga, el 28 de noviembre de 1963. La abrupta despedida de su oficial de caso lo sumió en la incertidumbre con respecto a la vigencia del proyecto. Sin embargo, pocas semanas más tarde, la CIA, a través de Ramón Guín, restableció el contacto y le ofreció las seguridades necesarias. Dos alijos de armas y pertrechos le fueron enviados por medio de grupos de infiltración que penetraron en Cuba a depositarlos.

El plan que Cubela intentaba poner en marcha es el mismo: organizar una emboscada a Fidel Castro en la residencia veraniega del Consejo de Estado, en el balneario de Varadero. Allí lo esperaría para asesinarlo y después tratar de controlar el nuevo gobierno que se formara, o por lo menos, tener una importante participación en este.

Los meses transcurrieron y el complot fracasó porque Fidel Castro no concurrió a la trampa montada. Cubela se desesperó y buscó otra oportunidad para escapar de Cuba y radicarse en Europa.

La ocasión se presentó cuando, en noviembre de 1964, fue invitado por la Unión Internacional de Estudiantes (UIE) a una reunión de su Comité Ejecutivo, en Praga. De allí viajó a París, el 25 de ese mes, donde se puso en contacto con Carlos Tepedino, a quien confesó su deseo de no regresar a Cuba. Nuevamente se repitió el mismo episodio: se presentó el mismo oficial de habla hispana y junto con Tepedino convencieron a Cubela de que continuara en el proyecto, esta vez con una variante: la CIA se propone desvincularse formalmente del asesinato de Fidel Castro.

El nuevo proyecto planteaba que Cubela se reuniera con Manuel Artime —el dirigente contrarrevolucionario— y coordinaran sus planes: uno asesinaría, y el otro, en medio del supuesto caos creado con la desaparición del dirigente, invadiría la Isla para instalar un gobierno provisional que solicitara ayuda a Estados Unidos y a la OEA y legalizara así una intervención militar destinada a derrocar al gobierno cubano.

Finalmente, el encuentro se desarrolló en Madrid, a finales de diciembre. Por un lado, Cubela y Tepedino, mientras que,

por el otro estaban Artime, Howard Hunt —su oficial de caso—
y James Noel, jefe de la estación de la CIA. Relacionados con
ambos había varios agentes de la CIA, quienes les servían de
ayudantes y confidentes y entre los que se encontraban: Jorge
Robreño, José Luis González Gallarreta, Alberto Blanco, *Cucú*
León y Bichi Bernal, los más relevantes.

Cubela y Artime se reunieron en diferentes oportunidades
en la capital española, donde poco a poco se va concretando el
proyecto. El primero debería preparar una nueva emboscada
en Varadero y el segundo comenzar una campaña naval contra
objetivos en las costas cubanas, para «levantar la moral del pueblo», hasta que el crimen se llevara a efecto; después, tomaría
con sus hombres Punta Hicacos, península donde se encuentra
enclavado el balneario de Varadero. Varios países centroamericanos se habían comprometido con Artime para darle su apoyo
cuando este, en unión de Cubela, formara la Junta de Gobierno
que solicitaría la ayuda y el auxilio. La fecha para desencadenar
los planes fue acordada para los meses de junio y julio de 1965.

Otra vez Cubela solicitó la mira telescópica y el silenciador
para su fusil. Artime movilizó a sus especialistas en JM/WAVE
para que adquirieran la mirilla y fabricaran el silenciador, los
que finalmente entrega.[10] Todo quedó acordado y cada cual se
marchó para implementar su parte en el proyecto.

Cubela regresó a Cuba el 28 de febrero de 1965 con los dispo-
sitivos solicitados para su fusil. Había acordado que Robreño se
quedara en Madrid como enlace con Artime, mientras que Blanco y Gallarreta deberían regresar al país en las semanas subsiguientes para convertirse en sus ayudantes en la ejecución del
atentado. Así, a la espera, transcurrieron varias semanas, llegó
el mes de mayo y nada de lo prometido por Artime sucedió.

Esa era la fecha en que debían comenzar los ataques contra
los objetivos costeros cubanos. Cubela mantuvo las comunicaciones con la CIA por la vía de AM/TRUNK y en varias oportunidades insistió en la necesidad de que Artime cumpliera con

lo prometido; mientras, él y sus ayudantes se posicionarían en la casa seleccionada del balneario de Varadero a la caza de su víctima. Habían elaborado una leyenda, por la cual Cubela estaría bajo licencia médica a causa de un fuerte estrés y necesitaría unas prolongadas vacaciones. Así, su larga estancia en aquel lugar no levantaría sospechas.

En junio, el centro principal de la CIA —ante la inminencia del atentado— circuló un cablegrama por todas sus estaciones europeas, precisamente las que conocieron la operación AM/LASH, donde explicaba que por razones de seguridad, debían suspender todos los contactos con el grupo de Cubela, el cual no era confiable a causa de las numerosas indiscreciones cometidas por ellos.

También silenciaron los mensajes radiales enviados al agente AM/TRUNK, de tal manera que cuando el asesinato se cometiera, Estados Unidos no tuviera ninguna vinculación con el crimen y no existieran documentos comprometedores y, en todo caso, poder explicar a quien se interesara que, efectivamente, Cubela fue un contacto que había sido abandonado por las indiscreciones de sus amigos complotados.

Con aquel cablegrama todo quedaba concluido. Además, Cubela y su grupo nunca conocerían la orden emitida. Era un asunto interno, solo para que figurara en los archivos por si algún día había que utilizar esa información. Se ponía en marcha un mecanismo de «negación plausible».

La emboscada de Cubela volvió a fracasar. Fidel Castro descansa solo cuando puede y no cuando desea. Los meses van transcurriendo y Cubela y su grupo diseñan otra alternativa para realizar el atentado. Se aproximaba una fecha importante: la conmemoración del asalto que en 1957 realizó un grupo revolucionario al Palacio Presidencial para ajusticiar al tirano Batista. Todos los años, Fidel asistía al acto y generalmente realizaba sus conclusiones. Esa sería la ocasión en que se le dispararía. Los complotados contaban con un apartamento en la calle N, no. 455, esquina a San Lázaro, desde el cual se divisaba perfectamente la tribuna que se erigía en la escalinata universitaria. De tal manera, todo quedó acordado: el 13 de marzo de 1966 sería la fecha para asesinar al primer ministro.

Con esa determinación, Cubela envió un mensaje a uno de sus antiguos camaradas, José Braulio Alemán Gutiérrez, radicado en Miami y dueño de varios negocios millonarios, quien debía transmitir a la CIA los cambios programados y activar el respaldo de Estados Unidos para el proyecto.

Sin embargo, Cubela omitió algunos detalles importantes. Nada mencionó del abandono del plan para el golpe de Estado o del alzamiento en las montañas del Escambray. Había preparado una exfiltración mediante el reclutamiento de un pescador en la playa de Jaimanitas, al oeste de la capital, para después de realizar el crimen, escapar rumbo a Estados Unidos.

Los días transcurrieron rápidamente para los complotados, que no sabían que las autoridades les seguían los pasos de cerca.

El día 28 de febrero, exactamente un año después del regreso de su último viaje, Cubela fue detenido en unión de todos sus colaboradores, lo que desmanteló la operación AM/LASH, que durante más de cinco años pretendió asesinar a Fidel Castro y derrocar a la Revolución Cubana.

Con la detención de Cubela y su grupo concluyó uno de los proyectos subversivos más extensos e importantes fraguados por Estados Unidos contra la vida del dirigente cubano y su Revolución.

En este proyecto se manifestaron todos los ingredientes que han caracterizado la agresión norteamericana contra nuestro país por más de 60 años: planes de atentados, terrorismo, invasiones mercenarias, intentos de golpes de Estado, guerra psicológica y alianzas con la Mafia.

11
El cóndor en Chile

En la antesala del despacho de Richard Helms aguardaba intranquilo David A. Phillips. Había sido convocado con carácter de urgencia para aquella reunión con el director y suponía que estaría relacionada con una misión importante. Lejos estaba —pensó— del día en que fue reclutado como agente encubierto en Chile, y también de aquel en que fuera espía, bajo la cubierta de una agencia publicitaria inofensiva en La Habana.

Las responsabilidades en México y luego en República Dominicana, cuando se decidió desalojar del poder a los constitucionalistas del coronel Francisco Caamaño, lo formaron como un profesional de alta calificación dentro de la «Compañía».

Sin embargo, los esfuerzos de la CIA por contener al comunismo en América Latina no habían tenido el éxito esperado. El mapa geopolítico que ofrecía la región en aquel año 1970 no se correspondía con los esfuerzos realizados. A pesar de las rígidas políticas norteamericanas y de que los militares, entrenados en Estados Unidos, controlaban a muchos de los gobiernos locales en Chile donde él inició su carrera, la inestabilidad social ganaba terreno. El senador socialista Salvador Allende se preparaba nuevamente para las elecciones presidenciales y algunos estimados de inteligencia le daban el triunfo por un margen estrecho. La izquierda era muy poderosa y esta vez podía ganar.

La secretaria interrumpió sus pensamientos. El director lo invitaba a pasar y pocos segundos después se encontró frente al atildado y presuntuoso jefe. Hombre de mirada penetrante y fría, vestido correctamente y de modales corteses, constituía uno de los mitos de la CIA. Había comenzado sus actividades como espía en los días lejanos de la Segunda Guerra Mundial, precisamente en Londres, donde actuaba como enlace de la Oficina de Servicios Estratégicos, con el MI6 británico. Allí aprendió de los ingleses toda su sabiduría y capacidad para el engaño y la intriga en esos menesteres y estableció relaciones que años más tarde le serían muy útiles al frente de la «Compañía».

La conversación entre los dos hombres abordó directamente el asunto que los reunía. Helms deseaba que Phillips se hiciera cargo de la Fuerza de Tarea que se estaba formando para impedir el triunfo de Salvador Allende en las elecciones chilenas de ese año. No tendría que abandonar su responsabilidad al frente de la sección cubana, porque en definitiva eran estos, los cubanos y su líder Fidel Castro, los que estaban detrás de los comunistas en todo el hemisferio, especialmente allí, en ese país. Fue Allende el dirigente socialista que varias veces disputó las elecciones al frente de una coalición izquierdista. Fue, también, el amigo insistente de los cubanos; el que recibió a los supervivientes de la guerrilla de Che Guevara en su país, cuando estos cruzaron la frontera con Bolivia. Asimismo fue el inspirador principal de las campañas de solidaridad con Cuba. Incluso, algunos informantes aseguraban que una de sus primeras medidas, en el caso de triunfar en las elecciones, sería restablecer las relaciones con la Isla.

Phillips comprendió lo que se le ordenaba. Sin embargo, consideraba que era muy tarde. Los estrategas de Washington habían perdido mucho tiempo y a esa altura, prácticamente solo un golpe de Estado podía impedir el triunfo de la izquierda. En varias ocasiones lo había vaticinado. Nadie mejor que él, quien pasó su juventud en aquel país, para conocer la dirección en la que se precipitaban los acontecimientos políticos; pero, no podía rechazar la tarea, por lo que le aseguró a Helms que haría todo lo posible para frustrar las pretensiones presidenciales de Allende. En definitiva, él tenía una deuda de gratitud con aquel país.

Horas más tarde, en sus oficinas, Phillips repasaba mentalmente los efectivos con que contaba para la nueva misión. Los cubanos exiliados tendrían que ser la piedra angular del proyecto. En Miami estaba el grupo de la Operación 40, capitaneados por Joaquín Sanjenís. También se encontraban los hombres de Orlando Bosch que habían creado un nuevo «frente» político para luchar contra el «castrismo» en escala continental; en Caracas estaban Luis Posada Carriles, Orlando García, Ricardo Morales Navarrete y varios asociados, que contaban con cargos relevantes dentro de la policía política, y en Bolivia se encontraba radicado su veterano agente Antonio Veciana, desde la guerra contra el Che Guevara y su ejército de internacionalistas, y que en ese momento estaba a cargo del proyecto de guerra psicológica, diseñado por ellos, contra el movimiento revolucionario americano.

Además, contaba con relaciones excelentes dentro de la prensa derechista chilena, algo esencial para cualquier proyecto subversivo, que tendría que basarse, necesariamente, en una campaña sólida de guerra psicológica para desacreditar a la Unidad Popular —organización política que postulaba a Salvador Allende—, presionar a las Fuerzas Armadas e impedir el triunfo de la izquierda marxista.

Al meditar sobre las responsabilidades otorgadas en aquella tarea, no pudo evitar que un escalofrío le recorriera el cuerpo al pensar que de los resultados de aquella misión dependería la presencia de una segunda Cuba en el hemisferio. Seguramente, Fidel Castro no dejaría pasar aquella oportunidad, e incluso Chile podría convertirse en el primer país americano en ser visitado por él. Phillips se incorporó de su butaca y contempló la negrura de la noche a través de la ventana. Si aquella predicción se realizaba por algún azar de la vida, Chile se convertiría en la tumba del líder cubano. En varias ocasiones anteriores, había preparado planes de atentados al dirigente, pero por una causa u otra, habían fracasado. En Chile sería distinto. Quizás no lograra impedir el triunfo de Allende, pero de lo que sí estaba seguro era de que, si aquello sucedía, se convertiría en la esperada oportunidad para acabar definitivamente con Fidel Castro.

Anotó mentalmente la conclusión alcanzada y después se puso a telefonar a sus agentes en diferentes capitales latinoamericanas. Los citaba para un próximo encuentro donde debía darles orientaciones. Al grupo de la Operación 40 lo enviaría a Argentina y, desde la zona fronteriza con Chile, dirigiría a los comandos de acción encargados de desatar la guerra contra los izquierdistas en las calles y poblaciones. Los grupos de Caracas brindarían las condiciones para entrenar a los activistas políticos y terroristas que se encargarían de la ofensiva contra el Partido Comunista, y los hombres de Veciana se ocuparían de la propaganda antiallendista hacia Chile y el resto de los países fronterizos, y explicarían los peligros y las amenazas para la paz y estabilidad regionales que implicaría la toma del poder por la izquierda.

Una sensación de fuerza lo invadió. Estaba a punto de entrar en combate y esta vez contaba con un presidente, Richard Nixon, que no se amilanaba frente a los rusos y al comunismo internacional.

El vuelo del cóndor
Miami, Florida. Primavera de 1971

Los hombres de Phillips se encontraban nuevamente, esta vez en una casa segura de la ciudad de Miami. Desde que fueron convocados para el operativo chileno, habían trabajado arduamente, pero no pudieron impedir el triunfo electoral de Salvador Allende. A pesar de todos los esfuerzos, incluso el asesinato del jefe del Ejército, general René Schneider,[1] para provocar la intervención de las Fuerzas Armadas, Allende había triunfado.

Era la primera vez, desde 1959, que un movimiento político de izquierda, declaradamente socialista, ganaba aunque fuera por un margen escaso, unas elecciones generales y esto sentaba un precedente que era necesario aniquilar, aunque el gobierno de Estados Unidos arriesgara toda su autoridad y todo su prestigio. Habría que buscar las formas para desestabilizar al nuevo gobierno chileno, mover todos los recursos disponibles, organizar campañas en escala continental y denunciar los peligros comunistas a todos los vientos.

Como de costumbre, David A. Phillips presidió la reunión. Cada cual, sentado a su gusto se acomodaba alrededor de la mesa. A su izquierda se encontraban Antonio Veciana, Joaquín Sanjenís y Frank Sturgis; a su derecha estaban Luis Posada Carriles, Ricardo Morales y Orlando Bosch.

Después de una descripción breve del escenario político chileno, puntualizó la decisión del presidente Nixon de derrocar al gobierno constituido, y además, aprovechar un viaje eventual del dirigente cubano Fidel Castro al país para eliminarlo; tenía informaciones confiables que lo anunciaban así.

Todos lo habían supuesto, desde el mismo día en que Allende asumió la presidencia. Sus declaraciones solidarias, su visita a La Habana y sobre todo, la presencia reciente de un personal de la Seguridad cubana en la sede diplomática, asociada en otras ocasio nes con la protección personal de Fidel Castro, lo acreditaban así. Era la oportunidad que esperaban, y cada cual se puso a proponer alternativas para el asesinato.

Phillips tuvo que intervenir para poner orden. Ellos, en la CIA, tenían un plan. Se trataba de aprovechar dos de los momentos que pudieran ser los más inseguros del viaje. El primero, cuando Fidel Castro saliera al balcón del Palacio de La Moneda y se expusiera ante la muchedumbre, que seguramente lo aclamaría. Esa sería la oportunidad para dispararle desde una de las habitaciones del hotel Carrera-Hilton, cuyos balcones se proyectaban en esa dirección; algo parecido a lo planeado —años atrás— en la terraza norte del Palacio Presidencial, en La Habana.

Si allí la ocasión no se presentaba o había otros imponderables, entonces seguramente Fidel Castro daría una conferencia de prensa al terminar su gira y allí le dispararían. Habían pensado enmascarar un revólver en una cámara de video. Dos periodistas, acreditados debidamente, podían introducirlas en la sala, con la complicidad de los carabineros que estuviesen de guardia en el local, y matarlo. Después, la misma policía chilena, implicada en el operativo, detendría a los asesinos, los sacaría del lugar e impediría a los agentes de Castro que los ajusticiaran.

La idea les pareció buena a todos. Sin embargo, Veciana quiso precisar algunos detalles. Creía improbable que alguien pudiera escapar en la segunda variante de una acción de esa naturaleza y, además, lo consideraba innecesario.

—¿No sería mejor acordar con la misma policía la muerte de los asesinos para así no dejar rastros posteriores? —preguntó.

Phillips lo miró satisfecho. Antonio Veciana era uno de sus buenos agentes. Lo había reclutado en los primeros años del triunfo revolucionario en Cuba y desde entonces se convirtió en uno de sus mejores instrumentos de trabajo. Inteligente, apasionado y calculador, siempre lo tuvo a mano cada vez que hizo falta un operativo en la primera línea de fuego.

No podía ocultarles a aquellos hombres los detalles más interesantes del plan que había concebido. El proyecto tenía otra parte, probablemente la más diabólica: consistía en la fabricación, por parte del grupo de Posada Carriles, de un expediente dentro de la policía venezolana, donde se evidenciaran las relaciones de los dos hombres escogidos para el atentado, como informantes de la Inteligencia soviética. Cuando muriesen los asesinos, la investigación conduciría directamente a los archivos de la policía venezolana, y pondría al descubierto que los asesinos de Fidel Castro eran agentes soviéticos.

Caracas, Venezuela. Septiembre de 1971

Luis Posada Carriles, después del fracaso de Bahía de Cochinos, se alistó en las Fuerzas Armadas norteamericanas para participar en la nueva invasión a Cuba que se preparaba para mediados de 1962. Lo enviaron a un campo de entrenamiento y allí fue seleccionado para pasar un curso de Inteligencia en Fort Jackson. Debía, junto a otros cubanos, convertirse en la nueva policía secreta que limpiara de comunistas la Isla, en la misma medida en que las tropas norteamericanas fueran conquistando poblaciones. No obstante, aquel proyecto fracasó cuando Kennedy negoció con los soviéticos la Crisis de los Misiles a finales de ese mismo año y entonces, se quedó sin trabajo. Los muchachos de la Operación 40, que era como se denominaba el grupo creado, no lo abandonaron, y así se estableció en Venezuela.

Las aptitudes adquiridas pronto lo inclinaron hacia las actividades investigativas y un buen día comenzó a trabajar en la Dirección General de Servicios de Inteligencia y Prevención (DISIP). Por supuesto, nada había sido casual. Sus amigos de la estación de la CIA fueron los que le dieron los avales y así comenzó su carrera ascendente hasta convertirse, en 1971, en uno de los jefes de ese cuerpo represivo.

Su campo de acción estaba relacionado con el movimiento comunista y con las actividades de las Inteligencias soviética y cubana. Particularmente, llevaba el caso de un corresponsal de prensa soviético acreditado en Caracas que, a todas luces, era un representante del KGB.[2]

Sus relaciones con la colonia cubana emigrada eran sólidas y de cuando en cuando les hacía pequeños favores a sus antiguos compañeros de armas. En varias ocasiones, había ocultado la presencia en Venezuela de personas reclamadas por la justicia norteamericana, por haberle «pasado la cuenta» a alguno de los que expresaban públicamente sus deseos sobre el mejoramiento de las relaciones entre Cuba y la comunidad cubana en Estados Unidos. No se podía permitir —así pensaba— que el exilio, sobre todo en Miami, se ablandara y se dejara penetrar por la influencia castrista.

Entre sus amigos más íntimos se encontraba el cubano-americano Lucilo Peña, un hombre de negocios importante, que había sido recluta del campamento de terroristas en República Dominicana, cuando en 1964, la CIA decidió formar un equipo de hombres que llevaran a cabo los trabajos sucios de la Agencia en su guerra contra Cuba.

Al final, todos los terroristas habían devenido hombres de negocios, pues de una manera u otra terminaron dirigiendo empresas de cobertura que la CIA tenía organizada para la realización de sus actividades latinoamericanas. Todos se habían enriquecido. Ese había sido uno de los resultados de la «guerra santa» que por más de diez años habían librado. Algunos de los negocios eran cuestionables; pero en definitiva, facilitaban los recursos para continuar la lucha contra el comunismo.

El tráfico de drogas era uno de los ejes de aquellas empresas florecientes. Desde 1968 Antonio Veciana se había convertido en un asesor importante de la banca boliviana. Esto le posibilitaba la fachada para acceder a los productores de la hoja de coca. Posada Carriles, por su parte, controlaba todo el tráfico aéreo de una compañía fantasma de la CIA que actuaba en Sudamérica. Fue fácil utilizar aquel canal para la introducción de la droga en Estados Unidos y todos se beneficiaron de la noche a la mañana, incluidos los grandes jefes de la Agencia. Precisamente, aquel tráfico les había permitido obtener el dinero para las campañas anticubanas en el continente y también para asesorar a varios cuerpos policiales, ansiosos por desmantelar organizaciones revolucionarias en sus países respectivos.

Por tales razones, cuando Phillips propuso la misión de asesinar a Fidel Castro en Chile, Posada Carriles y Veciana se prestaron gustosos. Con la caída del dirigente, la Revolución no podría sostenerse, y les daría a ellos la posibilidad de convertir la Isla en un portaviones para el tráfico de drogas hacia Estados Unidos. Los negocios y los intereses políticos podrían marchar unidos.

Al grupo de Posada Carriles le correspondería fabricar a los supuestos agentes soviéticos que asesinarían a Fidel Castro en Chile. Informes de agentes, fotos trucadas y unas supuestas instrucciones recibidas de los soviéticos serían «plantadas» en las habitaciones de los *patsy*³ a su paso por Caracas, lo que posibilitaría a la DISIP, en sus investigaciones posteriores, demostrar que aquellos cubanos eran o habían sido «agentes de Moscú». La idea era diabólica y, efectivamente, se parecía al plan de asesinato del presidente Kennedy, cuando después del crimen se montó un operativo propagandístico enorme para tratar de demostrar que Lee Harvey Oswald era un agente cubano y soviético.

También les correspondía a ellos buscar la acreditación de los dos asesinos como periodistas de la cadena Venevisión, asunto que resultaba fácil. Lo complicado era el acoplamiento del revólver a la cámara de video que portarían los ejecutores, con que efectuarían los disparos mortales, sin embargo, a través de los contactos de Lucilo Peña también se resolvió. Todo estaba listo, cuando Phillips, Veciana, Frank Sturgis, Gerry P. Hemming, Félix Rodríguez, Orlando Bosch y Joaquín Sanjenís llegaron a Caracas para tomar las últimas decisiones. Se habían enterado por fuente segura —un general de carabineros chileno— que Fidel Castro visitaría Chile en los primeros días de noviembre de aquel año.

La Paz, Bolivia. Últimos días de octubre de 1971

El aeropuerto de la ciudad estaba sumido en una agitación poco acostumbrada. Ese día regresaba al país, después de una gira exitosa, el conjunto folklórico nacional y muchos admiradores se habían reunido para darle la bienvenida. En uno de sus salones, un hombre alto, delgado, que frisaba los 40 años, con un bigote corto, aguardaba con mirada expectante. En aquel avión debía llegar también la cámara de video con el revólver acoplado fabricado en Caracas, así como otras armas, entre estas un fusil poderoso con mira telescópica y silenciador.

La idea había sido de Antonio Veciana. Sus relaciones en Bolivia le posibilitaban empacar los equipos en Caracas, última escala de los artistas, y luego recibirlas en La Paz, ayudado por las autoridades de la Aduana, que en muchas ocasiones se había prestado a tareas más complicadas que aquella.

El plan estaba listo. Él tenía a su cargo la coordinación sobre el terreno. Se habían puntualizado las dos variantes para asesinar al dirigente revolucionario y la habitación del Hilton estaba reservada convenientemente. De la conferencia de prensa se encargarían los mismos cubanos, cuando la convocaran. Sin embargo, ellos aprovecharían las credenciales de los asesinos para buscar otras alternativas. A lo mejor, no había que esperar tanto, razonaban. Por eso, les orientaron a los supuestos periodistas que se integraran a la caravana de prensa que acompañaría a Fidel Castro durante todo el recorrido. De todas maneras, sería provechoso, pues se familiarizarían con los escoltas lo cual les permitiría, llegado el momento, acercarse lo suficiente para disparar.

El detalle más complicado resultaba la ejecución de los asesinos una vez efectuado el atentado. La primera variante consistía en recoger en un auto a los homicidas, y luego en un lugar seguro serían asesinados, dando crédito a la eficiencia policíaca local. En la segunda alternativa, los elementos de la Seguridad chilena que pertenecían a los carabineros deberían ultimarlos en la misma sala donde se brindaba la conferencia de prensa, y frustrar la actuación inevitable de la Seguridad cubana.

Un elemento importante para la consecución del proyecto consistía en no levantar las sospechas de los ejecutores. No eran novatos en esas lides y cualquier suspicacia podría significar su deserción.

Esos eran los pensamientos que cruzaban por la cabeza de Antonio Veciana aquella mañana en el aeropuerto boliviano, en el momento en que un hombre se le acercó y, en voz baja, le murmuró varias palabras; después, ambos se encaminaron al estacionamiento de la terminal aérea. Allí, en una camioneta, se encontraban las armas. Todo estaba listo y pronto él mismo las trasladaría por carretera hacia Santiago de Chile, donde las depositaría en una casa de seguridad preparada previamente. Más tarde, esperaría a los matones e informaría a Phillips quien, desde otra casa segura, coordinaba el operativo. Este tenía los contactos con los carabineros chilenos y le correspondía preparar la ejecución de los falsos periodistas cuando hicieran su trabajo.

Despacho de la agencia de noticias *Prensa Latina*
Santiago de Chile. 10 de noviembre de 1971

Santiago de Chile, 10 de noviembre (PL). —El primer ministro cubano, comandante Fidel Castro, emitió esta noche un saludo a los obreros chilenos y afirmó que el encuentro de él con el presidente Salvador Allende es una gran victoria de los pueblos de Chile y Cuba y, por lo tanto, de América Latina.

El dirigente cubano habló con un grupo de periodistas nacionales y extranjeros que logró penetrar en el jardín delantero de la residencia del embajador de Cuba en Chile, Mario García Incháustegui, momentos después que Fidel, junto al presidente Allende, finalizara su recorrido desde el aeropuerto.

El comandante Fidel Castro, de manera informal, se refirió a los distintos problemas internacionales y respondió preguntas referentes a Perú, Bolivia y Uruguay.

Cuando se le preguntó qué significado atribuía a su visita a Chile dijo:

Hay que analizarla moralmente, revolucionariamente, y desde este punto de vista significa mucho. Nuestros dos países han luchado mucho. Y estaban siendo dominados por el imperialismo. El encuentro tiene importancia no por nosotros, no por los protagonistas, sino por el valor histórico que ello tiene; —y agregó— esta es una victoria de los pueblos de Chile y Cuba, y por tanto, de América Latina. Ya uno tiene la sensación de una América revolucionaria. La historia comienza a caminar de manera distinta. Tal vez los que mejor puedan valorar esta visita son los propios imperialistas norteamericanos.

El primer ministro dijo que no sabía cuánto tiempo permanecería en Chile y aseguró que tiene deseos de visitar centros obreros del salitre, del cobre, del carbón y otros centros campesinos. Dijo también que esto le interesa no solo desde el punto de vista político, sino humano y social.

En la conversación con los periodistas, el dirigente revolucionario tuvo palabras de elogio para Chile y los chilenos. Al término de sus primeras declaraciones en tierra chilena, el comandante Fidel Castro comentó, además, que tenía invitaciones para viajar próximamente a Argelia, Hungría, Bulgaria y la Unión Soviética.

Se espera, aunque no está confirmado, que el dirigente cubano dé una conferencia de prensa mañana después de su visita al presidente Allende en el Palacio de Gobierno.

Informe del Departamento de Seguridad del Estado
La Habana, Cuba. Noviembre de 1979

Desde finales de 1970 la CIA planeó asesinar al comandante Fidel Castro cuando este visitara Chile. Según informaciones confidenciales se asignó un presupuesto de 50 000 dólares para el operativo, y sus dirigentes fueron los contrarrevolucionarios de origen cubano: Antonio Veciana Blanch, Luis Posada Carriles, Orlando Bosch, Lucilo Peña, Joaquín Sanjenís, Marcos Rodríguez, Diego Medina, Secundino Álvarez, Félix Rodríguez, además los norteamericanos Frank Sturgis, Gerry P. Hemming, un tal Nápoles, radicado en Bolivia, y el oficial norteamericano David A. Phillips.

El proyecto homicida contenía originalmente dos alternativas de ejecución en Chile, a los que se sumaron dos intentos más en Lima, Perú y Quito, Ecuador, en ocasión de la escala programada del avión que trasladaba de regreso a Cuba al comandante Fidel Castro.

En reuniones celebradas en las ciudades de Miami, Caracas, La Paz y Santiago, se fraguó el plan de asesinato que, en su primera variante, comprendía realizar el atentado desde una habitación del hotel Hilton, contiguo al Palacio de Gobierno, primera de las visitas que realizaría nuestro primer ministro a ese país.

Al fracasar este intento, por cobardía de los participantes, se puso en marcha la segunda parte del plan. Previamente, en Caracas, fueron acreditados como periodistas del canal Venevisión los contrarrevolucionarios cubanos: Marcos Rodríguez, procedente del grupo de Orlando Bosch, cuyas características generales son: pelado bien corto, tipo alemán, trigueño, con espejuelos, medio canoso y de regular estatura; y Diego Medina, proveniente del grupo Segundo Frente del Escambray, que es una persona bajita, de pelo abultado, uñas pintadas y tez trigueña.

Ambos fueron entrenados en tiro de precisión y en el manejo de la cámara de televisión que contenía el revólver calibre 38 acoplado y con el que debían dispararle a Fidel, en ocasión de su última conferencia de prensa en Chile.

Sin embargo, este último intento fracasó al negarse los ejecutores, tal vez dándose cuenta de que no saldrían vivos del lugar. En realidad desde los primeros momentos Rodríguez y Medina comenzaron a ponerle obstáculos al proyecto. Este último aludió que un primo lejano, que vivía en Cuba, formaba parte de la escolta de Fidel Castro y podía descubrirlo en cualquier momento, mientras que Rodríguez simuló un intenso dolor que los médicos diagnosticaron como posible apendicitis, siendo hospitalizado, brindándose así la excusa para el fracaso de la operación.

En realidad, una de las causas principales por la que se neutralizaron los planes homicidas fue por las estrictas medidas de seguridad tomadas por nuestros hombres, que en todo momento demostraron al enemigo —como así comentaron posteriormente— que un intento contra la vida del Comandante en Jefe sería mortal para el que se arriesgara.

En el transcurso de las investigaciones se pudo comprobar la complicidad del cuerpo de carabineros. Según nuestro informante, el general José María Sepúlveda era la persona encargada para facilitar la entrada de los ejecutores a la sala donde se debía efectuar la conferencia del dirigente cubano. También era el responsable de ejecutar a los asesinos, una vez efectuado el disparo mortal.

Por otra parte conocimos, que los contrarrevolucionarios Luis Posada Carriles y Lucilo Peña, ambos residentes en Venezuela, habían ideado un proyecto mediante el cual fabricarían falsas evidencias que vinculaban a Marcos Rodríguez y a Diego Medina con oficiales de la Inteligencia soviética acreditados en Caracas. El objetivo consistía en hacer ver, una vez efectuado el asesinato a nuestro primer ministro, que este había sido obra de los rusos que, disgustados con Fidel por su apoyo al movimiento revolucionario en América Latina, habían decidido eliminarlo de la escena política latinoamericana.

Ante el fracaso de Chile, Phillips y su grupo, a través del contrarrevolucionario Amaury Frajinals, radicado en Miami, contrataron al excapitán del II Frente Nacional del Escambray, Eusebio Ojeda, para que en unión de dos expertos explosivistas, conocidos por Horacio y Marcelo, se apostaran en la terraza del aeropuerto de Lima, Perú, y esperaran el arribo de la comitiva de Fidel, de regreso de su viaje a Chile, para lanzarle dos bombas anteriormente preparadas. Ambos sujetos, después de dar su consentimiento, desaparecieron y fue imposible localizarlos, razón por la cual, Posada Carriles se brindó para asesinar a Fidel cuando este desembarcara en el aeropuerto de Quito, en Ecuador, en su última escala del viaje hacia Cuba.

El nuevo plan consistía en reclutar a los hermanos Guillermo y Roberto Verdaguer, propietarios de una línea aérea en Ecuador, para que facilitaran uno de sus aviones que, convenientemente situado en la terminal aérea, posibilitara a Posada Carriles y a otro cómplice, Osiel González, disparar contra Fidel tan pronto apareciera en la puerta del avión.

El proyecto fracasó cuando los Verdaguer se negaron a realizar la acción, argumentando que serían descubiertos y sus negocios se arruinarían.

Un detalle significativo de este proyecto criminal está relacionado con la procedencia de las armas que serían utilizadas. En todos los casos fueron suministradas por un contacto en Dallas, Texas. Fue allí donde Veciana, en varias ocasiones, coordinó su entrega a través de una cubana nombrada Hilda.

12
Alpha 66: Nueva York y Miami

A 19 años de su primera visita a Nueva York, Fidel Castro regresaba para participar en el XXXIV período de Sesiones de la Organización de Naciones Unidas, esta vez como presidente del Movimiento de Países No Alineados, organización que recién había finalizado la VI Conferencia Cumbre, en La Habana. El prestigio y la autoridad de Cuba habían crecido, a pesar del bloqueo impuesto por Estados Unidos, de las agresiones sufridas y las penurias pasadas. También, la figura de Fidel Castro se había dimensionado. Él era el líder indiscutible de los países del llamado Tercer Mundo.

Aquella noticia estremeció a la emigración contrarrevolucionaria. Los triunfos de Cuba los amargaban, la imagen de un Fidel Castro combativo les recordaba el descalabro de Playa Girón. La visita del dirigente cubano a Norteamérica suponía una provocación que no estaban dispuestos a soportar.

Los años habían transcurrido, pero para Antonio Veciana la idea continuaba siendo una obsesión. Fidel Castro había destruido su vida y la de los hombres de su generación. La lucha contra él le había consumido la juventud. Desde antes de escapar de Cuba, en los años sesenta, trató de asesinarlo y no pudo. Más tarde, cuando visitó Chile, fracasó nuevamente, pero en esta ocasión, lo tendría en Estados Unidos, en su terreno, y no escaparía.

Antonio Veciana se encontraba en su casa confortable, situada en una zona conocida como «La pequeña Habana». Tenía ante sí una carta donde le informaban del viaje del líder cubano, y sus pensamientos recorrieron por unos minutos los años transcurridos, hasta que se detuvieron en el último día en que se encontró con su oficial de caso, David A. Phillips, en aquel estacionamiento del *cinodromo* de la calle Flagler. El hombre estaba muy molesto porque alguien había delatado el contrabando de cocaína que, desde hacía varios años, realizaban ambos desde Bolivia y Colombia. Recordaba cómo, después de mirarlo de manera penetrante, le había explicado que la Policía estaba a punto de detenerlo y que él debía asumir todas las responsabilidades, para evitar involucrar a la Agencia en el escándalo. Invocó los servicios prestados, su lealtad, para finalmente garantizarle que no lo abandonarían; que ya se había arreglado con las autoridades correspondientes para que solo cumpliera unos meses de la sentencia que le impusieran, por lo cual recibiría el pago de un cuarto de millón de dólares; en fin, que no tenía otra opción, si quería conservar la vida, pues Phillips no le garantizaba la reacción de los asociados de la Mafia, que serían detenidos inexorablemente si él confesaba.

Después, como en una película, evocó los días de Watergate, los de la Comisión Church y, finalmente, cuando fue interrogado por el Comité Selecto de la Cámara de Representantes que investigó, en 1978, el asesinato de Kennedy. Aquellas declaraciones por poco le cuestan la vida.

Fue un desliz confesarle al investigador Gaeton Fonzi[1] la existencia de Phillips, aun cuando se encubriera bajo el seudónimo de Harold Bishop, pensó. Se encontraba entonces bajo una crisis depresiva fuerte; la CIA estaba muy desprestigiada por las denuncias en el Congreso de muchas de sus actuaciones sucias. Las amenazas de los investigadores y sentirse que podían involucrarlo en la investigación del asesinato del presidente de Estados Unidos y los largos meses de prisión por la aventura de la droga, terminaron por aflojarle la lengua.

Pocos días antes, un recordatorio especial lo había llamado a la reflexión: un atentado fallido en las calles de Miami y una suma fuerte de dinero en su buzón de la correspondencia. Desde entonces, se había apartado discretamente de sus colegas contrarrevolucionarios, alegando que el FBI lo vigilaba y que tenía, como era cierto, restringidos los movimientos al condado Dade.

Sin embargo, en la comunidad cubana emigrada todos lo respetaban. Andrés Nazario Sargén, dirigente máximo de Alpha 66 —la organización que él había fundado cuando llegó a Miami—, no hacía nada sin consultárselo, y aquello satisfacía su vanidad. Por esa razón, pensó en él para la nueva idea que rondaba su cabeza. «Ahora veremos si el viejo continúa con los pantalones en su lugar», pensó.

Una pelota de softbol
Miami, Florida. Septiembre de 1979

En la pequeña sala había dos butacones tapizados, uno en verde y el otro en rojo. Adornaban la pared grandes fotografías individuales de jóvenes sonrientes. Una mesita separaba los asientos, en los que Antonio Veciana, el anfitrión, conversaba animadamente con Andrés Nazario Sargén.

«Los "amigos" me enviaron una carta, informándome de la próxima visita de Fidel a Nueva York. Están seguros de que después del triunfo logrado en la reunión de los Países No Alineados, vendrá a Estados Unidos a restregarles a los americanos en la cara su victoria» —explicó Veciana.

«Ellos siempre tienen información confiable. Además, la predicción es lógica. Sin embargo, me pregunto por qué después de tanto tiempo persisten en la idea. La gente de la CIA está muy golpeada y Carter le ha puesto a un almirante de jefe que, según los comentarios que me han llegado, privilegia las fuentes de información técnicas sobre las humanas. Están en la Luna o por lo menos cerca de ella».

«En realidad —terció Veciana—, nuestra gente aún continúa en puestos claves. Se preparan para las próximas elecciones, cuando a Carter le den un puntapié en el trasero. Además, si algo le sucede a Fidel, en el territorio de Estados Unidos, ello precipitaría la salida de Carter. Un presidente que ni siquiera puede brindarle seguridad a un mandatario extranjero. Es evidente, también, que no quieren verse comprometidos, por eso me pasan la información. Como siempre, desean que hagamos el trabajo sucio. Lo que sucede es que una vez más, nuestros intereses convergen. Imagínate si Fidel es volado en mil pedazos en medio de Nueva York...».

«¿Qué tienes en mente?» —preguntó Sargén.

«Por ahora nada concreto. Solo estoy pensando que sería bueno que con tus contactos buscaras una cantidad suficiente de explosivos C-4 y quizás pensaras en algunos de nuestros compañeros que estuvieran dispuestos a parquear un auto en el recorrido de Fidel desde la embajada cubana a Naciones Unidas. Podríamos hacer algo como cuando Letelier, ¿te acuerdas?, el canciller de Allende que los hermanos Novo Sampol con aquel americanito de la CIA hicieron volar en medio de Washington».

Una sonrisa iluminó el rostro de Nazario Sargén. Comprendía perfectamente qué era lo que estaba pensando Antonio Veciana.

Jefatura del Departamento de Seguridad del Estado
La Habana, Cuba. Septiembre de 1979

La expectativa de este viaje ponía en tensión a todos. Era un momento de auge del terrorismo contra las representaciones y los funcionarios cubanos radicados en el exterior. Particularmente en el territorio norteamericano, donde la Misión de Cuba ante la ONU había sido objeto de numerosos atentados dinamiteros y las amenazas contra su personal, eran constantes. Para esa fecha en el área newyorkina se habían realizado más de 20 acciones terroristas por elementos de origen cubano, entre ellas, atentados dinamiteros contra las misiones de la URSS y Venezuela ante la ONU, siete ataques del mismo tipo contra la misión cubana y, el asesinato de Eulalio Negrín, un cubano-americano que abogaba por la normalización de las relaciones. Un año después fue asesinado el diplomático cubano Félix García y frustrado un atentado contra el embajador Raúl Roa Kourí.

El terrorismo constituía una reacción desesperada de la contrarrevolución y reflejaba su propia decadencia, pero esto no los hacía menos peligrosos. De hecho, continuaban operando en el territorio norteamericano con un alto grado de impunidad y los vínculos históricos de estos grupos con la CIA aportaban un alto grado de preparación subversiva y acceso a armas, explosivos y sofisticados medios para la realización de sus acciones.

Según informes del propio FBI, en esos momentos, los grupos contrarrevolucionarios cubanos constituían la red terrorista más peligrosa que operaba en Estados Unidos. Estaban además conectados con el crimen organizado, el tráfico de drogas y con servicios especiales, que como en el caso de la DINA chilena, los utilizaron para eliminar a sus opositores en Estados Unidos.

Varios equipos de especialistas de Seguridad, se trasladaron a Estados Unidos con el fin de estudiar las condiciones de los locales que se utilizarían, las rutas por las que posiblemente debía transitar el presidente cubano y establecer los necesarios ajustes con las autoridades de la ONU y de Estados Unidos encargadas de la protección de los estadistas extranjeros.

En medio del ajetreo que generan estas actividades, llegó una información que planteaba que la organización contrarrevolucionaria Alpha 66 preparaba un atentado contra Fidel en Nueva York. Este grupo, organizado por la CIA en 1962, durante varios años se dedicó fundamentalmente a atacar embarcaciones cubanas y de otros países que comerciaban con Cuba. Funcionó, de hecho, como una armada corsaria, hasta que la presión internacional determinó su decadencia. Entonces se dedicó a atemorizar a los sectores de la comunidad cubana en Estados Unidos que no compartían sus posiciones y a mantener una línea de chantaje que servía de fuente de lucro para sus jefes.

En numerosas ocasiones la CIA los utilizaba también como un recurso de guerra psicológica encaminado a desviar la atención de la Seguridad cubana y a obligar a invertir recursos ante la eventualidad de ataques que al final no se llevaban a cabo. Originalmente se pensó que este proyectado atentado respondía también a esta estrategia. No obstante, siguiendo un principio profesional, se elaboró un plan para verificar la información.

Uno de nuestros oficiales, radicado desde hacía algunos meses en Miami, recibió la misión de contactar con la persona que había brindado esta información. Como no era una fuente de absoluta confianza, se determinó que la abordara camino a su trabajo y efectuara un encuentro sorpresivo tomando especiales medidas de seguridad.

Testimonio del oficial *Omar* de la Dirección General de Inteligencia
Enero de 1995

Me situé convenientemente en una cafetería que me permitía, a través de sus vidrieras, controlar la salida de su edificio y el parqueo, ya que no sabía si saldría a pie o en carro y mi idea era seguirla en mi carro si hacía lo segundo. No me fue difícil identificarla porque como ustedes dicen es una mujer muy bella que llama la atención. La vi abrir un VW rojo, pero parece ser, había olvidado algo y regresó al edificio, lo cual me permitió abordarla en el parqueo. Consideré esto más tranquilo y seguro por lo que parqueé al lado de su carro y cuando llegó, de manera muy natural, le dije la contraseña; obviamente se sorprendió y su respuesta fue que estábamos locos; riéndome le dije que se suponía esa no era su respuesta. Sonrió y me dijo «vete al carajo». Nos fuimos en su carro porque no quise dejarlo allí y que la familia lo viera y se preocupara por ella y tampoco quería dejarla sola en ningún momento, pero le indiqué una ruta que me permitió contrachequearme y no detecté ninguna señal de actividad enemiga.

Dice que la información la obtuvo a través del padre, a quien Nazario le pidió dinero y le dijo que era para un atentado que le iban a hacer a Fidel en New York y que hacían falta explosivos. También lo habló con un tal Robertico, no sabe el apellido, un tipo nuevo en Alpha que llegó hace poco de Cuba donde dice haber estado preso. Este Robertico está enamorado de ella y le dijo que la explosión se iba a escuchar en Miami. No cree mucho en este hombre porque es muy alardoso, pero le preocupa un comentario que hizo el padre, que dijo que parecía que esta vez era de verdad, cosa rara pues él no cree en Nazario y lo evade porque se pasa la vida tumbándole dinero a la gente.

Le orienté sondear al padre con la excusa de que le preocupaba que murieran personas inocentes y él estuviera vinculado a algo como eso, y acercarse a Robertico para determinar su real participación en esto. Sobre lo último se mostró algo renuente porque dice que el tipo es un baboso, y ella no está dispuesta a tener algo con él. Le aclaré, nadie le estaba pidiendo eso, que simplemente lo viera y manejara la situación, que lo rechazara sexualmente como había hecho hasta ahora, pero que no rompiera totalmente los vínculos y alentara sus alardes. Le insistí en la importancia de su misión y la responsabilidad con que debía asumirla, revisé con ella la guía informativa que mandaron, hice que se la aprendiera de memoria y la destruí en su presencia para que se percatara de la seriedad de la cosa y fuera adquiriendo hábitos. Me preguntó cómo podía localizarme y le dije que cuando tuviera algo de urgencia llamara a la Eastern Airlines y reservara pasaje para Caracas el 20 o el 27 de este mes a nombre de María Portales, a partir de lo cual yo la localizaría. Sé que es un riesgo, pero no tenía otra alternativa. Me parece una muchacha inmadura pero bien intencionada y me lució sincera e inteligente. Voy a orientar a Q-24 profundizar en esta información y se comunique con ustedes por su vía. A ella la abordaré nuevamente de forma sorpresiva la semana que viene, aunque no haga la urgencia.

Información entregada por el agente Q-24

Hablé con Nazario y efectivamente están preparando un atentado que consiste en lanzar una bomba contra el auto que conduzca a Fidel desde el edificio de nuestra embajada hasta el de la ONU. Al parecer no es Alpha quien lo está organizando, aunque Nazario está pidiendo dinero a dos manos y quiere apuntarse el éxito si se da. Posiblemente Alpha aportará los hombres y el auto que se utilizaría. Nazario me habló de un hombre y una mujer que viven en Union City para no tener que utilizar gente de Miami. Supongo que el carro tendría chapa de New York o New Jersey por la misma razón y tendría que ser alquilado con documentación falsa, algún carro robado o uno de los carros viejos que se compran en efectivo y donde exigen poca documentación. Nazario me dijo que tenían problemas económicos para comprar los explosivos, pero dudo que sea cierto, él dice esto para tumbar dinero. Le dije que a través de un amigo podía conseguir un auto que estuviera limpio, pensando que si controlamos el auto controlamos la operación, me dijo que creía que ya Veciana lo tenía, pero si hacía falta me llamaría. No creo que a través de Nazario tengamos suficiente control porque Veciana lo compartimenta. No tengo excusa para ver directamente a Veciana pero comentaré con CENSURADO lo que me dijo Nazario a ver si me introduce con Veciana. CENSURADO debe saber algo por su acceso a explosivos y su relación con Veciana, es importante verlo porque si él sabe, seguro también lo sabe la CIA. Me consta que Nazario ha hablado de esto con varias personas, por lo cual creo no haya problema en trasladar la información al Servicio Secreto americano para neutralizar la operación.

Con vistas al viaje, se había decidido agilizar la proyectada mudada de la Misión cubana ante la ONU, de la vieja casona de la calle 67 y 15ta. avenida, hacia un edificio en la avenida Lexington y calle 38. Este edificio brindaba la posibilidad de hospedar a la delegación a menos costo y con mejores condiciones de seguridad. Ubicado a pocas cuadras del edificio de Naciones Unidas, en pleno *midtown* de Manhattan, esta zona es una de las más céntricas, populosas y activas de la ciudad. En realidad, resultan inimaginables las consecuencias que hubiera tenido hacer volar un auto lleno de explosivos en un lugar como este. No solo hubieran muerto funcionarios y oficiales de la Seguridad Personal cubana que acompañaban a la delegación, sino también decenas de agentes del Servicio Secreto y policías norteamericanos, y muchos de los miles de ciudadanos que comúnmente transitan por esta zona y que, como ocurrió, se concentrarían, curiosos por ver al presidente de Cuba al paso de la caravana. Ninguna excusa política justificaría un acto de tal naturaleza; fue una idea incluso increíble para los profesionales de la Seguridad cubana que habían tenido que enfrentar los planes más descabellados de la contrarrevolución y ser testigos del incendio de tiendas atestadas de personas, ataques a humildes embarcaciones pesqueras e incluso la voladura de un avión de pasajeros en pleno vuelo. Este plan escapaba a lo concebible, pero era cierto. Había que hacer algo…, y se hizo.

Testimonio del general de división Fabián Escalante Font
La Habana, Cuba. Enero de 1995

Estoy trabajando en la oficina y un amigo me telefonea para explicarme que dos periodistas cubanos, del semanario *Juventud Rebelde*, regresaron recientemente de una visita a la Flo-

rida, a donde fueron a realizar un estudio sobre la comunidad
cubana auspiciado por el Centro de Política Internacional de la
Universidad Johns Hopkins, que dirige Wayne Smith, quien
fuera el primer jefe de la Sección de Intereses de Estados Unidos
en Cuba.

Los periodistas, Hedelberto López Blanch e Ignacio Hernández Rotger, estuvieron casi 20 días en Miami y se entrevistaron
con diferentes personalidades del exilio cubano. La conversación con ellos es fluida. Les explico el trabajo que me encuentro
realizando y me refieren una entrevista que tuvieron con Antonio Veciana, a quien conocieron en un restaurante. Fue casi de
manera casual que se entabló la conversación. Ellos le explicaron que eran de Cuba y que les interesaba conocer no las causas, sino los hechos, y él les relató su historia. Es, por supuesto,
una parte de esta: nada relativo a la CIA, a su oficial David A.
Phillips, a las acciones terroristas contra objetivos cubanos en
terceros países, a las expediciones contra la Isla, al narcotráfico,
a la aventura en Bolivia, en fin, a todas las actividades contrarrevolucionarias en las que, por más de 30 años, participó.

Entrevista a Antonio Veciana[2]
Miami, Florida. Octubre de 1994

Ya sentía que la Revolución era muy fuerte y como hombre
práctico supe que no ganábamos y entonces mi estrategia fue
matar a Fidel, y lo intenté en tres ocasiones.

La primera: alquilé el apartamento 8A de la Avenida de las
Misiones antes de que llegara la Ley de Reforma Urbana. Hacía
falta un arma especial y fui a la embajada de Estados Unidos
para pedirla. Sam Kail era el jefe de la Inteligencia. Allí conocí a
varios, entre ellos al vicecónsul Joel D'Acosta, quien era agente
de la CIA. Este era amigo de González Tuero, al que yo conocía
y me mandó a ver a Sam Kail. Le dije quién era y que me inves-
tigara. Me pregunta qué persigo. Que él iba a Estados Unidos y
cuando regresara me daría una respuesta.

Cuando volvió me dijo que no podía ni quería nada conmigo. Le dije que si a Castro lo mataban, siempre le iban a echar la culpa a Estados Unidos. Me reafirmó que no quería saber nada, ni que su país podría vincularse con el hecho. A Bernardo Morales[3] le comenté esto y me dijo que tenía una bazuca. Primero metí a mi suegra en el apartamento, aunque nunca le dije lo que perseguía. El atentado falló, pues la gente que tenía que hacerlo consideró que había que estar loco o ser gente que no piense. Yo había metido a dos hombres en el apartamento, uno era Bernardo Paradela. Pensaba que el gas producido por la bazuca podría provocar una explosión en el apartamento, y fracasó porque la gente también se acobardó con la excusa de los gases, aunque en un principio había unas 50 o 60 personas en disposición de efectuarlo. Orlando había conseguido uniformes y metralletas.

La segunda: Chile. Una persona del gobierno chileno que no puedo todavía mencionar el nombre, me anunció con seis meses de anticipación que Fidel iba a Chile. Preparé a dos individuos, ambos ya muertos, Diego Medina [*El Isleño*, muerto en Santa Marta[4] por venta de drogas] y el otro, Marcos Rodríguez; los entrenamos en Venezuela como camarógrafos. Yo era empresario de boxeo y robé pasaportes de varios boxeadores. Esta preparación duró unos tres meses. Fueron para Chile un mes antes y consiguieron las credenciales para entrar a La Moneda. Al canal Venevisión se le compraron los equipos, ya que con dinero se conseguía todo. El plan era, en una gran conferencia de prensa, con alrededor de 300 periodistas, matarlo con la idea de que quien lo hiciera se convertiría en un héroe ante la prensa internacional. Se escogió ese escenario ya que los agentes de Castro no podrían funcionar y se debía esperar al momento de menos tensión. Eran dos, pero solo uno debía disparar.

Ambos implicados pidieron seguro de vida para sus familias por si les pasaba algo y se les concedió. Cuando Fidel recién llegó a Chile, Diego Medina se echó a correr a Perú, pero el otro podía y debía hacerlo. A la primera conferencia de prensa de Fidel asistió Marcos Rodríguez, pero como estaba previsto, y para darle más confianza a la Seguridad de Fidel, no se llevó el arma.

Después de esto Marcos se metió en un hospital aduciendo que tenía apendicitis. Cuando fui a ver al médico, este me dijo que, aunque el paciente padecía de una apendicitis crónica, el caso no era de operación urgente, y podía esperar algunos meses y hasta años, pero Marcos insistía en operarse y después de hablar con él otra vez, le dije al médico que lo operara y yo me hacía cargo de los gastos.

Por tanto, a la segunda conferencia no asistió ninguno de los dos hombres previstos para realizar el atentado. A mí me decían «el Capitán Araña», porque metía las armas, buscaba los lugares, pero no participaba en las acciones por pura coincidencia. En esa ocasión no mataron a Fidel por falta de cojones.

La tercera: a Juanita, una muchacha que está loca, pero no tanto, me la encuentro de nuevo en Miami. La recordaba del clandestinaje pues me salvó la vida en una ocasión en Jaimanitas. A esta muchacha me la encuentro otra vez en Estados Unidos. Planeamos entonces eliminar la cabeza de Castro durante su viaje a Naciones Unidas en 1979. Yo era el que iba a chequear y seguir desde el mismo aeropuerto el carro en que viajaría Fidel. Lo haría con *walkie-talkie*. Pensábamos usar un detonador de contacto en un artefacto que pareciera una pelota de *softball* y que tuviera una banderita cubana y otra del 26 de Julio, cuando la multitud estuviera aglomerada cerca de la ONU para recibir a Fidel. Yo le avisaría en qué auto iría y cuando él llegara, se lanzaría la pelota. Con la multitud y el desconcierto, a Juanita le sería fácil escapar.

Aquí sí hubo una filtración del Servicio Secreto de Estados Unidos. Me llevaron a una oficina y me amenazaron con sentarme en la silla eléctrica. Me pusieron vigilancia abierta para desalentarme. Entonces pensé que yo sería el cebo para el Servicio Secreto y que otro ejecutara mi plan de acción. Esto no llegó a cuajar porque entonces Juanita, que debía lanzar la pelota, desistió del atentado en el último momento.

Siempre planeé una posibilidad de vida para la gente que participaba en esas acciones. Si yo hubiera ido se hubieran realizado algunas acciones. No he sido un hombre de extraordinario valor, sino de valor medido. Prefiero que digan la verdad, que no tengo cojones. Siempre tuve bronca con la CIA y el FBI. Ellos se creen más capaces porque tienen muchos más recursos, pero algunos atentados que ellos planificaron eran tontos como el del tabaco o la pluma.

Los infiltrados
Oficinas de Alpha 66, Miami, Florida. Marzo de 1982

Nazario Sargén se recostó sobre la silla giratoria, que detrás del buró de caoba, era uno de los muebles de la modesta oficina que aún le quedaba. Recordaba los tiempos pasados, cuando la CIA, la misma CIA que ahora le solicitaba el último recibo de cualquier operativo, le entregaba el dinero, cualquier suma, sin ninguna explicación. Eran unos tacaños.

En los días siguientes planeaba una infiltración de uno de sus publicitados «comandos» en Cuba. ¡Qué distinto era todo! Antes casi lo despedían en la calle 8 de la pequeña Habana y hoy había tenido que soportar al hombre de la CIA que le recriminara por un comunicado que el *Miami Herald* reportaba sobre las inminentes operaciones de su grupo en la Isla. Así no se podía trabajar. Pero la culpa de todo la tenía Kennedy, aquel presidente que un buen día decretó que todo lo que los cubanos planearan contra Cuba, tenía que ser aprobado por las agencias del gobierno. Por eso le dieron su merecido.

¡Que lejos parecían aquellos oficiales de caso, que apoyados en las reglas de las operaciones autónomas, solo fijaban los objetivos a lograr contra Castro!, no importaba cómo ni de qué manera. La

CIA, lejos de mejorar, con el tiempo se había burocratizado. Todo era necesario solicitarlo con original y varias copias y después dar muchas explicaciones. En esos mismos días, se tuvo que entrevistar con varios de ellos, solo para obtener la autorización de enviar a dos «carneros» al matadero. Porque eso eran los dos tontos que se habían ofrecido para ir a Cuba para matar a Fidel Castro, tontos, retrasados mentales que, por unos dólares y el perdón del crimen de lesa humanidad de haber llegado a la tierra prometida en los días del Mariel, era todo lo que le podían solicitar a las sacrosantas autoridades norteamericanas.

Los dos «cubanitos» esperaban en la antesala del «líder» de Alpha. Ellos sabían que regresar a Cuba era peligroso, pero estaban desesperados. La policía de la ciudad no les daba tregua, quizás por ser mulatos o a lo mejor por no hablar el idioma local, pero en realidad no consideraban que los cuatro atracos cometidos a supermercados fueran un delito de naturaleza tal, que se tuvieran que presentar cada dos días en la estación policial cercana al albergue donde mal vivían.

Cuando los sucesos del Mariel estaban presos en el Combinado del Este y un «socio» les dio la letra. Si solicitaban la salida del país, los comunistas le darían el permiso. Y así hicieron. Qué lejos estaban de aquel paraíso prometido que nada tenía que ver con el de Adán.

Luis, uno de ellos, recordaba que cuando llegó a Miami, se fue directico a California. Allá se empleó como recogedor de manzanas. Casi se le congelan las manos en aquel infernal trabajo. Más tarde, se dedicó a lo que sabía. Alguien lo empleó para distribuir papelillos de coca en las escuelas y un buen día una redada de la policía lo devolvió a Miami. Entonces sobrevino la desocupación. Aquellos cubanos no eran como ellos. Nada de solidaridad. A la mierda con los «marielitos».

Finalmente, Nazario recibió a los dos futuros héroes. Nada de discursos ni exhortos. Explicó la idea de infiltrarlos en la Isla por las inmediaciones de la ciudad de Matanzas, muy cerca de la fábrica de electricidad Antonio Guiteras, una de las principales del país, donde serían recibidos por un grupo de sus hombres. Ellos le entregarían los medios y explicarían el plan para asesinar al dirigente cubano y a Ramiro Valdés, el odiado ministro del Interior.

Después del discurso los observó detenidamente. Sus nombres eran comunes a otros miles de cubanos: Luis y Rogelio, sin embargo, algo en su interior le decía que el destino de aquellos infelices sería trágico. Lo único que a la CIA le interesaba, y por lo que habían solicitado sus servicios, era para una campaña publicitaria relacionada con los pretendidos derechos humanos que tan cuestionados eran a la Administración Reagan. Seguramente el G-2 cubano los atraparía en cuestión de horas, posteriormente trascendería al conocimiento público y ellos tendrían el material necesario para su propaganda.

Así sucedió. Durante el transcurso de la primera semana de abril el gobierno cubano anunciaba la captura de dos hombres, Luis Llanes Águila y Rogelio Abreu Azcuy, fuertemente armados, en las inmediaciones de la ciudad de Matanzas. Pero, al no concurrir las personas acordadas a esperarlos en la costa, como Sargén había prometido, los infiltrados se pusieron a amenazar con las armas a varios moradores de la comarca, lo que provocó que uno de ellos, miliciano de las MTT, los capturara y entregara al puesto policial del lugar. Nuevamente Nazario Sargén, el «histórico» líder del exilio, «embarcaba» a dos de sus compatriotas.

Testimonio del general de división Fabián Escalante Font
Enero de 1995

Recuerdo que en abril de 1982 recibimos la información en el puesto de mando del DSE, sobre una infiltración ocurrida una de aquellas noches. Se precisaba la aparición de una pequeña balsa de goma hallada en los arrecifes de la costa, media hundida, y rumores en la población ubicada en el entorno de la central eléctrica Antonio Guiteras Holmes, a la entrada de la ciudad de Matanzas, que daban cuenta del hecho.

Ese día el comandante Ramiro Valdés, entonces ministro del Interior, me telefoneó para precisar detalles del hallazgo e invitarme a viajar al lugar de los hechos, para, sobre el terreno, determinar la importancia del operativo que, a todas luces, el enemigo había realizado.

Poco más tarde lo recogí en mi auto y marchamos rápidamente en la dirección indicada. Tan pronto nos aproximamos al lugar, nos percatamos de la existencia de varios patrulleros de la policía sobre la carretera, quienes, utilizando los megáfonos, exhortaban continuamente a los infiltrados a entregarse. Por cierto, ya para ese entonces se conocía que uno de ellos era de un poblado de la provincia de la Habana nombrado Alquízar, en tanto uno de los policías a cargo de aquella actividad repetía constantemente: «Entrégate, Alquízar, que estás rodeado», algo que provocó la hilaridad de todos.

Inmediatamente el comandante Ramiro entrevistó a los jefes del Ministerio a cargo del operativo de captura. Las medidas necesarias estaban tomadas y solo era cuestión de tiempo encontrar a los infiltrados. Al poco rato, un campesino del lugar se apareció en el improvisado puesto de mando que se había creado, con dos sujetos a los cuales había amarrado las manos. Efectivamente, eran ellos que, tratando de escapar del cerco, llegaron a su casa para que los escondiera. Ese fue su error. Resultaba que el campesino era también miliciano, y cuando se percató quiénes eran los que solicitaban ayuda, tomó su machete y los desarmó para después entregarlos a los combatientes que rodeaban el lugar.

Así terminó la aventura de estos dos mercenarios, que después supimos fueron también víctimas de una manipulación mediática, pero que armados hasta los dientes, desembarcaron con la misión de asesinar al mismo Ramiro Valdés y a Fidel Castro, aprovechando su tránsito obligado por aquella carretera que une las ciudades de La Habana y Matanzas. Para esta última misión Sargén les prometió que uno de los hombres que los recibiría en suelo cubano, los apoyaría. Precisamente el hombre que jamás apareció.

13
El comando Saturnino Beltrán

Desde hacía unos meses, los servicios de Inteligencia cubano y nicaragüense conocían el desplazamiento de la base logística de la Contra desde la base aérea en Aguacate, ubicada en el departamento de Olancho, en Honduras, para el aeropuerto de Ilopango en San Salvador. Allá había llegado un grupo de expertos de la CIA, encabezado por Félix Rodríguez Mendigutía, para encabezar el operativo que a partir de ese momento debía abastecer a las fuerzas contrarrevolucionarias en el interior de Nicaragua, para lo cual contaban con varios aviones cargueros del tipo C-47 y C-123.

Los servicios de seguridad de la dictadura salvadoreña y la propia misión del ejército norteamericano allí radicada, habían dado su beneplácito y en pocas semanas se pusieron a disposición del operativo varias casas de seguridad en la capital, los vehículos necesarios y un hangar, en el mismo aeropuerto, para utilizarlo de almacén de los pertrechos militares que fluían desde Honduras y Estados Unidos.

Para ese entonces, y por decisión del teniente coronel Oliver North, alto cargo del Consejo de Seguridad Nacional de Estados Unidos, trabajaban en diferentes responsabilidades de la operación antisandinista un numeroso grupo de agentes CIA de origen cubano, entre los que se encontraban: Rafael Quintero, alias *Chichi*, que era el enlace de North con el comando en El Salvador; el teniente coronel Luis Orlando Rodríguez, quien funcionaba como segundo jefe de la

misión militar norteamericana en ese país centroamericano; Mario
Delamico, adjunto del general Humberto Regalado, jefe del ejército
hondureño; el coronel Reynaldo García, asesor del ejército norteamericano en Honduras; René Corbo, representante del comando en
Costa Rica, responsabilizado con la operación de una pista aérea
en la finca «El Murciélago», ubicada sobre la frontera entre ese país
y Nicaragua; Mario Rejas y Ubaldo Hernández Pérez, asesores del
grupo Contra nicaragüense UDN-FARN, que desde Costa Rica
incursionaba en el sur de Nicaragua. Completaban el grupo Felipe
Vidal, Frank Castro, Frank Chanes, Luis Rodríguez, José Dionisio
Suárez y Alvin Ros, radicados todos en Costa Rica donde regen-
taban empresas fantasmas responsabilizadas con el encubrimiento
del tráfico de drogas y armas para la Contra nicaragüense y el
lavado de dinero, que posteriormente era destinado a financiar los
abultados gastos de la guerra contra la Nicaragua sandinista. Además, Ramón Milián Hernández fungía como enlace del comando
CIA con el capo colombiano Pablo Escobar, jefe del cartel de Mede-
llín y «colaborador» estrella de la CIA.

Probablemente haya sido en los últimos días de 1984, cuando
el grupo de terroristas cubanos radicados en El Salvador conoció
por boca de Félix Rodríguez la inminente visita de Fidel Castro a
Managua. Asistiría, en la segunda semana de enero, a la toma de
posesión presidencial del comandante Daniel Ortega, hasta entonces coordinador de la Junta de Reconstrucción Nacional, surgida
en 1979 a consecuencia de la derrota y expulsión del país del dictador Anastasio Somoza. Era una oportunidad única para asesinar al
líder cubano y ellos no la iban a desperdiciar.

Después de desechar varios planes, comenzaron a estructurar
una alternativa que ofrecía muchas posibilidades de éxito. Se trataba de introducir en Managua un misil C3M, de fabricación rusa,
y esperar a que se anunciara la llegada del avión que conduciría al
dirigente revolucionario. Solo tenían que escoger una casa en las

cercanías de la ruta que el avión utilizaba para aproximarse al aeropuerto y, llegado el momento, accionar el disparador del cohete. Luego Fidel sería historia.

Rápidamente se comunicaron con sus asociados en Miami y orientaron crear una «organización» de cobertura compuesta por exilados cubanos y nicaragüenses, que debía dar a conocer «al mundo» la unión de los dos exilios. Para ello contaban con sus viejos colaboradores de *El Nuevo Herald* y varias de las principales emisoras radicadas en esa ciudad. Se trataba de dar una cobertura político-mediática a los asesinos. Después, con la misma facilidad, desaparecerían sus integrantes y la pista de los criminales se disolvería en el avispero contrarrevolucionario del paraíso de la droga y el crimen organizado en el cual, los emprendedores exilados, habían convertido la ciudad de Miami.

El comando
Jefatura de la Dirección General de Seguridad,
Managua, Nicaragua. Enero de 1985

La información había sido recibida un par de semanas atrás, probablemente a finales del año y procedía de una fuente de confianza radicada en la ciudad de Miami. La misma refería la estructuración de un comando conjunto integrado por antisandinistas y contrarrevolucionarios de origen cubano denominado «Saturnino Beltrán», en homenaje a un nicaragüense muerto accidentalmente en un campo de entrenamiento en los Everglades y relacionaba la próxima toma de posesión del comandante Daniel Ortega como presidente recién elegido y la eventual visita de Fidel Castro a la ceremonia de investidura. Los contrarrevolucionarios, por lo menos era lo que entonces fue conocido,[1] pensaron era una oportunidad excepcional para asesinar al líder cubano y más temprano que tarde lo sometieron a la consideración del jefe local de la CIA afincado en Managua.

La idea que rápidamente fue aprobada consistía en derribar el avión que conduciría a Fidel, en los momentos en que iniciara la maniobra para su aterrizaje. Para ello, la CIA entregaría en Honduras un misil tierra-aire de fabricación rusa, que tendría que ser introducido secretamente en Managua y operado por dos contras (nicaragüenses) previamente entrenados en esos avatares.

La información fue analizada por los servicios de seguridad de ambos países y se estructuró un grupo de trabajo conjunto para enfrentar el operativo que desarticulara el complot. Como responsable del mismo, se designó a un jefe sandinista nombrado Vicente, experimentado combatiente de la guerra sucia, que Estados Unidos había desatado contra el pueblo nicaragüense desde hacía más de tres años. Vicente, o *El Negro*, como todos cariñosamente lo llamaban, había participado activamente en la lucha contra la dictadura de Anastasio Somoza. De regular estatura, unos 25 años y jodedor por naturaleza, poseía una cabeza fría que, en los momentos de máxima tensión, le posibilitaba escoger la opción correcta.

A pesar de todos los esfuerzos realizados poco se había logrado para ampliar y detallar la información original. Los principales complotados se habían marchado seguramente para Honduras y no se encontró a nadie que pudiera dar algún nuevo elemento. Una vez más se analizaron los detalles de la información. Todo parecía creíble, pero lamentablemente no se conocía lo esencial. Nada acerca de los ejecutores, ni de las casas de seguridad a utilizar, ni siquiera los lugares probables desde donde se proyectaba accionar el misil.

El peligro era real en tanto los aviones procedentes de Cuba atravesaban el mar Caribe, penetrando en Nicaragua a la altura de Puerto Cabezas en la zona atlántica y seguían una ruta diagonal hasta el gran lago de Nicaragua, para después descender y enrumbar al norte, comenzando así la maniobra de aterrizaje cruzando toda la ciudad de norte a sur, ocasión propicia para disparar el misil.

La fecha de la ceremonia presidencial se acercaba velozmente. El acto se realizaría en la plaza donde estaba el monumento a Carlos Fonseca Amador, fundador del Frente Sandinista de Liberación Nacional, caído en combate en la lucha contra Somoza, muy cerca de la catedral y el antiguo palacio del Congreso, en el mismo centro de la ciudad, antes de que el terremoto de 1972, la destruyera casi totalmente. En esos días la Inteligencia cubana conoció algunos de los nombres de los involucrados en la acción. El jefe, el mismo que encabezaba la contra nicaragüense, un veterano agente de la CIA, Adolfo Calero Portocarrero, era secundado por varios sujetos de origen nicaragüense y cubano, los que respondían a los nombres de Orlando Valdés, Manuel Reyes y Roberto Milián Martínez.

El 5 de enero se reunió el grupo de trabajo, esta vez con la presencia del comandante guerrillero Lenin Cerna Juárez, jefe de la seguridad sandinista. Se volvió a discutir pormenorizadamente todos los detalles conocidos. Se analizaron también los reportes de agentes infiltrados en la contra, tanto en Nicaragua como en Honduras, y no se pudo encontrar ni un solo dato revelador.

Ya estaba terminado el plan de protección a las festividades y todo giraba en función de la seguridad de los numerosos dignatarios y personalidades que asistirían al evento. No existían fisuras en el dispositivo de seguridad creado, pero cualquiera, armado de un misil del tipo C3M de fabricación rusa, podía disparar perfectamente contra el avión cubano, mientras este se acercaba para tomar tierra en el aeropuerto Sandino.

Solo había una salida y fue la que se tomó con el acuerdo de todos. Ese mismo día, la cancillería nicaragüense elaboró una nota informativa para el gobierno de Estados Unidos que debía ser entregada al mismo tiempo en Managua y Washington. En ella se denunciaba el plan, sin descubrir todo lo conocido y dando la impresión de saber más de lo que realmente se conocía, responsabilizando a la Administración Reagan por cualquier hecho o acción que se produjera durante los actos presidenciales, particularmente el plan descubierto contra el presidente cubano, dejando claro que, si algo sucedía, la opinión pública conocería todos los detalles del complot, incluso los no explicados en la nota. La medida operativa-diplomática al parecer surtió el efecto deseado.

Por otra parte, se estudió detalladamente el itinerario aéreo de cada mandatario asistente y los cubanos decidieron utilizar tres de sus aviones IL-62M para despistar al enemigo, que no tendría la certeza de en cuál de ellos viajaba Fidel. Así, con el peligro latente, el dirigente cubano, una vez más desafiando los proyectos criminales contra su vida, asistió a la ceremonia de investidura del comandante Daniel Ortega, primer presidente, elegido por su pueblo, en una Nicaragua libre, sandinista y soberana.

14

Ocaso de una obsesión

Después de la segunda mitad de la década de los ochenta, Fidel Castro comenzó a viajar a otros países con más asiduidad. Numerosos jefes de Estado en América resultaban elegidos, como resultado de una nueva era en la región, y sus gobernantes deseaban contar con la presencia del distinguido líder. También otros gobiernos de Europa y el resto del mundo solicitaban contar con él para importantes actividades que programaban. Probablemente esto hizo que los sicarios de la denominada Fundación Nacional Cubano-Americana (FNCA), estudiaran la posibilidad de asesinarlo, algo que en Cuba, sabían, era prácticamente imposible.

Creada en la era de Ronald Reagan, la FNCA había emergido como un mecanismo de lobby y cabildeo para presionar a los políticos de Washington en pos de nuevas leyes y regulaciones en el Congreso, que apuntalaran el despreciado bloqueo económico, político y cultural impuesto por Estados Unidos en 1962.

Pronto quedó claro para la opinión pública que los fines de la FNCA no eran solo políticos y que, escondido en su vientre, contenía un mecanismo para la subversión, el terrorismo y el crimen, encubiertos bajo el eufemismo de un aparato de seguridad y protección para sus dirigentes. Terroristas connotados se agruparon bajo esa sombra que en realidad pretendía la «guerra por los caminos del mundo» contra los intereses, funcionarios y dirigentes cubanos en cualquier rincón del planeta. Discretamente la CIA a través de fundaciones creadas para los efectos, le entregaba periódicas mesadas, para sus gastos.

Primero fue en España donde, aprovechando una visita de Fidel a Galicia, un grupo de sicarios encabezado por Mario Salabarría y Marcos Tulio Beruff intentarían ultimarlo. Después, en Brasil, Venezuela, Cartagena en Colombia, Bariloche en Argentina, Isla Margarita en Venezuela, República Dominicana y finalmente Panamá en el 2000.

Siempre los mismos personajes: Roberto Martín Pérez, Gaspar Jiménez Escobedo, Luis Posada Carriles, Santiago Álvarez, Ramón Orozco Crespo, José Hernández, Guillermo Novo Sampol, Pedro Remón Crispín, Ramón Font, Francisco Eulalio Castro y varios colaboradores más. Eran los mismos, los que tantas y tantas veces, por orientaciones de Estados Unidos o por cuenta propia, habían tratado de asesinar a Fidel. No se percataban de su fracaso histórico.

Sin embargo, uno de los más peligrosos complots —y que contó con todos los recursos y posibilidades de materializarse— fue el planeado el 18 de noviembre de 2000 en la ciudad de Panamá, mientras se realizaba la X Cumbre de Países Iberoamericanos. Para ello, contaban con 35 libras de explosivos plásticos. Tenían la idea de colocarlos en el anfiteatro de la universidad local, que harían estallar por control remoto, en ocasión de un acto de solidaridad al que asistiría Fidel, organizado por los estudiantes y el pueblo.

No contaban con la eficiencia de los servicios de Inteligencia cubanos que descubrieron a tiempo el proyecto. El presidente de Cuba, al llegar a Panamá, denunció el complot criminal que se había puesto en marcha, nombró a sus dirigentes y dijo dónde se escondían. En pocas horas, gracias a la información ofrecida por Fidel y el accionar de las autoridades panameñas, los asesinos fueron detenidos y el mundo conoció de aquel deleznable plan.

Luis Clemente Posada Carriles, Guillermo Novo Sampol, Pedro Remón Crispín y Gaspar Jiménez Escobedo, fueron apresados.

Declaración oficial del presidente cubano
Fidel Castro Ruz
17 de noviembre de 2000

Al llegar a esta histórica tierra latinoamericana de Panamá, deseo saludar a su patriótico y valiente pueblo, hoy dueño legítimo del Canal, el que administra mejor que quienes hasta hace muy poco estaban posesionados de él. En nombre de Cuba, que al igual que todos los pueblos del mundo se beneficia de sus servicios, le doy las gracias.

He venido, como los demás jefes de Estado latinoamericanos, a participar en la X Cumbre con el espíritu de cooperar al éxito de la misma para beneficio de nuestros pueblos, y de modo especial para los intereses y el prestigio de Panamá.

Debo cumplir, sin embargo, el deber de informarles que, como en otras ocasiones en que viajo a estas Cumbres, elementos terroristas organizados, financiados y dirigidos desde Estados Unidos por la FNCA, que es un instrumento del imperialismo y la extrema derecha de ese país, han sido enviados a Panamá con el propósito de eliminarme físicamente. Ya se encuentran en esta ciudad y han introducido armas y explosivos.

Lo denuncio al llegar aquí y no antes de viajar para que a nadie le pase por la mente que cualquier peligro o amenaza pueda intimidar a la representación de Cuba.

En cuanto a la seguridad de nuestra delegación, no albergamos preocupación alguna; está advertida, posee experiencia y es veterana en la lucha contra emboscadas, planes traicioneros y otras agresiones del imperio y sus aliados. Pero en esta reunión participan numerosas delegaciones y Jefes de Estado y de Gobierno y, aunque las autoridades de Panamá han trabajado con esmero para garantizar la seguridad de todos, sabemos que los elementos terroristas tienen la idea de disparar o hacer estallar cargas explosivas donde lo estimen útil a sus propósitos, sin importarles en cuál vehículo colectivo viajen los jefes de delegaciones o dónde se encuentren reunidos para alguna de las actividades programadas.

El jefe de esos elementos a quien los líderes de la FNCA encargaron la misión, es el tristemente célebre Luis Posada Carriles, un hombre cobarde, totalmente carente de escrúpulos, autor de la voladura del avión de Cubana de Aviación al despegar de Barbados con 73 pasajeros a bordo, el 6 de octubre de 1976, mediante la utilización de mercenarios venezolanos. Fugado de una cárcel de Venezuela en agosto de 1985, participó activamente en el suministro de armas para la guerra sucia contra el gobierno de Nicaragua, una operación dirigida desde la Casa Blanca que dio lugar al escándalo Irangate. Ha sido responsable de actos terroristas contra hoteles de La Habana mediante el uso de mercenarios de El Salvador y Guatemala.

En ocasión de la IV Cumbre, celebrada en Cartagena de Indias los días 14 y 15 de junio de 1994, estuvieron a punto de disparar contra nosotros cuando recorríamos la vieja ciudad en una caravana de coches tirados por caballos, que organizaron los anfitriones. Gabriel García Márquez viajaba junto a mí en ese recorrido. Habría tenido yo, en ese caso, el honor de morir con tan lúcido escritor.

La pandilla de la FNCA, que planeó un atentado en la isla Margarita a raíz de la VII Cumbre, celebrada los días 8 y 9 de noviembre de 1997, fue capturada por un guardacostas de Estados Unidos cuando la embarcación en que viajaba navegaba en las proximidades de Puerto Rico, al parecerle sospechosa de contrabando de drogas, y se le ocuparon las armas que llevaba, entre ellas dos fusiles semiautomáticos calibre 50, con mirilla telescópica, rayos infrarrojos y un alcance de 1 500 metros, que podían ser usados de día o de noche. Como se sabe, los integrantes del grupo fueron absueltos en un juicio espurio y fraudulento que tuvo lugar en esa colonizada isla.

Posada Carriles arribó a Panamá el 5 de noviembre con documentación falsa y sin ningún disfraz. Tiene en Panamá cómplices de su entera confianza en los cuales se apoya.

Por los antecedentes mencionados, se hizo necesario hacer pública esta denuncia.

Consideramos que las autoridades del país anfitrión están en el deber de localizar al jefe terrorista y sus cómplices, impedir que escapen por cualquier terminal aérea, salida terrestre o marítima, arrestarlos y someterlos a los tribunales correspondientes por haber violado leyes nacionales e internacionales. Con toda seguridad harán el máximo para preservar el honor de su país y el éxito de la Cumbre, que han sido puestos en riesgo por delincuentes internacionales que han actuado con indignante desprecio y burla hacia las autoridades y el pueblo de Panamá. Nuestra delegación está en disposición de ofrecerles información de la que dispone.

Solicitamos, a la vez, la cooperación del pueblo panameño para que ofrezca a las autoridades cualquier indicio que pueda contribuir a la captura de los terroristas. Entregamos a la prensa, con el ruego de que las publiquen, fotos recientes de Posada Carriles.

Esperamos que, a pesar de estos planes criminales, la Cumbre de Panamá sea un rotundo éxito.

Epílogo

La guerra contra la isla caribeña aún continúa y los enemigos de la Revolución Cubana persisten en sus proyectos para eliminar a sus líderes. Unas veces por medio de emboscadas, otras utilizando sofisticados venenos y, más recientemente, calumniando su imagen y ejecutoria. No solo han tratado de eliminarlos físicamente, sino también extirpar su ejemplo.

Numerosas son las pruebas de ello. Baste, para comprenderlo, revisar la extensa documentación desclasificada en Estados Unidos sobre operaciones encubiertas contra Cuba. Sin embargo, todavía se pretende encubrir con un manto de medias verdades y mentiras todos aquellos episodios en los cuales una agencia oficial de un gobierno, en este caso estadounidense, pretendió asesinar por todos los medios disponibles a su alcance, a los dirigentes de Cuba. Por esas razones decidimos, a manera de conclusión, exponer varios elementos adicionales que puntualizan y respaldan los hechos expuestos en este libro y comprueban el carácter deliberadamente criminal de la acción del gobierno norteamericano, muchas veces tergiversada o minimizada.

Según la información disponible, la CIA creó en 1961 un departamento —cuyo criptónimo era ZR/Rifle— para «la eliminación de líderes políticos hostiles a Estados Unidos», del cual Fidel Castro devino en objetivo principal. La cobertura para estas actividades estaba inscrita en lo que los politólogos norteamericanos describieron como «negación plausible», concepto al cual se sumaría, por esas fechas, el de «operaciones autónomas», un eufemismo tras el cual se ocultaba —o por lo menos eso pretendía— la participación directa de la CIA en las guerras sucias emprendidas, y que ha servido de doctrina de trabajo y de método a los principales grupos terroristas en nuestros tiempos.

¿Qué significaban ambas doctrinas, galvanizadas al calor de la guerra contra Cuba?

Tomemos solo algunos párrafos de los documentos citados. En 1975 un Comité del Senado de Estados Unidos reconocía que:

> El concepto de la negación plausible, que fue diseñado para proteger a Estados Unidos y a sus operativos de las consecuencias de la revelación de determinados sucesos, ha enmascarado decisiones del presidente y los altos miembros de su equipo. Una consecuencia posterior de la ampliación de esta doctrina es que los subordinados, en un esfuerzo por facilitar a sus superiores la negación plausible de operaciones, dejan de informarles total o parcialmente acerca de las mismas. El concepto original de la negación plausible preveía realizar las acciones encubiertas de una forma calculada para ocultar la participación norteamericana si las acciones fueran descubiertas. La doctrina era por momentos una ilusión y por momentos un engaño. Era ingenuo para los políticos asumir que el apoyo a acciones tan grandes como la invasión por Bahía de Cochinos pudiera ser ocultada.

Por su parte, las operaciones autónomas, según las reglas básicas para ellas aprobadas en 1963 por el Consejo Nacional de Seguridad:

> ...debían ser ejecutadas exclusivamente por nacionales cubanos, motivados por la convicción de que para desalojar al régimen debían actuar en consonancia los cubanos de adentro y de afuera. Si el esfuerzo de derrocar el régimen cubano cuesta muchas vidas humanas Estados Unidos retirará el apoyo financiero y no considerará restablecerlo en un futuro inmediato. El gobierno norteamericano debe estar preparado para negar públicamente cualquier participación en estos actos. Todas

las operaciones autónomas deberán ser montadas fuera del territorio de Estados Unidos. Después de entrar en relación con un grupo, el representante de Estados Unidos debe dejar claro que el gobierno no tiene intención de intervenir militarmente, excepto para enfrentar a los soviéticos. Un experimentado oficial de la CIA será asignado para trabajar con el grupo. Él deberá influir, pero no controlar el curso de las operaciones.

Y para puntualizar las ideas y conceptos citados, en 1967 un informe de J.S. Earman, inspector general de la CIA, explicaba, en uno de sus párrafos introductorios, lo siguiente:

> La reconstrucción de la participación de la Agencia en planes para asesinar a Fidel Castro es a lo sumo una historia imperfecta. Motivado por la extrema sensibilidad de las operaciones analizadas o intentadas, como cuestión de principios, no se conservaron registros oficiales de su planificación, aprobación o implementación. Los pocos registros escritos que hay, son o grandemente tangenciales a los sucesos principales, o fueron llevados al papel de memoria, años después. William Harvey ha conservado notas esqueléticas de sus actividades durante los años en cuestión y son nuestra mejor fuente de datos.

Entonces, ¿por qué a casi 60 años de aquellos episodios todavía se pretende escamotear y ocultar la gran mayoría de ellos y solo se desclasifica por el gobierno de Estados Unidos una parte insignificante de los complots planeados contra la vida, la imagen y las ideas de Fidel Castro?

En la presente edición, se narran algunos de ellos, mientras que casi todos aparecen en la cronología. Como se ha demostrado, las denuncias cubanas no constituyen una alucinación o campaña mediática. Ellos mismos lo reconocen, solo que a medias. En reuniones internacionales o conversaciones con analistas o expertos norteamericanos he escuchado y rebatido ideas tales como: «si solo fueron ocho los planes para asesinar a Fidel, ¿por qué armar tanto barullo?». ¿Es que acaso ocho complots para asesinar a una persona no resulta un crimen de lesa humanidad, sobre todo cuando —como ha sido en este caso— se ha tratado de un dirigente de una nación?

¿Por qué la potencia más poderosa de la humanidad ha acudido a esos métodos terroristas? ¿Es que acaso, el complot descubierto en Panamá en 2000, en un teatro universitario, abarrotado por cientos de personas, no es un terrible crimen? Pues según las actuaciones del gobierno norteamericano, no. Como los hechos evidencian, protegen a Luis Posada Carriles y a sus cómplices, quienes impunemente regresaron a la ciudad de Miami, bajo la discreta protección de las autoridades norteamericanas.

Por eso pretendemos que este libro constituya un fiel testimonio, una denuncia de estos macabros proyectos, precisamente hoy cuando el imperio se erige como gendarme universal y cuando la doctrina de los ataques preventivos se ha incorporado al léxico filosófico del gobierno norteamericano.

Cuba seguirá resistiendo y desarticulando los planes y complots contra su Revolución. No podrán destruir la sociedad perfectible que hemos construido, así como nunca pudieron asesinar a Fidel. Vuelven a equivocarse. La historia de este país, de este continente, es y será testigo de ello.

Cronología de un crimen

1959-2000

En las investigaciones realizadas para esta cronología se tuvieron en cuenta dos categorías de proyectos homicidas: una, en las que contaban con los motivos, medios y oportunidad, y los ejecutores realizaron acciones prácticas encaminadas al logro de sus fines antes de ser descubiertos; y otra, en las que, aun teniendo los motivos, fueron neutralizados en sus etapas primarias.

Se incluye dentro de la primera, los casos publicitados en Estados Unidos a consecuencia de informes de la CIA y otras agencias, desclasificados durante estos años, que en su momento fueron investigados por los servicios de Seguridad cubanos.

De esa manera se contabilizaron 167 complots homicidas, cuyos autores fueron detenidos y sancionados por los tribunales competentes o, en su caso, denunciados a las autoridades correspondientes en terceros países; mientras que se identificaron 467 conspiraciones que resultaron neutralizadas en su fase de planificación. Sumadas ambas, nos percatamos que contra la vida de Fidel Castro se han descubierto y frustrado, en las cuatro primeras décadas del proceso revolucionario, la increíble suma de 634 proyectos de asesinatos, sin contar los que no fueron publicitados o descubiertos por las autoridades cubanas. No existen precedentes en la historia mundial al respecto.

Estados Unidos, directa o indirectamente, ha sido responsable de todos estos. En las ocasiones en que no fueron planificados por sus agencias de terrorismo y subversión, estuvo presente la mano o el dinero de algunos de sus agentes, y en los que no, la idea fue estimulada en la conciencia de los asesinos por las campañas subversivas que desde Norteamérica exhortaban a la eliminación del dirigente cubano.

La información presentada aquí, así lo demuestra. También, que estos proyectos criminales formaban parte indisoluble de los planes de Estados Unidos para derrocar a la Revolución Cubana. El lector podrá percatarse de cómo ambos fines —el asesinato de Fidel Castro y la desestabilización de nuestra sociedad— marcharon unidos en el proyecto anticubano. Esto no es casual. Se ha pretendido y pretende destruir la unidad revolucionaria, lograda en estos años de lucha y de la cual Fidel Castro fue, es y será artífice y seguro guardián. Supusieron que una vez desaparecido el dirigente, la unidad se desmoronaría lo que posibilitaría así la consecución de sus objetivos.

La cronología ofrece los detalles esenciales de los 167 complots descubiertos por los servicios de la Seguridad cubana en los que se ocuparon los artefactos de muerte y sus ejecutores fueron sancionados por los tribunales de justicia; y de otros que se conocieron por informes oficiales desclasificados por Estados Unidos.

Esperamos que esto sirva de ejemplo y documente de manera irrefutable cómo Estados Unidos, el país más poderoso de la Tierra, ha agredido a nuestra soberana y viril Patria. Ojalá también esta denuncia contribuya a erradicar de su política acciones de esta naturaleza e impedir que hechos tan deleznables se repitan o se utilicen en cualquier «oscuro rincón» del planeta para dirimir conflictos o desacuerdos con su política imperial.

1959

ENERO. Durante los últimos días de 1958 fue descubierto un complot organizado por agentes del FBI y de la dictadura de Fulgencio

Batista para asesinar a Fidel Castro en su cuartel general en las montañas de la Sierra Maestra, provincia de Oriente. El norteamericano Alan Robert Nye, capturado el 25 de diciembre de 1958 por combatientes rebeldes, confesó sus pretensiones y señaló a los instigadores. El plan consistía en infiltrarse en la guerrilla, bajo la cubierta de un simpatizante y experimentado luchador y, una vez en esta, emboscar al dirigente. Se le incautó un fusil Remington calibre 30.06 con mira telescópica y un revólver calibre 38, con los cuales pretendía cometer el crimen. Durante el primer trimestre de 1959 Nye fue juzgado y sancionado por los tribunales cubanos.

MARZO. Por iniciativa del dictador dominicano Rafael Leónidas Trujillo, y de Batista, con el consentimiento de autoridades norteamericanas, Rolando Masferrer, exjefe de «escuadrones de la muerte» en la Cuba prerrevolucionaria, planeó el asesinato de Fidel por medio de una emboscada en las inmediaciones del Palacio Presidencial en La Habana. El comando encargado de cometer la acción estaba integrado por Obdulio Piedra y Navi Ferrás, quienes al ser descubiertos se dieron a la fuga y huyeron del país rumbo a Estados Unidos. Se les ocuparon armas y valiosa información.

MEDIADOS DE 1959. Frank Sturgis —o Frank Fiorini— agente bajo contrata de la CIA, planeó asesinarlo aprovechando una reunión en la jefatura de la Fuerza Aérea cubana, donde se había infiltrado. El complot, aprobado por James Noel, jefe de la estación de la CIA radicada en la embajada de Estados Unidos, consistía en poner una bomba en la instalación militar. En el operativo participaban, además de Sturgis, Pedro Luis Díaz Lanz, jefe de ese cuerpo militar, y Gerry P. Hemming, mercenario de origen norteamericano. El plan fracasó a causa de las medidas de seguridad existentes en el lugar seleccionado.

DICIEMBRE. El coronel J.C. King, jefe de la División del Hemisferio Occidental de la CIA, propuso a su jefe, Allen Dulles, el asesinato del líder como medio más expedito para derrocar a la Revolución Cubana.[1] Pocas semanas después, fue autorizada su propuesta por el director de la Agencia.

NOVIEMBRE DE 1959–FEBRERO DE 1960. Un grupo contrarrevolucionario, dirigido por el agregado militar de la embajada de Estados Unidos en Cuba, mayor Robert Van Horn, organizó un plan para asesinarlo durante una visita a la residencia del comandante Ramiro Valdés Menéndez, jefe de los servicios de Seguridad cubanos. El proyecto fracasó al ser neutralizados por agentes infiltrados en el grupo. Los complotados eran, entre otros: Geraldine Shamma, de nacionalidad norteamericana, Fernando López, Pablo Márquez y Homero Gutiérrez. El operativo fue supervisado en el terreno, por Lois Herbert, responsable de la CIA para el área de Centroamérica y el Caribe.

1960

ABRIL. Howard Hunt, oficial de la CIA adscrito a la recién creada Fuerza de Tarea anticubana, a su regreso de un viaje exploratorio a La Habana, propuso asesinarlo como único medio para derrocar a la Revolución. En esa misma fecha fue desmantelado otro complot, dirigido desde Estados Unidos por Manuel Artime Buesa, un protegido de Howard Hunt. En esa ocasión se proyectó balear al dirigente cubano en la Universidad de La Habana. El operativo estuvo comandado por Manuel Guillot Castellanos y Rafael Quintairos Santiso, quienes fueron detenidos, dos años después, por sus actividades al servicio de la CIA y confesaron estos planes.

AGOSTO. Galo Martínez Chapman, Fernando Mancheco González, José Martínez Gómez, Alfredo Curí Abdo, Amancio Abeleiras Pérez y Reinaldo Ruíz Cortinas, todos de común acuerdo, organizaron un complot con el fin de promover un alzamiento armado en la región central del país para derrocar al Gobierno Revolucionario. Acordaron, en apoyo a este propósito, realizarle un atentado a la salida de sus oficinas en el Palacio Presidencial de la capital cubana, así como diversos actos de sabotaje, terrorismo y subversión.

SEPTIEMBRE. La CIA, en unión de elementos vinculados a la Mafia, planeó en varias ocasiones asesinarlo mientras este se encontraba en la ciudad norteamericana de Nueva York, para asistir al XV período de sesiones de la Organización de Naciones Unidas. Los complotados planeaban colocar en la habitación del hotel que ocupaba el dirigente cubano, dos cajas de tabacos, una con un poderoso veneno a base de botulina sintética y la otra con explosivos plásticos. Al fracasar el proyecto por la negativa de colaboración de la policía local, intentaron espolvorear sales de talio en sus zapatos, para que su barba se desprendiese e inducirlo a fumar un tabaco impregnado con una sustancia química, para que durante una entrevista televisiva pactada con los medios locales, esta droga le provocara una risa incontrolable que afectara su prestigio y carisma. Finalmente, y ante los fracasos anteriores, Walter Martino —gánster norteamericano, hermano de uno de los operadores de casinos de juego en La Habana prerrevolucionaria— intentó asesinarlo durante un acto en el Central Park, al colocar un poderoso artefacto explosivo en la tribuna que debía ser utilizada; el plan fue descubierto y desactivado por la policía de Nueva York.

OCTUBRE. El coronel Sheffield Edwards, jefe de la Oficina de Seguridad de la CIA, coordinó con el jefe mafioso Johnny Rosselli el envío a La Habana del asesino profesional Richard Cain, para estudiar, sobre el terreno, su asesinato. En la capital cubana el norteamericano se puso en contacto con los contrarrevolucionarios Eufemio Fernández y Herminio Díaz, antiguos secuaces del capo mafioso Santo Trafficante, quienes debían apoyarlo en el operativo. La idea consistía en tirotearlo desde un auto en marcha.

Después de un estudio meticuloso de los lugares eventuales para ejecutar la acción, optaron por cancelarla a causa de las medidas de seguridad que disponía el dirigente revolucionario. Ese mismo mes, fueron detenidos los contrarrevolucionarios Indalecio Pérez, Rafael Pérez Campa, Carlos Rivero y Manuel Suárez cuando preparaban una emboscada armada que debía ejecutarse en las inmediaciones del Palacio Presidencial de La Habana. El crimen formaba parte de un proyecto subversivo que incluía el asalto a la décima cuarta estación de Policía, en la capital cubana, así como el desencadenamiento de numerosos sabotajes y el alzamiento en armas de ese grupo en la Sierra del Escambray. Además, un grupo de personas, instigado por la embajada de Estados Unidos en La Habana, organizó un atentado en las inmediaciones de la Plaza de la Revolución. El complot fue abortado y resultaron detenidos y sancionados Arturo Amaya Gil, Alfonso Armas Orozco, Alejandro Collazo Izquierdo, José García Lavado, Armando Junco Brizuela, Roberto Morffi González, Juan Nardo Echevarría y José E. Velazco.

NOVIEMBRE. Un plan fraguado por la CIA fue abortado al capturarse a los contrarrevolucionarios Armando Cubría Ramos y Mario Tauler Sagué, quienes se habían infiltrado por Punta de Hicacos, provincia de Matanzas, procedentes de la Florida, en cumplimiento de órdenes del agente de la CIA Eladio del Valle Gutiérrez. Se les ocuparon armas, granadas de fragmentación, un equipo de control remoto y seis detonadores. También en esa fecha, se planeó el asesinato del primer ministro cubano en las inmediaciones del Instituto Nacional de Reforma Agraria. Resultaron detenidos los complotados Elpidio Brito Gómez, César Valdés Moreno, Ocilio Cruz Sánchez y Luis Puentes Rodríguez.

DICIEMBRE. Se descubrió un proyecto de asesinato en las inmediaciones de un puente cercano al aeropuerto ejecutivo de Baracoa, provincia de La Habana. En dos ocasiones un grupo de hombres

se emboscó en el lugar seleccionado, colocó primero una poderosa carga de dinamita para hacerla estallar al paso del auto del dirigente y después, armados de escopetas recortadas, disparar contra su objetivo una vez que se detuviera su auto, el cual sería in-
terceptado por otro vehículo que cerraría la carretera. Resultaron
detenidos José A. Martí Rodríguez, Francisco Pujols Someillán,
Javier Someillán Fernández y Roger Hernández Ramos. También un grupo contrarrevolucionario fue capturado cuando se
disponía a emboscar el auto del primer ministro cubano en las
inmediaciones del Palacio Presidencial. Fueron capturados Orlando Borges Ray, Pedro René Hernández, Laureano Rodríguez
Llorente y Emiliano Reinoso Hernández. Se les ocuparon armas y
explosivos. Ese mes, por orientaciones de la estación de la CIA radicada en La Habana, su agente Vladimir Rodríguez —conocido
por *El Doctorcito*— planeó su asesinato mediante una emboscada
organizada en un edificio situado en la esquina de las avenidas
de Línea y Paseo. Para tales propósitos utilizarían un fusil con
mira telescópica, con el que dispararían contra su objetivo cuando
este visitara el restaurante Potín, situado frente al lugar escogido. El plan fue neutralizado, incautado el fusil y capturado su
autor. También a fines de año, un equipo de agentes de la CIA,
infiltrado desde Estados Unidos, fue capturado al intentar colocar una potente carga de explosivos plásticos en la alcantarilla de
una céntrica avenida capitalina. El plan consistía en detonarla por
control remoto en el momento en que Fidel pasara por el lugar.
Los detenidos fueron Julio Antonio Llebra Suárez, César Fuentes,
Jorge Ulises Silva Soubelette y Ronald Condom Gil, a quienes les
fueron ocupados los explosivos.

1961

ENERO. Los agentes de la CIA Frank Sturgis y Marita Lorenz planearon envenenarlo como parte de un complot fraguado en conjun-

to con elementos de la Mafia norteamericana. El crimen debía ejecutarse en el hotel Habana Libre, aprovechando la ocasión en que el primer ministro visitara el lugar. El proyecto fracasó a última hora, según el propio Sturgis, debido al peligro que correrían. Otra idea de la CIA y la Mafia para envenenarlo fue la de reclutar a Juan Orta Córdova, entonces jefe de las oficinas del primer ministro y un antiguo asociado de los elementos delictivos que operaron los casinos de juego en La Habana durante la década de los años cincuenta. Orta Córdova debía ejecutar su plan en las oficinas del premierato o en su residencia; fracasó por no tener suficiente valor para llevar a cabo sus proyectos. También en ese mes, Guillermo F. Coloma, Ernesto Bordón Basconcillos, Francisco Salazar de la Aceña y otros elementos contrarrevolucionarios, se agruparon con el objetivo de promover un movimiento armado para derrocar a la Revolución. Coloma y Bordón se trasladaron a la ciudad de Miami y se pusieron en contacto con el agente de la CIA Eladio del Valle, de quien recibieron dinero e instrucciones precisas para asesinarlo y realizar otros actos terroristas. Al regresar a Cuba, en el mismo Aeropuerto Internacional José Martí, fueron detenidos y se les ocuparon planos, fotos y documentos.

MARZO. Se pretendía emboscar al dirigente en las inmediaciones de la residencia de Celia Sánchez. Resultaron detenidos por tales hechos los ciudadanos Mario Hidalgo Garcel, Julio Berdote González y Carlos Suárez Roque, a quienes se les ocuparon armas y explosivos. La CIA y la Mafia, nuevamente se confabularon para asesinarlo, y en el marco de la invasión militar que preparaban, enviaron unas píldoras venenosas al grupo contrarrevolucionario de Manuel Antonio de Varona en La Habana. El proyecto consistía en envenenar al líder cubano durante uno de sus acostumbrados almuerzos en el restaurante de comida china Pekín, situado en la populosa barriada del Vedado. Sin embargo, el ejecutor, uno de los gastronómicos del lugar, se atemorizó por la peligrosidad del hecho y se asiló en una embajada. Entre los complotados principales se encontraban Alberto Cruz Caso, María Leopoldina Grau Alsina y Rodolfo León Curbelo, los cuales fueron arrestados años más tarde. Por su parte, Rafael Díaz Hanscom —designado coordinador civil del frente contrarrevolucionario interno, destinado a dirigir las acciones en apoyo a la invasión mercenaria que se preparaba en Guatemala— fue infiltrado en el país, el 13 de marzo, en compañía de otros agentes. Díaz Hanscom tenía entre sus misiones desencadenar la Operación Generosa, un vasto plan terrorista contra las principales instalaciones energéticas del país, que incluía la colocación de una potente bomba en el salón de reuniones del Instituto Nacional de la Vivienda, en la perspectiva de una reunión citada por Fidel. La fecha estaba situada para el 27 de ese mes. El plan fue frustrado al capturarse a Díaz Hanscom y a sus cómplices.

MAYO. José Álvarez García, Antonio Castro Cárdenas, Cándido Torres Pérez y Rafael Prío planearon asaltar la comandancia de la Policía Nacional Revolucionaria, entidad a la que algunos de ellos pertenecían. Posteriormente, utilizando autos de la patrulla policial, se estacionarían en una de las vías de acceso al Palacio Presidencial para esperar a que el dirigente cubano se aproximara a sus oficinas, ocasión en la que lanzarían varias granadas de mano. Al ser detenidos reconocieron estar influenciados por las transmisiones que, desde territorio norteamericano, exhortaban a eliminar a Fidel.

JUNIO-JULIO. Tres proyectos criminales fueron fraguados por un grupo contrarrevolucionario que actuaba, bajo instrucciones de la CIA, por intermedio de su veterano agente Tony Varona, dirigente del denominado Consejo Revolucionario Cubano, quien instruyó a sus hombres a ejecutar las acciones siguientes: una emboscada en una residencia ubicada en el reparto Biltmore, de la capital cu-

bana, donde conocían que el jefe revolucionario asistía con alguna periodicidad; otra emboscada en el restaurante El Cucalambé,
en el municipio capitalino de Marianao; y, si las emboscadas
anteriores fracasaban, organizar una tercera en la intercepción
de las avenidas Santa Catalina y Rancho Boyeros, mediante la
inutilización de la vía con un vehículo, mientras que desde un *jeep*
descapotable lo atacarían con una bazuca y granadas de mano.
Fueron ocupadas las armas y se detuvo a los complotados Juan
Bacigalupe Hornedo, Higinio Menéndez Beltrán, Guillermo Caula Ferrer, Ibrahim Álvarez Cuesta, Augusto Jiménez Montenegro,
Román Rodríguez y Osvaldo Díaz.

JULIO. Se puso en marcha un proyecto fraguado por la CIA desde el
mes de enero de 1961, en el que inicialmente iba a participar el
conocido terrorista Félix Rodríguez Mendigutía. En esta ocasión
los hermanos Mario y Francisco Chanes de Armas fueron los elegidos. Ellos seleccionaron dos alternativas para cometer el crimen:
una, en Santa María del Mar, al este de la capital, y la otra, en la
residencia de la compañera Celia Sánchez. El primer intento fracasó al no concurrir Fidel a la emboscada. Semanas más tarde, pre-
tendieron penetrar por la fuerza en un almacén situado a 50 metros
de la residencia seleccionada y apostarse allí con un fusil con mira
telescópica. Días antes de la acción, fueron ocupadas las armas y
capturados los ejecutores, entre los que se encontraban además
de los hermanos Chanes, los ciudadanos José Acosta, Orlando
Ulacia, Ramón Laurent, Ángel Sánchez Pérez, Félix Tacoronte
Valdés, Roberto Cosculluela Valcárcel y Alfonso Díaz Cosculluela.
También en julio, fueron arrestados los contrarrevolucionarios
José F. Díaz Quintana e Higinio Martín Castro cuando se disponían a dispararle desde el edificio Naroca, situado en la intercepción de las avenidas Línea y Paseo, en La Habana. Ambos sujetos
ya habían realizado varios sabotajes en diferentes lugares de la
capital. Además, la CIA preparó un plan para asesinar a Fidel y a

Raúl Castro durante los actos conmemorativos de las efemérides del 26 de Julio en las ciudades de La Habana y Santiago de Cuba. Este plan estaba vinculado a un proyecto de autoagresión al enclave naval norteamericano ocupado ilegalmente en la bahía de Guantánamo, y que posibilitaría el pretexto para una agresión directa de Estados Unidos contra Cuba. Fueron detenidos todos los complotados, entre ellos su dirigente principal, el agente de la CIA Alfredo Izaguirre de la Riva. También fueron ocupados varios arsenales de armas y pertrechos de guerra en diferentes regiones del país. Relacionado también con la conmemoración del 26 de Julio en la Plaza de la Revolución en La Habana, un grupo contrarrevolucionario planeó asesinarlo lanzando varias granadas de mano contra la tribuna en el momento en que el dirigente estuviera haciendo uso de la palabra. Fue detenido su inspirador principal, Alfredo Gámez, a quien se le incautaron varias armas.

AGOSTO. Silvio Salvio Selva y Alberto Junco, dos elementos pertenecientes al grupo contrarrevolucionario Movimiento Demócrata Cristiano, planearon emboscarlo durante una visita a una residencia en la barriada de Nuevo Vedado. En ese mes también se planeó asesinarlo durante una de sus visitas al Ministerio de Relaciones Exteriores. La idea consistía en disparar desde la ventana de un edificio ubicado frente al lugar escogido. Al fracasar este plan, idearon otro, que debía ejecutarse en un acto en la Plaza de la Revolución. Fueron detenidos los complotados Julio Peón y Julio Díaz Argüelles.

SEPTIEMBRE. El grupo contrarrevolucionario Rescate planeó el asesinato del primer ministro en ocasión de un acto público en el que debían ser inaugurados varios edificios de apartamentos para trabajadores. El proyecto consistía en lanzar varias granadas de mano contra el dirigente. Fue capturado el excoronel del ejército de la dictadura Francisco Álvarez Margolles, responsable y ejecutor principal del plan.

OCTUBRE. Por indicaciones de la CIA, desde el año anterior se había alquilado un apartamento cercano a la terraza norte del Palacio Presidencial, lugar donde se desarrollaban los actos públicos y en los que el dirigente cubano hacía uso de la palabra. Pacientemente los contrarrevolucionarios fueron introduciendo en el apartamento las armas necesarias y la acción fue decidida para los primeros días de octubre, aprovechando una concentración popular de bienvenida al presidente Osvaldo Dorticós, quien regresaba de una gira por los países socialistas. El operativo era dirigido desde Estados Unidos por el oficial de la CIA, David A. Phillips, y comandado en Cuba por su agente Antonio Veciana Blanch. El proyecto fracasó al huir del país sus planificadores. Se ocuparon las armas y fueron detenidos varios de los complotados, entre los que se encontraban Dalia Jorge Díaz, Manuel Izquierdo y Reynold González González.

1962

ENERO. Un grupo contrarrevolucionario intentó envenenarlo con cianuro en el restaurante El Carmelo, en el Vedado. Fueron detenidos todos los complotados, entre los que se encontraban Pedro Forcades Conesa, Aldo Cabrera Heredia, Eduardo Pérez García, Rubén Fernández Florit, Rafael Llanos Rodríguez, Manuel Pérez Pérez y Eusebio Quesada López.

MARZO. Miembros del autotitulado Frente Nacional de Liberación elaboraron un plan para asesinarlo con una carga explosiva que sería colocada en los pilotes del puente sobre el río Quibú, en el municipio de Marianao. Al conocerse que tenían acceso a los explosivos fueron detenidos Heriberto Fernández Aguirre, Felipe González Cruz y Alberto Rodríguez Roque. También en marzo, el mecánico de aviación Humberto Noble Alexander, aprovechando su condición de trabajador de la base aérea de Baracoa, en las inmediaciones de la ciudad de La Habana, intentó colocar una bomba en el avión utilizado por Fidel Castro en sus viajes al interior del país.

ABRIL. William Harvey, jefe de la Fuerza Operativa W, responsabilizado dentro de la CIA con el caso cubano, y Johnny Rosselli, representante de la Mafia, entregaron en Miami a Tony Varona un frasco con cápsulas venenosas, fabricadas especialmente para eliminar a Fidel Castro. Varona, utilizando al diplomático español acreditado en La Habana, Alejandro Vergara, las envió al grupo Rescate, liderado por Alberto Cruz Caso y María Leopoldina Grau Alsina, con el propósito de entregarlas a varios de sus cómplices en el hotel Habana Libre para que estos envenenaran la comida del dirigente. Durante más de un año estuvieron los complotados buscando la oportunidad de ejecutar el proyecto, en dos de los principales restaurantes, sin obtener ningún resultado.

ABRIL. El agente de la CIA, Juan Guillot Castellanos, planeó asesinar a Juan Marinello Vidaurreta, en aquel entonces rector de la Universidad de La Habana, con el propósito de que Fidel asistiera a sus funerales, y allí ultimarlo. El proyecto fue neutralizado al ser capturados Guillot y la dirección de la organización contrarrevolucionaria. También fracasó una nueva emboscada armada al dirigente cubano en las inmediaciones de la Plaza de la Revolución. Resultaron detenidos Raúl García, Pedro Julio Espinosa y José García Vázquez.

MAYO. Dirigido desde Estados Unidos se planeó su asesinato durante los actos por la conmemoración del 1ro. de Mayo en La Habana. El proyecto consistía en emboscar al líder cubano cuando se dirigiera a la tribuna. Al mismo tiempo el grupo ejecutor proyectaba realizar sabotajes en el acueducto de la capital, en varias fábricas eléctricas y otros servicios públicos, con el fin de producir un clima de desestabilización social que posibilitara la intervención extranjera. Fueron detenidos Pedro Hernández Álvarez, Enrique González, Francisco Cepero Capiró e Indalecio

Ferreiro Varela. También en mayo, y dirigido por la CIA desde la base naval norteamericana en Guantánamo, se planeó el asesinato del ministro de Relaciones Exteriores, Raúl Roa García, con el propósito de atentar contra la vida de Fidel durante las honras fúnebres del canciller, en el cementerio de la capital. Para esto contaban con granadas de mano y pistolas automáticas. El plan estaba vinculado a numerosas acciones subversivas en el resto del país. Fueron capturados todos los complotados, encabezados por Jorge Luis Cuervo Calvo, en ese entonces Gran Maestro de la masonería simbólica.

JUNIO. Bajo la supervisión de la CIA, un grupo encabezado por Bernardo Corrales, Elsa Alfaro y Servando Sánchez, proyectó asesinarlo mediante un disparo de bazuca desde un edificio colindante con la residencia de Celia Sánchez. El complot no pudo llevarse a cabo por las medidas de seguridad tomadas en el lugar, lo que hizo imposible la introducción del artefacto. Los involucrados fueron detenidos posteriormente.

JULIO. Se planeó su asesinato por medio de una emboscada con granadas de fragmentación en las inmediaciones de la Plaza de la Revolución. Fueron detenidos Servando R. Ovies Fariñas, Abel Joaquín Costa Martínez, Felipe Becerra Espinosa y Rodolfo Montes López. Además, dirigidos por la CIA, Luis David Rodríguez, Ricardo Olmedo Moreno y Braulio Roque intentaron asesinarlo, disparándole con un mortero ubicado en las inmediaciones de la Plaza de la Revolución, durante los actos por la conmemoración del 26 de Julio. El proyecto fracasó al ser transferida la actividad para Santiago de Cuba.

AGOSTO. Un bloque de organizaciones contrarrevolucionarias, apoyadas por la CIA, planificó el levantamiento militar de sus grupos con el fin de desestabilizar el país. Un elemento principal del proyecto consistía en asesinar a Fidel Castro en el teatro Karl Marx. Fueron detenidos Guillermo Reyes Viaba, Tomás P.

Ruíz Santana, Evelio Hernández Soto, Jesús Lazo Otaño, Otto Rodríguez Díaz, Félix Martín Nicerán, Félix Soto Sánchez, Leonel Hernández Mendez, Mario R. Estrada Alonso, Raúl V. Jorge León, José González Poladura, José M. Estrada González, y Félix Sotolongo Morejón. Otro proyecto fraguado por esa fecha, fue planificado por el bloque de organizaciones contrarrevolucionarias Resistencia Cívica Anticomunista que, bajo la dirección de la CIA, organizó un alzamiento general de sus grupos con la finalidad de propiciar la intervención norteamericana en Cuba. Para tal fin, organizaron una emboscada al auto del dirigente cubano en una céntrica avenida capitalina. La idea consistía en lanzarle varias granadas de fragmentación. El operativo fue frustrado. Fueron capturados los principales complotados: Amaranto Torres, Ernesto Castillo y Ángel Custodio Portuondo.

SEPTIEMBRE. Miembros de la Junta de Liberación Anticomunista, Frente Interno de Liberación y Unión Nacional Democrática, proyectaron ejecutar, de manera simultánea, actividades de sabotaje, asaltos a unidades de las Fuerzas Armadas Revolucionarias y un atentado contra Fidel, el cual se llevaría a cabo en una populosa avenida capitalina. Fueron detenidos Delio A. Torres Hernández, Manuel Morales Jerez, Celio Armenteros Aruca, Eugenio Julián Jan, Ricardo González García, Mercedes N. López Fleites, Rafael Cruz Casio y Rafael Rojas Martí. Varios integrantes de la organización contrarrevolucionaria 30 de Noviembre resultaron sorprendidos cuando planificaban la ejecución de un atentado a Fidel en las inmediaciones de la Plaza de la Revolución. Entre los detenidos se encontraban Mario Ortiz Toledo, Manuel Pino Silva, Alberto Gálvez Alum, Elio Pardo Tabío y Heliodoro Grau. Además, Rafael Enrique Rojas Varela fue detenido por los miembros de la escolta del Comandante en Jefe cuando este intentaba, en medio de la vía pública, atentar contra la vida del dirigente.

FINALES DE 1962. El grupo Rescate, de Tony Varona y Alberto Cruz, cumpliendo instrucciones de la CIA, proyectó envenenar al comandante Efigenio Ameijeiras, jefe de la policía, para provocar la asistencia de Fidel a sus honras fúnebres, ocasión en que sería asesinado por un comando armado con pistolas con silenciadores.

1963

PRIMER TRIMESTRE. Desmond FitzGerald, jefe de la Sección de Asuntos Cubanos en la CIA, planeó asesinarlo utilizando un traje de buzo embadurnado con bacterias que infectaban la piel y el bacilo de la tuberculosis. La idea consistía en hacérselo llegar por medio del abogado norteamericano James Donovan, quien se encontraba realizando negociaciones en Cuba y tenía acceso al dirigente. El proyecto fracasó al negarse Donovan. Otro proyecto homicida fue puesto en marcha por FitzGerald: depositar un caracol exótico preparado con una poderosa carga explosiva en la zona donde Fidel acostumbraba a practicar la pesca submarina. El plan fracasó al no poder colocarlo en el lugar previsto.

MARZO. Un bloque de organizaciones contrarrevolucionarias, denominado Resistencia Cívica Anticomunista, dirigido por la CIA desde la base naval norteamericana en Guantánamo y con el apoyo de la Mafia, planeó un levantamiento armado en todo el país, que sería iniciado por el asesinato de Fidel Castro en el acto a efectuarse el 13 de marzo en la escalinata de la Universidad de La Habana. El proyecto fracasó al ser descubierto el complot. Fueron detenidos todos los participantes y sus principales dirigentes Luis David Rodríguez, Ricardo Olmedo Moreno y Jorge Espino Escarlés. También integrantes del llamado Ejército en Armas Unidos planearon disparar contra el comandante desde un apartamento cercano al terreno de béisbol ubicado dentro de las instalaciones del Departamento de Seguridad del Estado en la capital cubana. Fueron detenidos Evelio Montejo Quintana, Francisco Amigó O'Farrill y los hermanos Marcos y Delfín Martín González. Además, el grupo Rescate, estuvo a punto de envenenar a Fidel Castro con una de las cápsulas que habían sido enviadas por la CIA cuando el dirigente acudió a la cafetería del hotel Habana Libre en el momento de encontrarse trabajando el dependiente Santos de la Caridad Pérez, uno de los complotados. Él tenía el encargo de colocar la cápsula en un batido de chocolate, acción que fracasó al rompérsele dentro de la nevera donde se encontraba escondida.

ABRIL. Un grupo del MRR planeó asesinar a Fidel durante un partido de béisbol en el estadio del Cerro. La operación consistía en lanzar ocho granadas contra el dirigente. Fueron detenidos por ese hecho Enrique Rodríguez Valdés, Esteban Ramos Kessell, Alfredo Egued Farah y Ricardo López Cabrera.

MAYO. El Frente Anticomunista Revolucionario Interno, dirigido desde Estados Unidos, planeó atentar contra Fidel en los actos por el 1ro. de Mayo en la Plaza de la Revolución. Paralelamente, llevarían a cabo diversas acciones de sabotaje en el acueducto de La Habana, en la planta eléctrica de El Naranjito, en el cine La Rampa y en otras instalaciones de servicios públicos. Fueron detenidos Pedro Hernández Álvarez, Enrique González, Francisco Cepero Capiró e Indalecio Ferreiro Varela.

JUNIO. El Movimiento Revolucionario del Pueblo planeó atentar contra su vida mediante una emboscada callejera y efectuar, al mismo tiempo, acciones de sabotaje y subversión en varios puntos claves de la capital. Fueron detenidos Carlos García Vázquez, Mariano Fernández Suárez, Pedro Julio Espinoza Martínez, Julio Hernández, José A. Marrero Frank, Horacio Arquímedes Ocumares Leyva y Armando Cuesto Constantino. Se ocuparon barras de explosivo C 3, bombas caseras, una ametralladora calibre 45, granadas de fragmentación y varias pistolas.

JULIO. El Movimiento de Liberación Nacional preparó una emboscada para asesinarlo en una residencia capitalina, donde tendría
lugar un encuentro político con participantes en el asalto al cuartel Moncada. Fueron detenidos Enrique Falcón Beltrán, Ramón
Soria Licea, Eliecer Senra Ramírez y Antonio Senra Lugueira.
También en este mes se llevó a cabo la Operación Rafael, un proyecto auspiciado por la CIA y la Mafia para asesinarlo en el acto
de conmemoración del 26 de Julio en la Plaza de la Revolución.
La CIA envió a los complotados un fusil con mira telescópica y
silenciador. Entre sus dirigentes se encontraban Mario Salabarría
y los agentes de la Inteligencia norteamericana Alberto Cruz Caso
y Arturo Varona. El plan se frustró por las medidas de seguridad
existentes en el lugar. Un grupo del MRR también planeó asesinarlo en el marco de esta conmemoración. El plan consistía en
disparar con un mortero de 82 milímetros contra la tribuna presidencial, desde el patio de una casa ubicada en las inmediaciones
del lugar. Fueron detenidos Luis Montes de Oca y Braulio Roque.

JULIO-SEPTIEMBRE. Desde Estados Unidos, el terrorista cubano
Orlando Bosch y el mafioso Mike MacLaney, planearon bombardear la residencia de Fidel en la localidad de Cojímar. El plan
fracasó al ser ocupadas las bombas en un operativo realizado por
el FBI, que detuvo a los sospechosos. Por gestiones de la CIA, los
detenidos fueron puestos en libertad.

AGOSTO. Un plan de alzamiento de grupos contrarrevolucionarios
pertenecientes al denominado Bloque de Resistencia Cívica fue
abortado. El proyecto incluía un atentado contra el primer ministro, para el cual contaban con varias armas de precisión que
fueron ocupadas. Además se detuvo a Palmiro Bartolomé Santiago, Miguel Argueo Gallastegui Zayas, Gilberto Amat Rodríguez,
Héctor Ballester Fernández, Honorio Torres Perdomo y otros.

SEPTIEMBRE. Un grupo planeó atacarlo con granadas de mano durante el acto público a celebrarse el día 28 de ese mes en la Pla-

za de la Revolución, con motivo del aniversario de la fundación de los Comités de Defensa de la Revolución (CDR). El proyecto fue frustrado y resultaron detenidos Ángel Mesa Puentes, Dositeo Fernández Fariñas y Roberto Porto Infanzón. Otro proyecto fue frustrado en ocasión del aniversario de los CDR. Miembros de los grupos Frente Interno de Unidad Revolucionaria y Triple A planearon colocar una carga de dinamita en la alcantarilla que pasaba por debajo de la tribuna. Uno de los complotados era el ingeniero responsable del sistema de acueductos y alcantarillados de la capital. Fueron ocupados materiales explosivos entregados por la CIA, y detenidos Federico Hernández González, Pierre Quan Diez de Ure, Francisco Blanco de los Cuetos, Jesús Rodríguez Mosquera, Orlando de la Cruz y Luis Arencibia Pérez.

OCTUBRE-NOVIEMBRE. Desmond FitzGerald, alto jefe de la CIA, se reunió en París con Rolando Cubela para coordinar un proyecto de golpe de Estado en Cuba y el asesinato de Fidel. El 22 de noviembre, en el momento en que era asesinado el presidente Kennedy, un oficial de caso de la CIA le entregó a Cubela un bolígrafo armado con una aguja hipodérmica para inocular un poderoso veneno al dirigente cubano durante un acto planeado para diciembre de ese año y que fracasó por cobardía del ejecutor.

DICIEMBRE. Una red de la CIA, integrada por Bernardo Lucas Milanés, Roberto Caíñas Milanés, Adela Nagle, Loreto Llanes García y otros, planeó realizar un atentado cuando visitara la cafetería Potín. El proyecto consistía en interceptar los autos del dirigente cubano en el momento en que se detuviera y dispararle con varias armas automáticas. El operativo fracasó. Después de varias semanas de vigilancia, los complotados abandonaron la idea al no concurrir el primer ministro al lugar. Por su parte, la organización contrarrevolucionaria Ejército de Liberación Nacional proyectó un atentado durante un acto público en la Universidad de La Habana. La idea consistía en concentrar a un grupo de sus hombres desde horas tempranas para ocupar las posiciones cercanas a la tribuna y, cuando el dirigente llegara, lanzarle varias granadas de mano. Fueron detenidos Roberto Ortega, Ciro Rey y José Águila.

1964

ENERO. Un grupo del Ejército de Liberación Nacional planeó asesinarlo en ocasión del acto por el quinto aniversario del triunfo de la Revolución, en la Plaza del mismo nombre. La idea era tomar por la fuerza uno de los apartamentos del bloque de edificios correspondiente a los números 1423, 1425 y 1427 de la avenida Zapata, desde donde se divisaba la tribuna presidencial. Una vez allí, le dispararían con tres fusiles con mira telescópica. La acción fue descubierta y arrestados sus participantes, entre los que se encontraban Rafael Mir Peña y Manuel Santos Martínez. También Bernardo Milanés López —después de regresar de Madrid donde discutió y acordó con el agente de la CIA Joaquín Sanjenís un plan de acción que incluía el asesinato de Fidel— pretendió organizar una emboscada en la 5ta. Avenida del Reparto Miramar con un camión cerrado de la empresa de teléfonos, que llevaría en su parte trasera una ametralladora calibre 30. Cuando los autos del líder se acercaran al camión, se abrirían las puertas traseras y les dispararían. Al descubrirse el proyecto resultaron detenidos Mario Salabarría, Roberto Sabater, Bernardo Milanés y otros complotados.

MARZO. Elementos pertenecientes a la Alianza Nacional de Coordinadores Anticomunistas, integrada por los grupos Acción Cívica Anticomunista, Resistencia Agramonte y Gobierno Interno Anticomunista, planearon efectuar un vasto plan subversivo en todo el país, que incluía atentados a Fidel y a Blas Roca. Los complotados proyectaban realizar las acciones en las inmediaciones de la Plaza de la Revolución, cuando estos se dirigieran a sus oficinas. Fueron detenidos Luis A. Casanovas Morales, Arturo Flores Zamora, Roberto Torres Alfonso y otros encartados.

MAYO. Un grupo perteneciente a la Unidad Militar 1422, se confabuló para tomar por asalto sus instalaciones, apoderarse del armamento y más tarde alzarse en armas. El proyecto incluía el asesinato de Fidel, quien sería atraído a la unidad bajo el falso pretexto de plantearle determinadas demandas económicas. El plan fue descubierto y detenidos sus participantes, entre ellos José M. González Castellanos, José G. González Carmenate, Cándido Ruiz Palencia y Narciso P. Baró Serrano. Por su parte, el Frente Anticomunista Interno planeó una emboscada contra él en la localidad Puente Cabrera, en Marianao. El proyecto consistía en disparar con armas automáticas desde lugares previamente seleccionados. El operativo fue descubierto y resultaron detenidos los complotados Manuel Fordán Diéguez, Ricardo Solana Zayas de la Paz, Armando Prieto Puig, Jorge García Rodríguez, Pedro Lemagre Zárate y José A. Villamil Arias.

AGOSTO. Un grupo del Ejército de Liberación Nacional planeó asesinarlo mediante una emboscada con armas automáticas en la intercepción de las avenidas de los Presidentes y Zapata, en el Vedado. Para adquirir las armas idearon asaltar un cuartel de las Milicias Nacionales Revolucionarias. Fueron detenidos Gregorio Mena Perera, Miguel Tomey Peláez y Pedro Aguilos Montoy.

SEPTIEMBRE. Miembros de la organización Frente Interno de Liberación planearon un atentado en la casa de Celia Sánchez. Anteriormente lo habían intentado en las intercepciones de las avenidas Zapata y Carlos Manuel de Céspedes, en el Vedado. Para dichos proyectos disponían de una ametralladora calibre 7.62, de fabricación checoslovaca y varias granadas de mano. Fueron detenidos Francisco Muñoz Antunes, Nemesio Cubillas Pérez, Juan M. Vailac Valdés, Ángel M. Arencibia Bidau, José R. Montano Meneses y Manuel A. Torquemada Tendero.

SEPTIEMBRE. Se planeó asesinarlo durante la Serie Mundial de Pelota Juvenil. El proyecto consistía en lanzarle varias granadas de mano cuando el dirigente estuviera en los palcos presidenciales de la instalación. Fueron detenidos Alberto Grau Sierra, los hermanos Reinaldo y Valentín Figueroa Gálvez, y Felipe Ramos Rodríguez. Al efectuarse las detenciones les fueron ocupadas tres metralletas y granadas de mano de fragmentación.

1965

ENERO. El MRR, liderado por Manuel Artime y Nacín Elias Tuma, planeó desde Estados Unidos, con la aprobación de la CIA, su asesinato durante el acto de conmemoración del triunfo de la Revolución. Con ese fin, reclutaron a uno de los jefes de grupo de la organización clandestina en Cuba, a quien sacaron del país hacia la Florida para su entrenamiento. Cuando todo estuvo listo, el 23 de diciembre de 1964, lo volvieron a infiltrar en la Isla. El proyecto fracasó porque ese supuesto jefe de grupo era el agente de la Seguridad del Estado cubano Abel Haidar Elías, quien había logrado penetrar la organización contrarrevolucionaria en Miami. Se ocuparon los fusiles con mira telescópica y el resto del armamento entregado para cometer el crimen.

MARZO. Integrantes del Ejército de Liberación Nacional planearon asesinar al primer ministro en la residencia de Celia Sánchez o en la vivienda del comandante René Vallejo. Fueron detenidos Orlando Travieso Peña, Tomás Gilberto Guerrero Matos, Justo González García, Iluminado García Pérez y Modesto García García.

JUNIO. Un grupo del Frente Nacional Democrático planeó asesinarlo durante el acto por el aniversario del 26 de Julio que se realizaría en Santa Clara. Para estos fines se robaron de una unidad militar, un fusil FAL con tres cargadores y varias pistolas. Fueron detenidos Ramón Medina Machado, Alejo R. Álvarez Santana y Santiago Apóstol Gómez Gutiérrez.

JULIO. Elementos de la Unidad Nacional Revolucionaria proyectaron atentar contra la vida de Fidel en la esquina de las calles 21 y L, en el Vedado. Contaban para realizar la acción con una ametralladora Thompson calibre 45. Fueron detenidos Enrique Abreu Vilahu, Julio Ruiz Pitaluga y Carlos Sánchez Hernández. También agentes de la CIA planearon un atentado en ocasión de una visita a un plan agropecuario en la localidad de Los Arabos, provincia de Matanzas. Esta red subversiva se dedicaba a actividades de espionaje y a la realización de sabotajes. Fueron detenidos Roberto Ramos Rodiles, Antonio Alonso Soca, Rolando Quevedo Negrín, José Pelleyá Jústiz y Mirta Beatriz Pérez López; y se ocuparon dos ametralladoras M-3 de fabricación norteamericana.

AGOSTO. Una red de la Agencia de Inteligencia de la Defensa, que accionaba en el país bajo el mando de los agentes Benjamín Acosta Valdés y Antonio Ramírez Méndez, planeó asesinarlo en la residencia de Celia Sánchez mediante una operación comando de 30 hombres armados. Fueron detenidos León R. Martínez Gómez, Felipe Hernández García, Raúl Hermida Lafita, Juan A. Morera Suárez, Enrique Fernández y otros. Los citados agentes de la CIA lograron escapar del país.

SEPTIEMBRE. Miembros de Rescate Revolucionario planificaron un atentado en ocasión de la conmemoración del aniversario de los CDR, para lo cual contaban con varias barras del explosivo plástico C-4. Fueron detenidos Roberto del Castillo Fernández, Salvador del Castillo Atkinson y Lorenzo Medina.

DICIEMBRE. Integrantes del Ejército de Liberación Nacional planearon disparar con un mortero de 81 mm contra la casa de Celia Sánchez. Fueron detenidos Elio Díaz García y Sergio Romero.

1966

ENERO. Se pretendió asesinarlo durante una conferencia que reunía en La Habana a representantes del movimiento revolucionario de todo el mundo. Para consumar los hechos, contaban con varios fusiles automáticos. El proyecto consistía en asaltar el hotel Habana Libre, sede del evento, en el momento en que el dirigente apareciera. Fueron detenidos Guillermo Valdés Sosa, Amado Santana Correa y Carlos M. Vidal Fernández. Por su parte, el Frente Nacional Democrático planeó otro atentado en ocasión de celebrarse un acto en la Plaza de la Revolución. Poseían diez pistolas y granadas de fragmentación. Fueron detenidos Luis Fernández Rodríguez, Raúl Martínez Lima, Ricardo Padrón Acosta, Aurelio Gascón Díaz, Luis Mitjans González, Mario Valdés Cárdenas, Francisco Palomino Castillo, Felicio Valdés González, Sabino Villar Suárez y Jesús González Ramos. También fueron capturados los contrarrevolucionarios Víctor Rodríguez Landerer y Giraldo Suárez Martín, quienes habían organizado una emboscada en las inmediaciones del Palacio Presidencial. El lugar escogido había sido la edificación del cine Fausto, en Prado y Colón, donde Suárez Martín se desempeñaba como administrador.

FEBRERO. Fue detenido Rolando Cubela Secades —el agente de la CIA AM/LASH— y un grupo de sus colaboradores, mientras se encontraban planeando un atentado en ocasión de un acto en la Universidad de La Habana fijado para el 13 de marzo. Por las investigaciones posteriores se determinó que Cubela y sus asociados, en contubernio con la CIA, habían planeado en oportunidades anteriores el asesinato del dirigente revolucionario, con una emboscada a sus vehículos durante una de sus visitas a Varadero. En las oportunidades citadas los tiradores estuvieron apostados en los lugares escogidos; sin embargo, el proyecto había fracasado al no concurrir Fidel al lugar. Las fechas fueron marzo-abril de 1964 y junio-julio de 1965.

MARZO. Integrantes de los grupos contrarrevolucionarios Movimiento Revolucionario del Pueblo y Unión Nacional Revolucionaria planificaron atentar contra su vida cuando este concurriera al estadio de béisbol en el Cerro. El proyecto consistía en lanzarle varias granadas de fragmentación cuando hiciera su entrada a la instalación. Fueron ocupados los medios, y detenidos los contrarrevolucionarios Juan Pereira León, Juan Valdés López y Oscar D. Sáenz Rodríguez.

ABRIL. Miembros de las organizaciones contrarrevolucionarias Movimiento Revolucionario del Pueblo y Frente Unido Occidental, planearon asesinarlo durante una visita al hospital de Emergencias, situado en la avenida Carlos III. Los complotados estuvieron ocultos en un pasillo del hospital, armados de una ametralladora y una pistola, aguardando al dirigente que, en esa ocasión, no concurrió al lugar. Fueron detenidos Roger F. Reyes Hernández y Jorge E. de la Torre. Igualmente Gustavo Gil Hernández fue detenido cuando, armado con granadas de fragmentación, se preparaba para atentar contra la vida de Fidel Castro en la carretera que conducía al central azucarero Liberación, ubicado en la localidad de Cuatro Caminos, La Habana.

MAYO. Un grupo de misiones especiales de la CIA fue capturado cuando se infiltraba por la costa norte de la capital cubana, con el fin de realizar un atentado contra el presidente Osvaldo Dorticós, para atraer a Fidel Castro a su residencia y entonces ultimarlo. Al ser sorprendidos por milicias cubanas y entablarse un combate, cayeron los terroristas Herminio Díaz García y Armando Romero; y resultaron detenidos Antonio Cuesta Valle y Eugenio Zaldívar. También fue detenido Rodobaldo Hilarión Fariñas Lumpuy cuando preparaba un atentado en el estadio del Cerro. El proyecto consistía en lanzarle dos granadas de fragmentación.

JUNIO. Un grupo contrarrevolucionario planeó asesinarlo cuando transitara por el puente del reparto Biltmore, en Marianao. La idea era dispararle desde los arbustos aledaños. Fue capturado el organizador principal, Francisco A. Díaz Valdagil, y ocupada una ametralladora M-3. Los restantes complotados lograron escapar hacia Estados Unidos.

JULIO. Integrantes de Alpha 66 y el Movimiento Democrático Cristiano planearon asesinarlo lanzándole granadas de fragmentación, cuando este recibiera a la delegación deportiva que había asistido a los Juegos Centroamericanos en Puerto Rico. Los actos estaban previstos para el estadio del Cerro, lugar escogido para llevar a cabo el atentado. Fueron detenidos Francisco Bernal González y Pedro Gervasio Pérez Jorrín, entre otros.

SEPTIEMBRE. Se frustró el intento de asesinarlo en Cojímar. La idea consistía en emboscar el vehículo y desde varias motocicletas lanzarle granadas de fragmentación. También planeaban asaltar varias unidades de policía y, posteriormente, alzarse en las montañas del interior de la provincia de La Habana. Fueron detenidos Guido Farmiñán Fernández, Rodolfo Sierra Cabrera, Vicente Rodríguez Molina y José L. Alfonso Calderón.

OCTUBRE. Miembros del Batallón Brigada organizaron una emboscada en la avenida Paseo. Esta céntrica arteria de la capital era usada frecuentemente por el dirigente cubano para sus desplazamientos. Para tales fines, los complotados poseían varios fusiles y pistolas, y contaban además con un apartamento en uno de los edificios de la zona. Fueron detenidos Ramón Luis Arias Cuña, Narciso Oseguera Rodríguez y Pantaleón Rivera Rodríguez.

1967

JULIO. Pascual Peña García, exsargento del ejército de la dictadura de Fulgencio Batista, planeó un atentado en solitario. Su proyecto se basaba en dispararle con una metralleta de fabricación checa en las inmediaciones del Comité Central del Partido Comunista. Fue detenido y ocupada su arma.

SEPTIEMBRE. Varios elementos de la Agrupación Nacional Anticomunista planearon dispararle con armas automáticas, durante una visita del dirigente a una granja en la localidad de Aguacate. Fueron detenidos José Paradela Ruiz, Rodolfo Suárez Sardiñas, Roberto Milián Sánchez y Alfonso López.

NOVIEMBRE. Se planificó un atentado durante la inauguración de la Serie Nacional de Béisbol, en el estadio del Cerro. El proyecto concebido consistía en situar a un hombre junto al cable de entrada del tendido eléctrico, para provocar una interrupción en la instalación, y al mismo tiempo lanzar granadas de fragmentación contra el palco donde se situaba el dirigente. Fueron detenidos José A. Acosta Corona, Marcelo Ramos González, Segundo Rodríguez Pérez, Isidro Benavides Segura y Reinaldo Barrios Romero.

1968

MARZO. Oscar Rafael Planas Madruga y Juan Sánchez Gómez planearon asesinarlo durante una de sus asiduas visitas a un plan genético en la provincia de La Habana. Para sus propósitos contaban con armas y granadas de mano. Ambos complotados fueron detenidos y ocupados los medios. Además, un grupo de elementos contrarrevolucionarios planeó asesinarlo y después huir de Cuba rumbo a Estados Unidos. Los complotados estuvieron vigilando los accesos a la casa de Celia Sánchez. Fueron detenidos Julio Pedrosa Gómez, Norberto Vega Salas, Felipe Israel Cruz Saavedra y José Buenaventura Ruiz Hidalgo.

ABRIL. Se planificó asesinarlo durante una de sus visitas al plan genético de Nazareno, en Santiago de las Vegas. Los contrarrevolucionarios realizaron un estudio minucioso con el objetivo de determinar la cantidad de autos de la escolta del dirigente, así como las vías de acceso y los lugares factibles para la emboscada. Fueron detenidos Digno Pereira, Valentín B. Fernández y Pedro E. Chang; y se ocuparon dos ametralladoras M-3.

MAYO. Fracasó la emboscada en una de las calles que utilizaba para dirigirse al Palacio de la Revolución. Los complotados poseían varias armas y se encontraban en la fase de estudio del lugar seleccionado. Fueron detenidos Santiago Oliva Ramos y Berto Gutiérrez. Además, Nemesio Rafael Rodríguez Amaro planeó asesinarlo durante una de sus visitas al astillero Chullima, en la bahía habanera. Para estos fines estableció contactos con elementos delincuentes que, por una suma de dinero, convinieron en facilitar las armas; sin embargo, y sin previo aviso, huyeron del país en los días del proyectado crimen. Por otra parte, elementos radicados en la Florida contrataron en La Habana a Bartolomé Hernández Quintana y Antonio Muñoz González, para asesinarlo durante uno de sus desplazamientos por la capital del país. También Pedro Luis Sabina planeó asesinarlo durante una de sus visitas a la residencia de su ayudante, el comandante René Vallejo. En este intento chequeó en reiteradas oportunidades la mencionada casa y consiguió una pistola calibre 45.

JUNIO. Integrantes del Frente Democrático Nacional proyectaron una emboscada en una de las avenidas capitalinas. Contaban con cuatro pistolas calibre 22 con silenciador y proyectiles envenenados con cianuro. Fue detenido por esta acción Desiderio Barreto Martínez. Los demás involucrados escaparon a Estados Unidos. Por su parte, Onelio León Zayas y Luis E. Monzón Painé trazaron otro plan para atentar contra él durante uno de sus habituales movimientos dentro de la capital. Monzón Painé era un desmovilizado del Ministerio del Interior y disponía de información sobre el itinerario del dirigente, además de varias armas automáticas. Ambos sujetos fueron detenidos.

JULIO. Desiderio Conrado Pérez y Ramón E. Salazar Román planearon asesinarlo durante una de sus visitas a Villa Clara. Con ese fin estuvieron realizando prácticas de tiro con pistola. Fueron detenidos y ocupadas las armas. Un grupo del denominado Movimiento Montecristi fraguó asesinar al dirigente cubano durante una de sus visitas al municipio de Quivicán. La idea consistía en interceptar sus vehículos y dispararle con varias armas automáticas. Fueron detenidos Justo Páez Santos y Mario Llorens Hernández. Rafael Domingo Morejón Recaña resultó detenido cuando planeaba asesinarlo durante el acto por el aniversario del 26 de Julio en Santa Clara. Morejón había decidido disparar desde el público en un acto suicida con una pistola calibre 45. Marcos Ortiz González proyectó también asesinarlo en la misma ocasión. Escogió para la emboscada una de las vías de acceso a la plaza donde se desarrollaría el acto. Fue detenido y ocupada la pistola.

AGOSTO. Elementos del Movimiento 30 de Noviembre prepararon un atentado con dos tiradores procedentes de las filas del ejército batistiano. Fueron detenidos Pedro Pablo Montes de Oca Martínez, Bernardo Montero González y Eladio Ruíz Sánchez, a los que se les ocuparon las armas. También en este mes fueron detenidos Marcial Mirabal, Flor Damaris Garlobo Pérez y Daysi Valdés Sánchez, al descubrirse un plan proyectado por ellos para asesinar a Castro durante las actividades en conmemoración del 26 de Julio en Santa Clara. El operativo consistía en dispararle al dirigente desde el público con pistolas calibre 32. El plan se frustró al no poder desplazarse a tiempo al lugar previsto y no contar con la visibilidad necesaria de la tribuna.

SEPTIEMBRE. Carlos Alberto Mata Escobar, Rigoberto Castro Gutiérrez, Juan Antonio Loureiro Padilla y Roberto Osvaldo Catá Gómez proyectaron asesinarlo en una céntrica avenida capitalina y después huir hacia Estados Unidos. Idearon, además, realizar varias acciones terroristas el mismo día del atentado. El lugar escogido fue el puente Alcoy, en San Miguel del Padrón. Todos los involucrados fueron detenidos.

OCTUBRE. El oficial de la CIA David A. Phillips organizó un proyecto para asesinarlo desde la base naval norteamericana en Guantánamo. El plan consistía en infiltrar un comando fuertemente armado que organizara una emboscada en las inmediaciones de la ciudad de Manzanillo, provincia de Oriente, lugar donde se celebraría un acto por el centenario del inicio de las luchas por la independencia cubana. El operativo fracasó al no poder infiltrar a los hombres.

NOVIEMBRE. Argeo Hernández Durán, Emilio Montes de Oca, Antonio Torres Torres, Pedro Matute y Juan F. Moreno fueron detenidos en las inmediaciones de la residencia de Fidel, cuando chequeaban los movimientos del dirigente cubano. En los interrogatorios confesaron que planeaban asesinarlo. Contaban con un fusil con mira telescópica, que les fue ocupado.

1969

FEBRERO. Hugo E. Rojas del Río, David Hernández Tiant y Miguel Finlay Villalvilla, miembros del grupo contrarrevolucionario Gobierno Interno de Liberación Anticomunista, fueron detenidos cuando realizaban actividades conspirativas y delictivas con el fin de atentar contra la vida de Fidel mediante la utilización de una granada de fragmentación.

MARZO: Félix Olivera Castillo, miembro del denominado Frente Interno Nacional, recibió orientaciones de su organización en Estados Unidos para preparar un plan de atentado contra el primer ministro. Con tal propósito se dedicó a estudiar las rutas transitadas por Fidel. En el momento de su detención se encontraba esperando una embarcación procedénte de la Florida, en la cual le traían un fusil con mira telescópica y varias pistolas para ejecutar la acción. El contrarrevolucionario Agustín Rivero Rodríguez, quien había militado en el MRR, decidió dispararle con su pistola en un acto en la localidad de El Cangre. Por su parte, Salvador J. de la Torriente y Rayné M. Hernández, quienes habían militado en el grupo Resistencia Agramonte, planearon eliminarlo en un acto público en la provincia de La Habana. Para lograrlo proyectaron acercarse a la tribuna y luego abalanzarse con sendos cuchillos para ejecutar el crimen.

ABRIL. Mario Ramón Echevarría Camejo, Juan Hermida Salinas y Eugenio Ledón Aguilar, fueron detenidos mientras fraguaban un atentado contra Fidel cuando visitara algunos de los planes agropecuarios de la zona. Les fueron ocupadas varias armas cortas preparadas para la agresión. En ese mismo mes, resultaron detenidos Luis M. Acosta González y Francisco Hernández por planear su asesinato durante una visita a un plan agropecuario en el poblado de Quivicán. Se les ocuparon varias granadas de fragmentación.

JUNIO. Cumpliendo instrucciones del terrorista Armando Fleites —dirigente de la organización Alpha 66, radicada en Estados Unidos—, Guillermo del Carmen Álvarez Teijciros proyectó asesinarlo en uno de sus movimientos públicos en la capital. Le habían prometido sacarlo de Cuba en unión de toda su familia tan pronto realizara el crimen. Fue detenido y se le ocupó una pistola calibre 45.

JULIO. Damián U. Cruz González, Félix Alfonso Santiago y José García Gutiérrez planearon un atentado contra Fidel en ocasión de los actos por el aniversario del 26 de julio. Con este propósito adquirieron un camión, al que le instalaron una ametralladora calibre 30. Con el vehículo pensaban interceptar a los autos del dirigente y disparar contra él y sus escoltas.

AGOSTO. Un grupo contrarrevolucionario trazó un plan para asesinarlo durante el acto por el aniversario de los CDR. El proyecto consistía en producir un apagón en la Plaza de la Revolución, una vez comenzada la actividad, y lanzar varias granadas de fragmentación contra la tribuna. Fueron detenidos Julio Sánchez Almeida, Manuel Pérez Medina, Rubén Arango González, José Antonio González Delgado, Luis Gervasio Márquez Gómez,

Eduardo Rivas Pizarro, Delio Germán Sánchez Rius y Orlando de la Caridad Concepción Maura.

OCTUBRE. Resultó capturado un grupo contrarrevolucionario integrado por Gregorio Nieves Rojas, Justiniano Lorenzo Espinosa García, Luis Orlando Román López, Hipólito Espinosa García y Ramiro Castillo Garcés, cuando planeaban el asalto a la jefatura de la Defensa Civil del poblado de Santiago de las Vegas, con la intención de robar las armas y realizar un atentado contra Fidel. Para esto habían estudiado los desplazamientos del dirigente en su viaje hacia dicha localidad, donde proyectaban emboscarlo.

NOVIEMBRE. Miembros del Frente Nacional Democrático, estimulados por sus dirigentes desde Estados Unidos, planearon asesinarlo durante una de sus visitas a los poblados de Güines y San Nicolás de Bari, provincia de La Habana. La acción se ejecutaría mediante una emboscada en los accesos a un plan genético de la zona. Las armas a utilizar serían varias escopetas calibre 12 y dos pistolas calibre 45. Resultaron detenidos Gerardo Figueredo Durán, Gertrudis Cabrera Acosta, Jorge Sarmiento Lazo, Israel Ramos González, Cristóbal González Pérez y Pedro Mourdoch Benítez.

DICIEMBRE. Daniel Alberto Pérez Cruz y Samuel Nisembaun Waiider, pertenecientes a la organización Rescate, que dirigía Tony Varona en Estados Unidos, planearon, según orientaciones de su jefe, el asesinato durante uno de sus recorridos por Santa Clara. Durante los preparativos contactaron a personas conocidas en esa ciudad, las cuales les facilitaron los datos para el estudio del operativo que tenían proyectado.

1970

ENERO. Jorge Luis Faroy Abreu y José A. Camejo fueron detenidos cuando organizaban un atentado contra Fidel en ocasión de su visita al Instituto Cubano de Amistad con los Pueblos (ICAP). Contaban con tres fusiles AKM y tres granadas de fragmentación.

FEBRERO. Los elementos contrarrevolucionarios Edgardo M. Barrera Abreu y Bernardo Ramírez Batista planearon asesinarlo durante una de sus visitas a la residencia de Celia Sánchez. A tales efectos realizaron un estudio detallado de la zona, ocasión en la que fueron sorprendidos y detenidos, además de ocupárseles los medios.

OCTUBRE. Julio Guerra Guedes, exconvicto por delitos comunes, planeó asesinarlo, según las investigaciones, influido por las emisoras radiales que transmitían desde Estados Unidos. Tenía una pistola P 38; para ejecutar la acción había seleccionado la fábrica Antillana de Acero.

DICIEMBRE. Un grupo compuesto por Emérito Cardoso Vázquez, Pedro Pablo Pérez Páez, Antonio Martínez Chávez y Santiago Felipe Martínez Chávez, planeó asesinar a Fidel durante una de sus habituales visitas al plan genético La Bijirita, cerca del poblado de Santiago de las Vegas, provincia de La Habana. Para esta acción consiguieron uniformes color verde olivo y dos fusiles AKM, sustraídos de una unidad militar. Confeccionaron, además, un plano del lugar seleccionado.

1971

FEBRERO. Nelson Pomares Fortes y José Ulpiano Torres Hernández, integrantes de la organización contrarrevolucionaria Ejército en Armas Unidos, planearon asesinar a Fidel por medio de una emboscada en la calle 146 y 5ta. F, en el reparto Miramar. La idea consistía en apostarse en la azotea de la farmacia situada en esa intercepción —donde trabajaba Pomares— y disparar con un fusil tan pronto los autos del dirigente sobrepasaran la rotonda.

OCTUBRE. Elio Hernández Alfonso, sujeto contrarrevolucionario que trabajaba en una acería, trató de reclutar a varios trabajadores de esa unidad fabril para asesinarlo en ocasión de una visita del dirigente a ese lugar. El proyecto consistía en dejarle caer encima una tártara de gran tamaño, llena de hierro fundido, cuando el dirigente pasara por el lugar seleccionado. Descubierto el plan, fue detenido su autor.

NOVIEMBRE. Los contrarrevolucionarios de origen cubano Antonio Veciana Blanch, Luis Posada Carriles, Orlando Bosch, Lucilo Peña, Joaquín Sanjenis, Marcos Rodríguez, Diego Medina, Secundino Álvarez, Félix Rodríguez y los norteamericanos Frank Sturgis, Gerry P. Hemming, uno de apellido Nápoles radicado en Bolivia, y David A. Phillips, jefe de la División del Hemisferio Occidental de la CIA, planearon asesinarlo durante su visita a Chile. El proyecto homicida contenía originalmente tres alternativas de ejecución, a los que se sumaron dos intentos más en las capitales de Perú y Ecuador. Los planes eran disparar desde una habitación del hotel Hilton contiguo al Palacio de Gobierno; colocar un auto cargado con explosivos en la carretera de acceso a las minas de cobre de Chuquicamata; y dispararle con una cámara de fotos, ultimar también a los dos asesinos y hacerlos ver como agentes del KGB. También planearon lanzarle dos bombas en la terraza del aeropuerto de Lima, Perú y dispararle cuando arribara al aeropuerto de Quito, en Ecuador, en la última escala del viaje hacia Cuba.

1973

SEPTIEMBRE. Lázaro O. Hernández Valdés fue detenido cuando intentaba dispararle durante el recorrido de bienvenida al presidente chileno Salvador Allende. El plan consistía en emboscarse en la Ermita de los Catalanes, ubicada en las proximidades de la avenida de Rancho Boyeros, vía por la que transitarían ambos dirigentes en un auto descapotable. Para cometer el crimen utilizarían un fusil calibre 22 con proyectiles que contenían cianuro. Hernández Valdés confesó ser un oyente asiduo de las radioemisoras contrarrevolucionarias que, subvencionadas por la CIA, transmitían en esa fecha desde la Florida contra Cuba.

OCTUBRE. Juan Ortiz Ribeaux, trabajador de la fábrica Antillana de Acero, planeó asesinar a Fidel y al ministro de las Fuerzas Armadas Revolucionarias, Raúl Castro, aprovechando la realización de una maniobra militar en la que participaba una brigada de su centro laboral. La idea era dispararles con un mortero bajo su custodia, cuando ambos dirigentes estuvieran situados en la tribuna.

DICIEMBRE. Pablo Alfredo Álvarez Alvarado planeó un atentado en las calles 3ra. y Paseo, en el Vedado. Al ser detenido, le fue ocupado un croquis de la zona seleccionada, así como una pistola.

1975

FEBRERO. Aureliano García Calderón fue detenido mientras chequeaba las vías por las que acostumbraba a transitar el dirigente cubano. Ya había conseguido un revólver calibre 38 y una pistola calibre 22.

MARZO. Jorge Crespo Brunet, trabajador del Instituto de Arte e Industria Cinematográficos (ICAIC), fue detenido por planear la colocación de una carga explosiva en esa institución cuando Fidel fuese de visita. Confeccionó un plano donde colocaría la bomba y robó varios cartuchos de dinamita.

1976

SEPTIEMBRE. El centro principal de la CIA, por intermedio de uno de sus oficiales, Harold Benson, orientó a uno de sus agentes en Cuba la recopilación de informaciones sobre el inminente viaje de Fidel a las actividades de conmemoración por el primer aniversario del triunfo de la revolución popular angolana. El plan homicida estaba relacionado con varios atentados terroristas que debía realizar un comando encabezado por Orlando Bosch Ávila y Luis Posada Carriles. El atentado fracasó al ser desvirtuado por agentes de la Seguridad cubana; sin embargo, lamentablemente, no se descubrió a tiempo el resto de los actos terroristas, uno de los cuales fue la voladura de un avión cubano donde perdieron la vida 73 pasajeros, en las cercanías de Barbados.

1979

OCTUBRE. Antonio Veciana Blanch y Andrés Nazario Sargén, dos dirigentes de Alpha 66 en Estados Unidos, proyectaron asesinarlo durante su participación en el XXXIV Período de Sesiones de la Organización de Naciones Unidas. El proyecto consistía en lanzar contra su auto, durante uno de los desplazamientos del líder cubano por la ciudad de Nueva York, una pelota que, en realidad, era una bomba de contacto. El operativo fue neutralizado por el FBI.

1982

MAYO. Por fuentes de Inteligencia se conoció que Luis Llánes Águila planificó su infiltración en Cuba desde la Florida, con el objetivo de asesinar a Fidel y al comandante Ramiro Valdés. Fue capturado en el momento en que trataba de penetrar en el territorio nacional para llevar a cabo la acción en unión de Rogelio Abreu Azcuy.

1985

ENERO. Elementos vinculados a la organización Comando Saturnino Beltrán, integrada por nicaragüenses antisandinistas y cubanos emigrados en la Florida, planearon derribar el avión que conduciría a Fidel Castro a la toma de posesión del presidente Daniel Ortega, en Managua. El atentado se realizaría disparando un cohete tierra aire en los momentos en que el aparato sobrevolara la capital nicaragüense. En el operativo participarían Orlando Valdés, Adolfo Calero Portocarrero, Manuel Reyes y Roberto Milián Martínez.

1987

ABRIL. Por medio de fuentes de Inteligencia se conoció que el veterano agente de la CIA Mario Salabarría, después de obtener su libertad de una prisión en Cuba, proyectaba desde Miami asesinar a Fidel durante un viaje que el presidente realizaría a España. El operativo fue previsto para cuando visitara la aldea natal de sus ancestros. En la acción participarían el propio Salabarría, Marco Tulio Beruff, Cándido de la Torre y un ciudadano español sin identificar.

JULIO. El terrorista Eduardo Tamargo Martín proyectó asesinarlo durante una visita a Brasil. Para estos fines se efectuaron varias reuniones en las oficinas del grupo denominado Cuba Independiente y Democrática, en Caracas, Venezuela; en las que participaron Ramón Méndez, Ariel Clavijo y el propio Eduardo. Los sujetos mencionados coordinaron con elementos de la policía política venezolana que aseguraron el entrenamiento del comando escogido para disparar contra el presidente cubano.

1988

NOVIEMBRE. El terrorista de origen cubano Gaspar Eugenio Jiménez Escobedo organizaba un plan para asesinar a Fidel Castro en una visita planificada a Brasil. Estaban vinculados al proyecto Orlando Mendoza y Luis Posada Carriles.

DICIEMBRE. El terrorista Orlando Bosch Ávila planeaba, desde una cárcel venezolana, un atentado contra Fidel en ocasión de la toma de posesión del presidente de ese país, Carlos Andrés Pérez. Para el operativo designaron a un técnico en explosivos nombrado Eusebio, quien debía preparar varias bombas que serían manipuladas por control remoto. Participarían en la acción Pedro Corzo Eves, Pedro Martín Corzo, Gaspar Jiménez Escobedo y el tal Eusebio.

1990

OCTUBRE. Un comando contrarrevolucionario, procedente de Estados Unidos, se infiltró en Cuba con el objetivo de realizar acciones diversionistas y asesinar a Fidel. Resultaron detenidos Gustavo Rodríguez, Tomás Ramos, Sergio González Rosquete, Richard Heredia e Higinio Díaz Duarte.

1994

NOVIEMBRE. En ocasión de la IV Cumbre de Jefes de Estado y de Gobierno de Iberoamérica, celebrada en Cartagena de Indias, Colombia, la FNCA planeó asesinarlo con un fusil Barret calibre 50, trasladado desde Miami. El plan fracasó al no presentarse las condiciones planeadas por los complotados. Participaron en el operativo los terroristas de origen cubano Alberto Hernández, Roberto Martín Pérez, Luis Posada Carriles, Ramón Orozco Crespo, Gaspar Jiménez Escobedo, Félix Rodríguez Mendigutía y Raúl Valverde.

1995

NOVIEMBRE. En ocasión de la V Cumbre de Jefes de Estado y de Gobierno de Iberoamérica, celebrada en el balneario de San Carlos de Bariloche, en Argentina, los terroristas de origen cubano Roberto Martín Pérez, Gaspar Jiménez Escobedo y Eugenio Llameras, planeaban emboscar y asesinar a Fidel Castro con el apoyo y financiamiento de la FNCA.

1997

NOVIEMBRE. En ocasión de la celebración, en Isla Margarita, Venezuela, de la VII Cumbre de Jefes de Estado y de Gobierno de Iberoamérica, el terrorista Luis Posada Carriles, con la complicidad de Arnaldo Monzón Plasencia y de los directivos de la FNCA, organizaron un complot para asesinarlo. En aguas cercanas a

Puerto Rico fueron capturados Ángel Alfonso Alemán, Francisco Córdova Torna, Juan Bautista Márquez y Ángel Hernández Rojo. Los terroristas tripulaban la embarcación La Esperanza y portaban dos fusiles Barret calibre 50, uno de los cuales era propiedad de Francisco Hernández, directivo de la Fundación.

1998

NOVIEMBRE. En ocasión de la visita de Fidel a República Dominicana, la FNCA planeó su asesinato con los terroristas Luis Posada Carriles, Ramón Font, Ramón Orozco Crespo, Francisco Eulalio Castro Paz y Enrique Bassas.

2000

NOVIEMBRE. Un grupo de terroristas planearon asesinarlo durante la decima Cumbre de Jefes de Estado y de Gobierno de Iberoamérica que se desarrollaría en Ciudad de Panamá. Luis Posada Carriles, Guillermo Novo Sampol, Pedro Remón Crispín y Gaspar Jiménez Escobedo, por instrucciones de la FNCA, proyectaron dinamitar el paraninfo universitario capitalino en el cual se desarrollaría un acto de solidaridad con Cuba y en el que haría uso de la palabra el presidente cubano. En esa ocasión, después de una denuncia oportuna por parte de las autoridades cubanas, los terroristas fueron capturados y puestos a disposición de las autoridades panameñas. Tres años más tarde y tras haber sido condenados en juicio público por sus actos criminales, aprovechando la conclusión de su mandato, la presidenta Mireya Moscoso, en cumplimiento de instrucciones del embajador norteamericano, les concedió el indulto.

Notas

Presentación

1. Departamento de Seguridad del Estado: nombre que adoptó el DIER después de la creación del Ministerio del Interior, en junio de 1961.
2. Vichy: ciudad francesa, capital de la Francia ocupada por los fascistas durante la Segunda Guerra Mundial, donde operaba un gobierno títere.
3. General: se refiere a Fulgencio Batista, dictador que gobernó en Cuba desde 1952 hasta 1958. Ascendió al poder mediante un golpe de Estado.
4. Eliseo Reyes: capitán del Ejército Rebelde y combatiente internacionalista caído en combate en la guerrilla en Bolivia comandada por el Che Guevara.
5. G-2: así se denominaba a la Seguridad del Estado.
6. José Veiga: teniente coronel. Oficial operativo que atendió al agente *Fausto* y el desmantelamiento de la conspiración de Rolando Masferrer y su grupo.

Preámbulo de una obsesión

1. Avión P-51: monomotor fabricado por las Fuerzas Armadas norteamericanas en la década de los años cuarenta. Se podía artillar con bombas y ametralladoras calibre 50.
2. Barbudos: así se denominaba popularmente a los combatientes del Ejército Rebelde que lucharon como guerrilleros contra el dictador Fulgencio Batista. La palabra proviene de las largas barbas que lucían los combatientes al bajar de las montañas.
3. Comisión senatorial creada bajo la presidencia del senador Frank Church, que investigó, en 1975, los intentos de asesinatos de la CIA contra líderes políticos extranjeros.

1. Con los tigres

1. Sierra Maestra: macizo montañoso en la región oriental cubana donde se ubicó el accionar del Ejército Rebelde, dirigido por Fidel Castro.
2. Frank Angelo Fiorini o Frank Sturgis: veterano de las Fuerzas Armadas de Estados Unidos. Perteneció a la Fuerza Aérea del Ejército Rebelde bajo las órdenes del jefe de esa fuerza, Pedro Luis Díaz Lanz, quién más tarde traicionaría a la Revolución. Fue jefe de la Policía Militar de la Aviación. Participó en los primeros años de la Revolución, por encargo de la CIA, en planes de asesinato contra Fidel Castro. Miembro de la Brigada Internacional Anticomunista, fue instructor de las brigadas contrarrevolucionarias de exiliados cubanos que actuaban contra Cuba. Estuvo vinculado y era sospechoso de haber participado en la conspiración del asesinato del presidente Kennedy. Tomó parte en los acontecimientos de Watergate.
3. Special National Intelligence Estimate: *The Situation in Cuba*. Foreign Relations of the United States 1958-1960. Cuba. United States Government Printing Office. Washington (1991) p. 356.

4. Rafael Leónidas Trujillo: dictador dominicano conocido también como El Sátrapa de América; se ganó el mote de *Chapitas*, por su afición a los entorchados y las condecoraciones. Murió en mayo de 1961, víctima de una conspiración de la propia CIA.

5. Legión del Caribe: fuerza mercenaria organizada por el dictador dominicano Rafael Leónidas Trujillo Molina, inspirada en la conocida Legión Extranjera, cuerpo de voluntarios de la infantería francesa que, en 1946, estuvo integrado por prisioneros de guerra nazis utilizados para mantener el «orden» en las colonias francesas de África. La Legión del Caribe tenía, entre otros objetivos, invadir a Cuba para derrocar a la Revolución Cubana.

6. Rolando Masferrer Rojas: lideró un escuadrón de la muerte creado por la dictadura de Fulgencio Batista para reprimir mediante el secuestro, la tortura y el asesinato al movimiento revolucionario opositor a la tiranía batistiana. Sus integrantes eran conocidos por el sobrenombre de «Tigres de Masferrer».

7. Santo Trafficante: capo de la Mafia en la Florida y representante de esta en La Habana antes de 1959.

8. Eladio del Valle Gutiérrez: conocido por *Yito*. Capitán de la Marina Mercante que se dedicó al contrabando de mercancías y otros negocios turbios desde 1941, en complicidad con los gobiernos de turno en Cuba. Fue electo como representante a la Cámara después del golpe de Estado de Batista en 1952; y también ocupó el cargo de subinspector de la Policía Secreta Nacional. Un año después ingresó en el Servicio de Inteligencia Militar (SIM). Como contrabandista, se vinculó al mafioso Santo Trafficante. En 1959 se marchó definitivamente de Cuba hacia Estados Unidos y se vinculó a la Junta del Gobierno Cubano en el Exilio, liderada por el expresidente de Cuba, Carlos Prío Socarrás, y después dirigió una organización contrarrevolucionaria denominada FAICA. Integrado a la lucha subversiva de la CIA contra la Revolución Cubana, se vinculó a connotados terroristas y saboteadores. Cumplió diversas misiones agresivas contra Cuba. Es uno de los sospechosos de participar en la conspiración de asesinato del presidente Kennedy. Fue ultimado salvajemente en 1967.

9. Ramón Grau San Martín: presidente de Cuba durante el periodo 1944-1948.

10. Ernesto de la Fe: ministro de Propaganda durante el gobierno de Fulgencio Batista. Detenido en 1959 y sancionado por los tribunales revolucionarios debido a sus actividades en apoyo a la dictadura batistiana.

2. Un «tipo duro» en La Habana

1. Quarters Eye: cuartel general de la CIA en Washington.

2. Gerry Patrick Hemming: norteamericano, paracaidista. Estuvo en Cuba en 1959 junto a otro grupo de latinos, quienes se entrenaban supuestamente para ir a luchar en Nicaragua. Las autoridades cubanas frustraron ese plan. La CIA había organizado el grupo, como parte de una provocación que sirviera como pretexto para desatar una fuerte campaña publicitaria contra el joven Gobierno Revolucionario. Es citado en las investigaciones del asesinato de Kennedy.

3. James Arthur Noel: jefe de la estación de la CIA radicada en la embajada de Estados Unidos en La Habana de 1958 a 1960, e igual cargo, en Madrid de 1961 a 1964. Participó activamente en el proyecto anticubano durante la década de los años sesenta.

4. Phillip W. Bonsal: diplomático de carrera, norteamericano, liberal, con conocimiento de los asuntos latinoamericanos; embajador en Cuba desde 1959, aunque con antelación había servido en el propio país como joven diplomático.

5. Marjorie Lennox: secretaria de la estación de la CIA radicada en la embajada de Estados Unidos en La Habana. Fue detenida en septiembre de 1960, en

unión de varios funcionarios de la CIA, mientras trataba de colocar unos micrófonos ocultos en la oficina de la agencia de prensa china *Xinhua*.

6. Entrevista realizada a Frank Sturgis por un colaborador de los Servicios de Inteligencia cubanos, bajo la cubierta de un artículo periodístico para la prensa local.

7. Manuel Artime Buesa: alzado en armas contra el dictador Fulgencio Batista el 28 de diciembre de 1958, fue ascendido a primer teniente por el excomandante del Ejército Rebelde Humberto Sorí Marín, y ministro de la Agricultura tras el triunfo revolucionario. Después de cometer un desfalco de más de 100 000 pesos destinados a la Reforma Agraria, huyó del territorio nacional el 8 de diciembre de 1959, para ir a convertirse en el niño mimado de la CIA. Fue delegado, político del CRC en la brigada mercenaria 2506, fundador de la organización contrarrevolucionaria MRR y dirigente y autor de diversas agresiones contra Cuba, siempre bajo las órdenes de la CIA y acatando las directrices del gobierno norteamericano. Es uno de los sospechosos del asesinato del dirigente y presidente panameño, general Omar Torrijos.

8. Geraldine Shamma: Actuaba bajo las órdenes de la embajada estadounidense en La Habana. Detenida en 1960 por las autoridades cubanas acusada de conspirar en contra de la Revolución, fue procesada y sancionada. Antes de expirar su condena, salió en libertad y viajó hacia su país donde se mantuvo vinculada a la actividad de los exiliados contrarrevolucionarios cubanos.

9. Ramiro Valdés Menéndez: comandante de la Revolución Cubana, asaltante al cuartel Moncada, expedicionario del yate *Granma* y uno de los combatientes cercanos al comandante Fidel Castro. Fue jefe del Departamento de Investigaciones del Ejército Rebelde y posteriormente ministro del Interior.

10. Cita del informe de King del 11 de diciembre de 1959, desclasificado por la Comisión Church en 1975: «Supuestas conspiraciones de asesinatos contra dirigentes de otros países, un informe provisional del Comité Escogido del Senado de Estados Unidos para estudiar operaciones gubernamentales relacionadas con las actividades de Inteligencia, 20 de noviembre (día legislativo, 18 de noviembre) de 1975, versión al español, tomo I, p. 10».

11. Luis Tacornal, *Fausto*: agente de la Seguridad cubana, infiltrado en el grupo del contrarrevolucionario Rolando Masferrer.

12. Manuel Antonio de Varona Loredo: primer ministro durante el gobierno de Carlos Prío Socarrás. Fue presidente del Congreso y encabezó el Partido Revolucionario Cubano (Auténtico) durante la campaña presidencial de 1948. Lideró el FRD., organización pantalla organizada por la CIA que agrupaba a las organizaciones contrarrevolucionarias de exiliados cubanos en Estados Unidos. Posteriormente, integró el CRC (Consejo Revolucionario Cubano) una organización con características similares a la anterior, cuyo objetivo era formar un gobierno provisional en Cuba tras la pretendida derrota de la Revolución Cubana con la invasión por Playa Girón.

13. Arleigh Burke: jefe de la Armada de Estados Unidos, amigo del presidente Dwight D. Eisenhower; sostuvo relaciones amistosas con el gobierno de Fulgencio Batista, del que recibió varias condecoraciones. Perteneció al grupo de militares del Pentágono que propugnaba el derrocamiento de la Revolución Cubana por medio de una acción militar directa de Estados Unidos.

14. Abelardo Colomé Ibarra: comandante del Segundo Frente Oriental Frank País. Jefe de Operaciones del G-2 entre 1959 y 1961. Combatiente del Segundo Frente Oriental, alcanzó los grados de comandante durante la lucha guerrillera. Fundador de los Órganos de la Seguridad del Estado cubano. Tuvo una trayectoria relevante en las Fuerzas Armadas Revolucionarias, donde ocupó cargos importantes y participó en misiones internacionalistas. Se desempeñó

por más de dos décadas como ministro del Interior, con los grados de general de cuerpo de Ejército y la distinción Héroe de la República de Cuba.

3. La Cosa Nostra: concédeme una muestra

1. David Atlee Phillips: reclutado por la CIA a principios de la década de los años cincuenta en Chile, donde dirigía un periódico local. En ese periodo se destacó por su vocación al teatro. En 1954 formó parte del grupo de tarea que la CIA organizó para derrocar en Guatemala al gobierno de Jacobo Árbenz. A finales de esa década, se estableció en La Habana, bajo la cubierta de una agencia publicitaria. Llegaría a ser jefe de la División del Hemisferio Occidental en la CIA.

2. Fragmentos de su libro *Give us this Day*, donde Hunt relata sus experiencias en Cuba y refiere sus consideraciones sobre la derrota de Playa Girón.

3. Suponemos que el nombre se trate de una licencia literaria del autor, en la que alude a los autos de la patrulla policial, que por demás, jamás recibieron en Cuba ese nombre.

4. Eduardo: nombre de guerra de Carlos Arocha Pérez, quien alcanzara, años después, los grados de general de brigada por sus servicios valiosos prestados a los Órganos de la Seguridad del Estado cubano.

5. Lee Harvey Oswald: persona acusada de haber sido el solitario asesino del presidente John F. Kennedy.

6. Eufemio Fernández Ortega: gánster notorio de la década de 1940. Fue detenido en marzo de 1961, cuando como coordinador de la organización Triple A, pretendía firmar un pacto de unidad interna contrarrevolucionaria.

7. Sandalio Herminio Díaz García: elemento gansteril y extorsionista desde la década de los años cuarenta cuando pertenecía a la Unión Insurreccional Revolucionaria. Fue autor de asesinatos y atentados a las fuerzas del orden y de planes de atentados contra el dictador Fulgencio Batista, de Cuba, y el presidente José Figueres, de Costa Rica. Estuvo detenido en varias ocasiones y cumplió prisión por diversos delitos. A fines de los años cincuenta, se vinculó estrechamente a Santo Trafficante y mediante su influencia y la del mayor Robert Van Horn fue nombrado jefe de la policía del hotel Habana Riviera, propiedad de la Mafia. En 1962 abandonó el país rumbo a Estados Unidos, donde se vinculó de nuevo a Santo Trafficante y al expresidente de Cuba, Carlos Prío Socarrás. Miembro de la organización terrorista Comandos L, participó en diversas acciones contra Cuba. Es sospechoso de haber tomado parte en el plan de asesinato al presidente Kennedy. El 26 de marzo de 1966 resultó muerto al tratar de infiltrarse en territorio cubano por la zona del litoral norte de la provincia de La Habana, junto a otros connotados contrarrevolucionarios.

8. Cita del informe de la Comisión Church sobre visita de Cain a La Habana en 1960: «Supuestas conspiraciones de asesinatos contra dirigentes de otros países», un informe provisional del Comité Escogido del Senado de Estados Unidos para estudiar operaciones gubernamentales relacionadas con las actividades de Inteligencia, 20 de noviembre (día legislativo, 18 de noviembre) de 1975, versión al español, tomo I, pp.7-8.

4. Los monstruos sagrados

1. Tomado del libro autobiográfico de Félix Rodríguez Mendigutía *Guerreros en la sombra*.

2. Cita del informe de la Comisión Church sobre entrega de pastillas a Edwards, Orta y Varona. «Supuestas conspiraciones de asesinatos contra dirigentes de otros países», un informe provisional del Comité Escogido del Senado de Esta-

dos Unidos para estudiar operaciones gubernamentales relacionadas con las actividades de Inteligencia, 20 de noviembre (día legislativo: 18 de noviembre) de 1975, versión al español, tomo I, p. 13.

3. Mario Morales Mesa: jefe de la fuerza operativa de Contrainteligencia que en 1961 estaba responsabilizada con las investigaciones de las conspiraciones para asesinar a dirigentes cubanos.
4. Movimiento Demócrata Martiano: uno más de las decenas de grupos contrarrevolucionarios organizados por la CIA.

5. Alternativas a la crisis

1. Ramón y María Leopoldina eran sobrinos del expresidente Ramón Grau, aunque se especulaba que esta última era su hija.
2. Este testimonio forma parte del relato realizado por él a sus captores, luego de ser detenido por sus actividades terroristas.
3. Carlos Valdés Sánchez: oficial operativo que actuó en las investigaciones de la Operación Patty.
4. Florentino Fernández León: asaltante al cuartel Moncada, que conoció de la conspiración y la denunció a las autoridades.

6. Operación Liborio: «Cuba en llamas»

1. Amador Odio Padrón: esposo de Sara del Toro Abril, quien fue una de las organizadoras de la denominada Operación Peter Pan, que sacó de Cuba, sin sus padres, a más de 14 000 niños. Sus hijas, Silvia y Ana, se vieron involucradas con Lee Harvey Oswald, el pretendido asesino de Kennedy, a su paso por Dallas, poco antes de realizarse el crimen.
2. Alberto Santana Martín: oficial operativo del DSE quien, actuando como inspector de la Vivienda, detuvo a los terroristas y espías Pujals y Barroso.
3. Teniente coronel Gustavo Blanco Oropesa: exjefe del buró de la Contrainteligencia cubana.
4. Raúl Alfonso Roldán: instructor que actuó en las investigaciones de este proyecto homicida.
5. Samuel Kail: teniente coronel de la Inteligencia Militar, agregado militar del ejército norteamericano, radicado en la embajada de Estados Unidos en La Habana durante los primeros años de la década de los sesenta.

7. Fuerza de Tarea W: Un batido de chocolate

1. El informe de 1967 del inspector general de la CIA sobre los intentos de asesinar a Fidel Castro aparece en CIA Targets Fidel.
2. Deputy Director of Plans: siglas del cargo de subdirector de Planes de la CIA.
3. Pedro Fernández Díaz: detenido en 1964 por formar parte de una red de la CIA que abastecía agentes en Cuba.
4. Se refiere a los CDR, organización de masas creada por Fidel Castro, el 28 de septiembre de 1960 para responder con la vigilancia popular a las acciones agresivas de las agrupaciones contrarrevolucionarias y otros elementos hostiles a la Revolución.
5. Jugador de casino que regenta una mesa.
6. Alejandro Vergara Mauri: agregado de información de la embajada de España en Cuba, de julio de 1960 a enero de 1964; agente de la CIA. Fue quien trajo a Cuba las pastillas envenenadas para asesinar a Fidel Castro según el conocido proyecto homicida de la CIA.
7. Cita del informe de la Comisión Church sobre Harvey, Bissell y entrega de pastillas a Varona en 1962: «Supuestas conspiraciones de asesinatos contra dirigentes de otros países», un informe provisional del Comité Escogido del Senado de

Estados Unidos para estudiar operaciones gubernamentales relacionadas con las actividades de Inteligencia, 20 de noviembre (día legislativo, 18 de noviembre) de 1975, versión al español, tomo I, pp. 17.

8. Efigenio Ameijeiras Delgado: fundador de la primera célula clandestina del Movimiento 26 de Julio en La Habana, expedicionario del yate *Granma*, segundo jefe del Segundo Frente Oriental Frank País, combatiente de Playa Girón, combatiente internacionalista y general de brigada de las Fuerzas Armadas Revolucionarias.

8. Magnum .375: «El asesino de elefantes»

1. Informe confeccionado por el inspector general de la CIA a solicitud de la Comisión Church, sobre los planes de asesinato contra Fidel Castro.
2. Sidney Gottlieb: jefe de los laboratorios de la CIA.
3. Día D: nombre clave asignado a la fecha escogida durante la Segunda Guerra Mundial para el desembarco de las tropas aliadas en territorio ocupado de Normandía, Francia, ocurrido el 6 de junio de 1944. A partir de entonces, se utiliza el término Día D para precisar el momento del desembarco de tropas en territorio enemigo.
4. Roberto Fernández: oficial de caso que dirigió la Operación RCA.

10. AM/LASH: Rolando Cubela

1. Carlos Tepedino: elemento mafioso vinculado estrechamente a Santo Trafficante Jr. Residió en Cuba en la década de los años cincuenta. Tenía negocios de joyería en una zona comercial de la capital cubana y después en el hotel Habana Hilton. Mantuvo vínculos con miembros del Partido Revolucionario Cubano (Auténtico) que luchaban contra la tiranía batistiana, y también con otros del Directorio Revolucionario Estudiantil. Agente de la CIA desde entonces, tuvo un lugar destacado en el reclutamiento del excomandante Rolando Cubela Secades —AM/LASH, para la CIA— y de otros miembros de la organización estudiantil.
2. José Braulio Alemán: hijo de José Alemán, exministro de Educación en el gobierno de Ramón Grau, quien se apropió de 20 millones de dólares de su institución al finalizar su mandato y se estableció en la ciudad de Miami.
3. Antonio Blanco Rico: coronel jefe del Servicio de Inteligencia Militar, ajusticiado en Cuba, en 1957, por sus crímenes contra el pueblo cubano.
4. Juan Orta Córdova: secretario de las oficinas del primer ministro en 1959.
5. Fragmentos del informe realizado en 1967 por el inspector general de la CIA, desclasificado posteriormente.
6. Informe del inspector general de la CIA sobre la operación AM/LASH.
7. Informe de la Comisión Church sobre planes de CIA para asesinar a Fidel Castro. «Supuestas conspiraciones de asesinatos contra dirigentes de otros países», un informe provisional del Comité Escogido del Senado de Estados Unidos para estudiar operaciones gubernamentales relacionadas con las actividades de Inteligencia, 20 de noviembre (día legislativo, 18 de noviembre) de 1975, versión al español, tomo I, pp. G.5 a G.8.
8. David Sánchez Morales: Oficial de la CIA. Fue identificado por Cubela en 1978 como uno de los «oficiales de habla hispana» que lo habían atendido en 1963. Con anterioridad, en 1958, había reclutado al espía Francisco Muñoz Olivé, detenido en Cuba en 1973.
9. Posiblemente el oficial sea Néstor Sánchez, quien aparece citado en el informe del inspector general de la CIA en 1967. Cuando Cubela identificó en sus declaraciones a David Sánchez Morales, explicó que también lo atendió otro oficial de habla hispana que parecía puertorriqueño.

10. El silenciador fue comprobado en un terreno baldío de Miami por Anis Felia-fel, uno de los ayudantes de Artime.

11. El cóndor en Chile

1. René Schneider: jefe de las Fuerzas Armadas chilenas. Asesinado en octubre de 1970 durante un intento de secuestro llevado a cabo por elementos contra-rios al gobierno socialista de la Unidad Popular y de Salvador Allende, quie-nes, al servicio de la CIA, tenían el propósito de forzar a los cuerpos armados de Chile a impedir la toma de posesión del nuevo presidente.
2. KGB: iniciales del Comité para la Seguridad del Estado de la antigua Unión Soviética. Era la institución que agrupaba a los órganos de Inteligencia y Con-trainteligencia de esa nación.
3. En español significa «chivo expiatorio».

12. Alpha 66: Nueva York y Miami

1. Gaeton Fonzi: miembro de la Comisión de la Cámara de Representantes que investigó, en 1978, los asesinatos de John F. Kennedy y Martin Luther King.
2. Relato de Antonio Veciana a Hedelberto López e Ignacio Hernández, perio-distas del semanario *Juventud Rebelde*, sobre los planes de atentados fraguados por él contra Fidel Castro.
3. Bernardo Morales: posiblemente se trata de David Sánchez Morales.
4. Santa Marta: departamento de la República de Colombia.

13. El comando Saturnino Beltrán

1. Poco tiempo después se conocieron los detalles del proyecto y el involucra-miento del comando que desde El Salvador dirigía Félix Rodríguez Mendigu-tía.

Cronología de un crimen

1. Este memorando fue posteriormente desclasificado por el gobierno de Estados Unidos.

Bibliografía mínima consultada

INSPECTOR GENERAL J.S. EARMAN, *Memorandum for the Record: Report on Plots to Assassinate Fidel Castro*, May 23, 1967, 38-39. Published in 1995 by Ocean Press as *CIA targets Fidel*.

HINCKLE, WARREN AND WILLIAM TURNER (1981): *The Fish is Red. The Story of the Secret War Against Castro*, Harper and Row, Publishers, New York.

Note of William Harvey on ZR/Rifle Project. No date. Approved for Release, 1993. CIA Historical Review Program.

Secret Eyes Only Memorandun for William K. Harvey, from Richard Helms, Director (Plans). Subject Authorization of ZR/Rifle Agent Activities. February 19, 1962. Approved for Release, 1993. CIA Historical Review Program.

Otros documentos:

Informes del Departamento de Seguridad del Estado referidos a las investigaciones relatadas.

Testimonios de agentes y oficiales de la Seguridad del Estado cubana que participaron en las acciones relatadas.